Hausner  Taboo

Besonderen Dank schulde ich dem Münchner Weltumsegler-Kollegen Bobby Schenk, der dieses Buch durch eigene Beiträge bereichert hat und darüber hinaus auch den »Lektor« für die Segelausdrücke abgegeben hat, die mir auf Grund meiner australischen Segel-Lehrzeit im Deutschen nicht so ganz geläufig sind.

W. Hausner

Wolfgang Hausner

Eines Mannes Freiheit

DELIUS KLASING VERLAG

Fotonachweis: Wolfgang Hausner (22), Kurt Mrkwicka (17), Otto Zimmermann (6), Bobby Schenk (4), Franz Fehringer (1).

ISBN 3-7688-0597-2

© Copyright by Verlag Orac 1975
Die Rechte für die deutsche Ausgabe liegen bei
Delius, Klasing & Co., Bielefeld
Printed in Germany 1988
Druck: Clausen & Bosse, Leck

Inhaltsverzeichnis

Taboo	11
Neuer Anfang	
Ausbruch	13
Australien – Von Krokodiljagd bis Bootsbau – Probefahrten und Ouverture	
Mehr geht nicht	23
Indischer Ozean, Indonesien – Madagaskar	
Storm of a lifetime	35
Kap der Guten Hoffnung	
Kursänderung	40
Südafrika – Brasilien – England	
I. Zwischenspiel	43
Unfallpause – Im Winter über die Nordsee	
Easy Going	50
England – Kanarische Inseln – Barbados – Grenada – Panama	
Der Hai	69
Golf von Panama	
Zwischenfälle	76
Kolumbien, Ekuador, Landausflug	
Galápagos	88
Spirit of Rapa Nui	96
Osterinsel	

Tahiti 103
Osterinsel – Pitcairn – Raevavae – Tubuai – Tahiti

Muscheltauchen 113
In den Gesellschaftsinseln
Bobby Schenk über den Muscheltaucher Hausner

Der Hurrikan 121
Bora Bora – Aitutaki – Palmerston – Niue – Neiafa – Vava'u – Bobby Schenk: Wie die THALASSA *den Hurrikan Bebe überstand*

Inselhüpfen 135
In den Fidschis, Ellice-Inseln, in den Santa-Cruz-Inseln, in den Neuen Hebriden. Neukaledonien – Brisbane

II. Zwischenspiel 150
Australien, Neu-Guinea

Anatomie eines Schiffbruchs 154

I. Anhang 161
Technische Daten der TABOO
Skizzen von TABOO
Selbststeuerung, Großbaumsicherung
Anker, Treibanker
Navigation
Bobby Schenk über seine Erfahrungen mit TABOO
Die Route der TABOO

II. Anhang 190
Muscheln und Schnecken
Von Dr. Werner Katzmann, mit Zeichnungen von Helmut Katzmann

Vorwort

Weißgeschürztes Hauspersonal, flauschige Teppiche, in denen man wie in Neuschnee versank, Pasteten, Lachs, Kaviar, Sekt, Funkelndes, Maßgeschneidertes. Der Ehrengast, der Braungebrannte unter den Bleichen, war umringt. Wolfgang Hausner, Weltumsegler und Abenteurer. Die Fragen an ihn waren stereotyp: ...» – man kann doch nicht ständig wach sein? Sie müssen doch einmal schlafen, wenn Sie allein von Australien nach Europa segeln. Wie machen Sie denn das? Ist es nicht irrsinnig gefährlich?« Er stand da, hielt sich an einem Glas Orangensaft fest, lächelte gekünstelt, wirkte verlegen. Er steckte in einem ziemlich knappen, ziemlich alten Anzug, hatte einen Toilettefehler, und ich überlegte, wie ich ihm das unauffällig sagen könnte. Wir kamen ins Gespräch. Ich stellte dieselben faulen Fragen und bekam entsprechend laue Antworten. So begann unsere Freundschaft.
Wolfgang Hausner faszinierte mich. Ich war überzeugt, daß er, aber vor allem sein Leben, einen für viele von uns interessanten Film hergeben müßte. Seine Rückreise nach Australien um die andere Hälfte unserer Erde stand bevor und wir vereinbarten, in ständigem Kontakt zu bleiben.
Er hielt sein Wort. Mit einer für mich überraschenden Regelmäßigkeit trafen laufend seine Berichte ein. Schon damals – also vor bald sechs Jahren – war ich überzeugt, daß irgendwann aus diesen Aufzeichnungen ein Buch entstehen sollte.
Im Mai 1974 war es so weit. Mit einem Auftrag über einen abendfüllenden Fernsehfilm in der Tasche, welcher das Tun und Treiben von Wolfgang Hausner zum Inhalt haben sollte, zogen wir los. Wolfgang war kurze Zeit vorher in Brisbane, Australien, sicher eingetroffen. Unser Treffpunkt war Losuia, eine kleine Eingeborenensiedlung auf der von Korallenbänken fast total eingeschlosse-

nen Insel Kiriwina, ca. 600 km vor der Küste Papua-Neuguinea. Wir kamen nach einer etwas mehr als 2½ Tage dauernden Reise pünktlich an. Hausner sollte schon hier sein. Die Eingeborenen waren mißtrauisch, und wir versuchten immer wieder aus ihnen herauszubringen, ob nicht ein schönes, großes, weißes Segelboot in den letzten Tagen angekommen sei.

Wolfgang kam noch am selben Tag, müde und abgespannt. 14 Tage lang war er von Australien herübergesegelt, die letzten drei Nächte hatte er gegen schwere See gekreuzt, seine Augen waren blutunterlaufen, dennoch entschuldigte er sich wegen seiner *vier*stündigen Verspätung.

Die darauffolgenden vier Wochen segelte unser kleines Team – wir waren drei – mehr als 300 Seemeilen mit Wolfgang und seinem Katamaran TABOO. Er betreute uns wie Hotelgäste erster Klasse.

Er kochte, fischte, segelte, tauschte mit den Eingeborenen, plauderte vor unserer Kamera und war auch noch um unsere Sicherheit bemüht. Er war ständig hellwach, selbst dann, wenn wir glaubten, daß er schlief. Nichts konnte ihm entgehen. Seine Übersicht war bezeichnend und typisch für jene Menschen, die jahrelang mit den Elementen zusammenleben. Sie scheinen um einige Sinne mehr zu besitzen. Weder nächtliche Stürme noch nervenaufreibende Flauten am Tag brachten ihn aus der Ruhe. Segelten wir die Nacht durch, so spürte er im Schlaf, wenn das Boot auch nur einen Teilstrich vom Kurs abwich. Allein ihn zu beobachten war ungemein interessant.

Er geht barfuß durch den Dschungel, er taucht frei, nur mit Tauchmaske und Gummiflossen, mehr als 20 Meter tief, um mit bloßen Händen giftige Muscheln und Schnecken nach oben zu bringen. Er ist ein Athlet. Kein Fettpolster um die Mitte, keine Bandscheiben verschoben oder gelockert. Er lebt auf dem Meer und von diesem Meer. Fische sind seine Hauptnahrung, und einen Großteil dieser Fische ißt er roh.

Unser Film war ein Erfolg. Das einfache, natürliche und abenteuerliche Leben wirkte faszinierend auf die Fernseher. Alles war bunt, exotisch, Palmen waren auch da, und immer schien die Sonne. Das Leben und die Persönlichkeit unseres Robinson ist jedoch derart komplex und eindrucksvoll, daß es ganz einfach nicht möglich ist, es in einer knappen Stunde als Filmbeitrag zu vermitteln.

Die fast schon aufreizend wirkende Kraft eines Muskelpaketes, das Kokospalmen besteigt, wie unsereins Paternoster fährt, der technische Intellekt eines Mannes, der ein Hochsee-Segelboot selbst baut, ohne anfangs überhaupt segeln zu können, und die Fähigkeit besitzt, es als geistige Entschlackung zu empfinden, monatelang keinen Menschen zu sehen, läßt sich nicht in Sekunden und Minuten einteilen. Ich habe beim Lesen des Buchmanuskripts Wolfgang Hausner darin wiedergefun-

den, selbst an dem, was er nicht geschrieben hat, erkennt man ihn. Seine Erlebnisse und seine Abenteuer erzählt er leise, beiläufig, eigentlich so nebenher. Kein Hinzufügen, eher etwas Weglassen, entspricht seiner Auffassung vom Berichten. Er vergißt, daß er beim Tauchen nach Muscheln öfters von Haien belästigt wurde. Das Wasser war trüb, die Sicht schlecht und urplötzlich tauchte ein großer Hai vor ihm auf. Er nannte es »gute Reaktion« und schlug dem Hai mit der Hand auf die Nase: »... der war gleich verschwunden!«
An einem der langen Abende auf TABOO kamen wir auf eine seiner Krokodiljagden zu sprechen. Er beschreibt sie im Buch mit jenem Ton, in dem er sie uns erzählte. Mit der ihm eigenen kalten Selbstverständlichkeit. Einem von uns rutschte die Frage aus: »Ist das nicht gefährlich?« Wolfgang: »Ja, aufpassen muß man schon. Man hat mir erzählt, daß in derselben Gegend zwei Schweden, deren Boot kenterte, gefressen wurden.«
Wer würde nicht lange Geschichten um derartige Erlebnisse ranken? Wolfgang teilt solches meist nur auf Befragen mit. Dieses »Ja, aufpassen muß man schon« wird, in welcher Form immer, in diesem Buch nur selten ausgesprochen. Extremsituationen werden manchmal in dürre Worte verpackt. Anhand der Tatsachenschilderung, so meint der Autor wohl, kann sich jedermann die Situation genügend vorstellen. Jedes starke Adjektiv ist unnötige Dramatisierung.
Hausner hat vom ersten Tag seiner Reisen an ein Logbuch geführt. Es war mit Basis und Vorlage für dieses Buch. Um seine eigene Unsicherheit, ein Buch zu schreiben, zu überwinden, holte sich Wolfgang bei seinen Freunden immer wieder Rat. Mitausschlaggebend war aber auch die starke Reaktion auf den TV-Bericht »TABOO«. Man wollte noch mehr wissen: Was motiviert ihn, was treibt und bewegt ihn? Ich glaube, daß seine Selbstdarstellung gelungen ist, wenngleich das Thema »Frauen und Mädchen« nur ganz am Rande berührt wird. Die zu sehr mönchhafte Selbstdarstellung entspricht nicht ganz meinem Freund Wolfgang Hausner.
Als reines Segelbuch möchte ich dieses Buch nicht bezeichnen, obwohl vom Leistungsnachweis her die seglerische Seite der Hausnerschen Aktivitäten am spektakulärsten ist; er fuhr großartige Zeiten über die Ozeane und war der erste Einhandsegler, der in einem Katamaran die Erde umrundete.
Wolfgang Hausner ist ein Mann, von dem auch ich mich nicht zu sagen getraue, wo er nun wirklich daheim ist: überall oder nirgendwo.
Das Buch erzählt die Geschichte eines vielschichtigen Menschen, der sein Glück und seine beste Entfaltungsmöglichkeit zufällig im Hochseesegeln gefunden hat.

Kurt Mrkwicka

Taboo

Ich verließ TABOO an einem Sonntag.
9° 38' Süd, 151° 20' Ost, 10. November 1974, drei Uhr Nacht. Niemand drängte, ich hatte Zeit, die Dinge in der Finsternis zusammenzusuchen: Paß, Bargeld, Hose, Hemd, eine Gallone Wasser, den uralten Sextanten, die Logbücher, jenes Stück Seekarte, das ich brauchen würde, alle drei Kompasse, Flossen, Schnorchel, Taucherbrille. TABOO wurde währenddessen am Riff von jedem Wellental weiter zerkleinert, systematisch zerhackt.

Kein Abschied, der ans Gemüt griff, ich wollte zuerst das Dinghy in Sicherheit bringen, mußte mich vom Riff lösen, in Lee kommen. TABOO, 20 Meter entfernt, war dann nicht mehr zu sehen. Also: Konzentration auf das Nächstliegende. Rudern.

*

Es war ein sauberer Schlußpunkt gewesen, der nicht das Gefühl zurückließ, ich hätte irgend etwas anders machen sollen: Ein unverzeichnetes Riff bei Sicht Null – Nacht, Regen, Neumond – und schwer brechender See. Da hat sich alles Ungünstige miteinander verkettet wie ansonst nur bei konstruierten galligen Witzen.

Um von vorn beginnen zu können, mußte ich mich vorerst einordnen in den Hauptstrom, aus dem ich seinerzeit ausgeschert war; jetzt in der umgekehrten Richtung: Von einem unbekannten Riff in dreißig Ruderstunden zu einer Missionsstation auf einer Insel der D'Entrecasteaux-Gruppe, zu einer kleinen, dann größeren Stadt auf Papua-Neuguinea, dann Singapur, erst dann die wirklich freie Wahl der Himmelsrichtung, des Tuns.

Nach sieben Jahren mit TABOO ist aber auch dieses Tun vorgezeichnet, denn TABOO war zugleich mein Vermögen, mein Job und meine Wohnung gewesen, also brauche ich vorerst gute Jobs, um Geld für ein neues Boot aufzutreiben. Muscheltauchen plus Arbeit im Hinterland: Vorträge, dieses Buch, Kontaktpflege.
Ich will ein Boot in Auftrag geben, will es bauen lassen, haargenau nach meinen Vorstellungen, will den Bau überwachen, jedes Detail überdenken, aber ich will nicht mehr das ganze Boot selber bauen, nicht mehr 5000 Stunden, fünftausend Stunden lang allein – oder fast allein – schuften. Wahrscheinlich deshalb, weil ich zwölf Jahre älter bin als damals, als ich das erste Holz in die Hand nahm, das ein Teil von TABOO werden sollte.

*

Ausbruch

Eine Segelyacht war keine fixe Idee gewesen. TABOO hatte sich erst langsam herauskristallisiert.

Am Beginn war die simple Sorge gestanden, ich könnte im Berufsleben Fuß fassen, bevor ich es wollte. Ich hatte eine einzige Art von Voraussicht gehabt: Wenn du anfängst, in deinem Beruf erfolgreich zu sein, wenn du Stufe um Stufe zu klettern beginnst, wirst du nie wieder bereit sein, Monate und Jahre für Nutzloses zu opfern. Wenn ein Schmalspur-Techniker – das war ich damals – erst einmal beginnt, beruflichen Ehrgeiz zu entwickeln, ist alles aus. Darum sprang ich im letzten Moment ab – mit 21 Jahren, nach dem ersten Berufsjahr. Zur Sicherheit dorthin, wo die Fahrkarten nach Österreich am teuersten sind: Australien.

Mein erster Job in Australien war das Abtragen einer Mauer, denn mein Englisch war damals zu schlecht, um in meinem Beruf als Technischer Zeichner arbeiten zu können. Ich taugte für solche Arbeit, denn ich war sehr kräftig, ich war seit meiner Kindheit in einem Ruderklub gewesen, hatte manchmal aus Spaß zwölf Stunden am Tag gerudert. Als ich genug Geld hatte, um ein Gewehr und Camping-Zeug zu kaufen, ging ich mit einem gleichaltrigen Deutschen nach Nord-Queensland auf Krokodiljagd. Das war 1962, und ich war gerade verrückt genug, um jede Art von Tätigkeit zu akzeptieren, wenn sie nur nach Abenteuer klang. Ich vertrug mich nicht sehr gut mit meinem Begleiter; er trug schwer an unverdautem Nietzsche, und ich war ziemlich erdbezogen, jedenfalls kam es zu einer wilden Keilerei außerhalb unseres Zelts, tags darauf trennten wir uns. Ich blieb noch einige Wochen und schoß rund 50 Krokodile. Es war das letzte Jahr, in dem das Abknallen von Krokodilen noch offiziell gestattet war, und in meinem damaligen Alter machte ich mir keine Gedanken über die Erhaltung der Tierwelt – ich rechnete nur nach Quadratzentimetern von Krokohaut und multiplizierte sie mit dem zu erwartenden Tagespreis. Im Lauf der Jahre, als mein Leben immer mehr auf die Natur ausgerichtet wurde, stellte sich automatisch die gesunde Beziehung gegenüber Tieren ein: Ich schoß, angelte oder harpunierte immer nur soviel, wie ich zum Essen brauchte. Die einzige Ausnahme blieb die Jagd auf Haie, deren Gebisse man verkaufen kann – ich habe mir dafür so etwas wie eine moralische Rechtfertigung zugelegt, was auf den Galápagos am einfachsten war, weil die Haie dort die jungen Robben fressen. Heute bin ich aber auch darüber hinaus und töte keinen Hai mehr wegen der zwanzig Dollar, die mir sein Gebiß einbringen würde.

Da im Zusammenhang mit Krokodil-Jagen immer wieder die Frage auftaucht, wie man die Biester schießt, will ich es kurz erklären. Tagsüber sind die Tiere derart zurückgezogen, daß man sie kaum findet, außerdem müßte man schon fast auf ihnen stehen, um sie zu bemerken. Nachts kommen sie raus und sind relativ gut erkennbar, wenn man mit einem starken Suchlicht über das Wasser leuchtet. Was man sieht, sind die Augen: Zwei rot funkelnde Punkte von unglaublicher Intensität. Jüngere Tiere erkennt man an der gelblichroten Färbung im Unterschied zu dem tiefen Rubin der ausgewachsenen – natürlich immer nur dann, wenn die Tiere angestrahlt werden. Man muß sie genau ins Hirn treffen und daher dementsprechend nahe zum Schuß kommen. Normalerweise geht man zu dritt auf die Jagd: Einer steuert das Boot, einer bedient den Scheinwerfer, der dritte schießt. Ich mußte das allein machen, was überhaupt nur deshalb möglich war, weil angestrahlte Krokodile sich nicht von der Stelle zu rühren pflegen. Ich hatte meine Lampe auf dem Gewehr fixiert. Mit einer Hand steuerte ich das Boot, in der anderen hielt ich Gewehr samt Lampe. Wenn ich ein Krokodil entdeckte, steuerte ich es an und stellte in etwa zehn Meter Entfernung den Motor ab. Während ich noch Fahrt machte, zielte ich zwischen die Augen und drückte ab. Bei einem guten Schuß würde das Krokodil blitzartig auf den Grund des fast immer seichten Wassers sinken. Mit Drahtringen an einem Stock kann man das Tier dann bergen. Manchmal sprang ich auch hinein, um ein Tier herauszuzerren – dies gewöhnte ich mir sehr rasch ab, als ein getroffenes Croc offensichtlich nur benommen war und plötzlich aktiv wurde – glücklicherweise hatte ich es beim Schwanz angefaßt.

Nach der Rückkehr in mein Lager pflegte ich bis zum Morgengrauen zu schlafen, dann häutete ich das Reptil ab. Die Haut mußte von allem Fleisch und Fett gereinigt und eingesalzen werden, sie wurde dann im Schatten eines Baumes zum Trocknen aufgehängt und noch mehrmals am Tag mit Salz eingerieben. Wenn das Zeug trocken war, bekam es noch einmal eine Salzschicht für den Abtransport. Später verkaufte ich die Ausrüstung, ging nach Darwin und dann für sechs Wochen in ein Uranbergwerk. Dort traf ich Erik Veng, einen jungen Dänen, mit dem ich zum ersten Mal das Thema »Segelboot für Hochseereisen« diskutierte.

Was mir daran gefiel, war die Doppelfunktion von Unterkunft und Fortbewegungsmittel, denn von einer Faszination des Segelns war damals keine Rede. Ich war bis dahin zweimal auf der Alten Donau in Wien segeln gewesen, das erste Mal bei Flaute, beim zweiten Mal war ich gekentert. Ich empfand den Bau eines Segelboots nicht als besondere Schwierigkeit – und in einem gewissen Maß stehe ich auch heute dazu, es gibt viele Bastler, die schwierigere Sachen fertigbringen. Anfang 1963 war für uns klar, daß wir irgendwie an größeres Geld kommen mußten, also verdingten wir uns bei Langustenfischern in Geraldton, Westaustralien. Erik arbeitete für einen Australier, ich für einen finnischen Quartalsäufer, in beiden Fällen waren wir die einzigen Helfer der Skipper. Dies war auch mein erster echter Kontakt mit dem Meer. Allerdings nicht auf die Art von Kadettenschülern: Als ich auf das Boot kam, war der Alte besoffen, und ich mußte sofort ans Steuer und dem anderen Boot folgen, bis zu unserem Revier. Das war eine Gruppe von Koralleninseln, die Abrolhos-Islands, etwa fünfzig Meilen vor der Küste. Der Finne – später wieder nüchtern – war ein Star in seinem Metier, er wußte großartig Bescheid über Langusten. Die Arbeit war schwer, täglich mußten rund hundert Körbe runtergelassen oder geborgen werden. Das Prinzip ist einfach. Man steckt Köder – in unserem Fall gefrorene Fischköpfe aus Japan oder gespaltene Schafsköpfe aus Australien – in einen Korb und läßt ihn in Langustengewässern auf etwa 20 bis 40 Meter Tiefe. In der Nacht kriechen Langusten durch eine relativ kleine Öffnung in den Korb und können dann nicht mehr raus. Als Helfer eines Langustenfischers verdiente man ungefähr das Drei- oder Vierfache eines normalen Jobs, außerdem hatte man während der ganzen Zeit keine Chance, auch nur einen Cent auszugeben. Nach dreieinhalb Monaten waren wir – für unsere Verhältnisse – reich und zogen andere Kulissen auf: Arbeit bei der Weizenernte.
Die nächste Station war eine Goldmine in Kalgoorlie. Ich begann mit schlecht bezahlter Drecksarbeit und brachte es bis zum Job eines Elektrokarren-Chauffeurs im Stollen. Das war rund 400 Meter unter der Erde, ich war absolut allein und hatte auf meiner Route einige Tunnels, die so eng waren, daß meine angehängten Wägelchen dauernd touchierten. Wahrscheinlich war es der gefährlichste Job, den ich je gemacht habe – bei einem Stolleneinbruch in der Nähe meines Arbeitsplatzes wurde mir das sehr deutlich.
Erik und ich arbeiteten nicht in der gleichen Mine, doch in ziemlicher Nachbarschaft, so zogen wir auch bald nach meinem Schockerlebnis gemeinsam ab.
Mitte 1963 begannen wir in Fremantle, in der Nähe von Perth, mit dem Bau eines vorerst noch namenlosen Katamarans.
Schon seit etlichen Monaten hatten wir uns Pläne kommen lassen und Gedanken

gemacht. Die meisten Pläne waren für etwa sieben Meter Bootslänge oder in der Gegend von 18 Metern, es gab kaum ein Mittelding. Und irgendwie hatten wir von vornherein an zehn, elf Meter Länge gedacht. Ein Katamaran reizte uns aus mehreren Gründen. Erstens wollten wir in unserem Überschwang unbedingt die Welt umsegeln (ein Ziel, das ich später fast völlig aus den Augen verlor), und mit einem Katamaran hatte dies zu jener Zeit noch niemand zuwege gebracht – so ergab sich für uns ein handfestes sportliches Ziel. Zweitens war uns klar, daß wir bei gegebener Länge mehr Innenraum haben würden als auf einer Einrumpfyacht, außerdem würde ein Katamaran relativ schneller sein. Von der theoretischen Beschäftigung mit der Materie wußten wir auch, daß das Fehlen von Rollbewegungen den Komfort erhöhen würde. Schließlich entschieden wir uns für den Plan des Engländers Erick Manners, der einen 27-Fuß-Katamaran konstruiert hatte. Unserer Meinung nach hatte der Manners-Plan einige schwache Stellen, das hatten wir sogar damals als Greenhorns erkannt. Wir behielten die asymmetrische Rumpfform (außen flacher) und die gesamte Steueranlage bei, streckten aber die Pläne auf zehn Meter Länge, veränderten das Unterwasserschiff, das Rigg und die Kajüte. Was dann letzten Endes herauskam, ersehen Sie am besten aus der Zeichnung samt Beschreibung im Anhang des Buches.

Sechs Wochen nach Baubeginn erwischte es Erik: Er war mit dem Motorroller Fish & Chips holen gefahren, als er von einem Auto niedergefahren wurde. Er hatte eine zerschmetterte Hüfte, kam auf sechs Monate ins Krankenhaus und blieb schwer gehbehindert für immer. Vorerst sah es allerdings aus, als würde Erik vielleicht wieder fit werden, jedenfalls blieb der Däne noch einige Zeit mein stiller Partner. Ich arbeitete zwischendurch als Technischer Zeichner, um weiteres Geld aufzutreiben, hatte aber bis Jänner 1965 das Boot so weit fertig, daß es – ohne Mast, Ruder und Inneneinrichtung – vom Stapel gehen konnte. Erik hatte sich inzwischen in eine seiner Krankenschwestern, eine Chinesin, verliebt – und sie war es auch, die den Namensvorschlag »TABOO« machte. Es war einfach ein guter Name, ansonst steckte keine Beziehung dahinter. Trotzdem war er ziemlich passend, denn er drückte Exotisches und Geheimnisvolles aus – genau das, wonach uns zumute war. Es dauerte noch vier Monate, bis TABOO segelfertig war.

Für einen angehenden Weltumsegler fehlte mir nur eines: Ich konnte nicht segeln. Ich empfand das nicht als sonderlich tragisch, jedenfalls waren der auf Krücken gehende Erik und ich stolz genug, bei der Jungfernfahrt keine »richtigen« Segler an Bord zu lassen. In der Folge mußte ich zwar Geld verdienen, benutzte aber jede freie Stunde zum Segeln auf TABOO, dann auch als Crew auf einer Yacht bei Hochsee-Rennen. Als Techniker fiel es mir auch nicht sonderlich schwer, innerhalb einer Woche die Theorie der Navigation in mich hineinzupauken und

sie sogar zu kapieren, an Bord trainierte ich die Praxis. Inzwischen ergab sich noch ein besserer Job, nämlich als Tischler bei einem Bootsbauer, dessen Schuppen direkt neben dem TABOO-Liegeplatz war.
Immer deutlicher kristallisierte sich heraus, daß Erik nie wieder völlig gesund werden würde, er hielt lange Segelfahrten körperlich nicht aus. Eine Alternative zu ihm gab es für mich nicht: Ich sträubte mich ganz einfach gegen die Idee, den Platz auf TABOO mit einem Fremden zu teilen. Daß ich das Alleinsein ganz blendend vertragen konnte, wußte ich spätestens seit der Krokodiljagd. Sicherlich reizte mich außerdem das Sportliche – »Einhand im Katamaran um die Welt«, das klang nach Rekord. Das Rekord-Denken ist mir inzwischen gründlich vergangen, aber vom Einhandsegeln halte ich nach wie vor sehr viel. Sich mit einem Freund zusammenzutun, klappt für so lange Reisen nur in den seltensten Fällen, vielleicht außer man ist schwul. Eine »normale« Verbindung, also Mann und Freundin oder ein Ehepaar, das könnte ich mir eher vorstellen. Was mich betrifft, war das Alleinsegeln eigentlich nur konsequent. Ich hatte mich ja deshalb für ein Segelboot entschieden, um völlig unabhängig zu sein. Ich wollte zwar die Welt sehen, aber nicht rumgurken mit einem Kursschiff nach Samoa. Und wenn einer schon so egozentrisch ist, daß er sich nicht den normalen Transportmitteln anpassen will, dann will er auch auf dem Boot auf niemand Rücksicht nehmen müssen. Mit Einsamkeit hat das Ganze überhaupt nichts zu tun: Auch lange Etappen dauern selten länger als 40 Tage – und das läßt sich ja wirklich bestens aushalten, ohne jemanden zum Anquatschen oder zum Streiten zu haben. Und wenn ich gelandet bin, suche ich ja den Kontakt mit den Menschen, die dort leben, keine Rede von einsamer Wolf oder kontaktscheu, im Gegenteil, ich mag die Abwechslung. Damit will ich nicht sagen, daß alle Einhandsegler ein ähnliches Motiv haben, natürlich sind ein paar Käuze dabei, die sich als echte Menschenfeinde und Außenseiter gebärden – und es dann wohl auch sind.
Nach und nach erkannte ich auf meinen Trainingsfahrten die schwachen Stellen von TABOO und merzte sie Schritt für Schritt aus, am wesentlichsten war der Ausbau des Schwerts und statt dessen die Anbringung von zwei Holzkielen. Mit dem Mittelschwert wollte das Boot bei sechs Windstärken unbedingt anluven, was nach dem Umbau nicht mehr so stark passierte. Mit den Kielen kam TABOO auf einen Tiefgang von genau einem Meter, für einen Katamaran dieser Länge ein Minimum, um annehmbare Am-Wind-Eigenschaften zu erreichen.
Ich wurde immer zufriedener mit meiner Arbeit, obwohl Kleinigkeiten wie ein Mastbruch passierten. Es steckten rund 12.000 (damalige) US-Dollar und ungefähr 5000 persönliche Arbeitsstunden in TABOO. Ich mußte vorerst noch arbeiten, um die Schulden abzuzahlen, währenddessen wurde ich immer besser mit dem Boot vertraut. Ich hielt es für hochseetüchtig und scheute mich daher

nicht, als Generalprobe um eines der drei großen Kaps zu fahren, um Kap Leeuwin an der Südwestecke Australiens. Die Sache verlief etwas spektakulärer, als ich gehofft hatte: Ich wurde grauenhaft seekrank und geriet in einen Sturm von zehn Windstärken, der nicht sehr viel länger hätte dauern dürfen, denn mein Treibanker zeigte Auflösungserscheinungen.
Seit Beginn des Bootsbaus war ich dumm genug gewesen, von meinem Plan der Erdumrundung zu reden. Ich erregte damit einiges Aufsehen, allerdings nur deshalb, weil ich einem Katamaran vertraute. Mehrrumpfboote sind in Australien nicht sonderlich üblich, und TABOO war der erste Hochsee-Kat, der in Westaustralien vom Stapel gelaufen war. Ein guter Freund, John Spire, und seine Frau folgten einige Monate später mit einem Katamaran, allerdings hatten sie schon fünf Jahre vorher zu bauen begonnen. John war einer der wenigen, der mir eine echte Chance gab, mit TABOO irgendwo hinzukommen. An Wochenenden segelten wir oft gemeinsam und ankerten nebeneinander.
Es gab aber nicht nur sachliche Aspekte, da war auch eine Mädchengeschichte, die sich etwas zuspitzte. Roslyn, meine 18jährige australische Freundin, wollte unbedingt mit aufs Boot, notfalls auch, indem sie von zu Hause durchbrennen würde. Davon hielt ich aus mehreren Gründen nicht das geringste, im übrigen hatte ihr der Vater bereits den Umgang mit mir verboten. Er war Regierungsbeamter und hätte im Fall eines Unsinns Himmel und Hölle in Bewegung gesetzt, inklusive Royal Australian Navy. Nicht wesentlich erleichtert wurde die Sache durch das plötzliche Auftauchen meiner österreichischen Freundin Elisabeth. Wir hatten über die Jahre brieflichen Kontakt gehalten, dabei hatte ich den Fehler gemacht, ein Datum für meine Abreise zur Weltumseglung zu nennen. Sie reagierte durch Standortverlegung von Korneuburg nach Fremantle und war fest entschlossen, mitzufahren. Ich trat zur Flucht nach vorn an und rückte das Abreisedatum vor. Daß ich das indonesische Visum noch nicht hatte, mußte ich in Kauf nehmen; Freunde würden helfen, mir den Paß nach Carnarvon (W-Australien) nachzuschicken. Ich fixierte ein Abschieds-Dinner in einem Flußrestaurant in Fremantle, TABOO war dort am Steg festgemacht. Fernsehen war auch dabei, die zogen den Bericht als kleine menschliche Feature-Story auf und filmten Elisabeth und mich beim letzten gemeinsamen Essen. Wegen des außergewöhnlichen Anlasses trank ich etwas Alkohol, den ich nicht gewohnt war und auch nicht vertrug, jedenfalls war ich nicht ganz Herr der Situation, als wir in die Koje fielen. Am Morgen war Elisabeth weg, und ich war schwer beeindruckt: Das Mädchen hatte Format, ersparte uns eine große Szene. Die Fernsehleute und ein paar Zeitungsjournalisten waren da, als erstmals ein Mensch zur Einhand-Weltumsegelung im Katamaran aufbrach. Es war der 28. April 1967.
Ein paar Meilen von der Küste kroch plötzlich Elisabeth aus dem Segelstauraum.

Meine erste Reaktion war, sie unter Deck zu scheuchen, um mich nicht als Betrüger dastehen zu lassen, von Einhand konnte ja nicht mehr viel Rede sein. Meine Wut über die Sache war so groß, daß unser Verhältnis weniger denn je eine Chance hatte, zu einer Liebe zu werden. Im übrigen hatte Elisabeth auch ungünstige äußere Begleitumstände: Sie bekam in einem NW-Sturm ihre volle Ration, wurde sofort seekrank und kotzte wie ein Reiher. Ich hatte den Treibanker 40 Stunden lang draußen, Elisabeth war sechs Tage lang zerstört. Ich wollte die Zeit bis zum Eintreffen des indonesischen Visums dazu benützen, um Vorräte an getrocknetem Fleisch anzuschaffen und machte jede Menge Jagdausflüge an der kaum bewohnten australischen Nordwestküste und den vorgelagerten Inseln. Dabei ging mir Elisabeth noch weiter auf die Nerven, als sie dauernd wegen meines Mordens der lieben Tiere raunzte. Ich sagte ihr, daß sie dann konsequenterweise auch das Fleisch der Tiere nicht anrühren dürfe, aber es schien ihr immer ganz gut zu schmecken. Einmal pirschten wir uns wieder durch das hohe Stechgras, als sie fragte, ob sie auch mal schießen dürfe, nur so probieren. Aber bitte, ich gab ihr den Prügel, eine alte .303 Lee Enfield. Sie schoß wie eine Wilde, verballerte meine halbe Munition, traf überhaupt nichts, wurde aber richtig blutrünstig dabei. Eine blaue Schulter behielt sie einige Tage als Andenken – und ich hatte mich weiter von ihr entfernt als je zuvor.

Ansonst waren die Tage des Jagens und Fischens ziemlich unbeschwert, die meisten Tiere waren nur zum Einsammeln, nur die Känguruhs wollten überlistet werden, was nicht ganz einfach war, weil das Bewegen im Stechgras Lärm machte und außerdem zu kleinen Verletzungen führte. Als Beispiel für diese Zeit nehme ich einen Tag aus dem Logbuch und übersetze (ich führte mein Logbuch immer in Englisch):

Mittwoch, 24. Mai 1967:

»Wir waren den ganzen Morgen damit beschäftigt, das Fleisch (einer tags zuvor geschossenen Schildkröte) aufzuschneiden, Teile davon zu kochen und rohe Stücke im Netz zum Trocknen aufzulegen, wie wir es mit dem Känguruh und dem Hai gemacht hatten. Ich legte ein Moskitonetz drüber, denn die Fliegen waren ziemlich lästig. Das Schildkrötenfleisch ist wirklich großartig. Das Fett schnitten wir weg, es hatte eine grünliche Farbe, wir schnitten es in kleine Stücke und kochten es, das ergab zwei Flaschen Öl. E. macht Suppe, Steaks, Gulasch, und jetzt am Abend geben wir ein großes Stück ins Backrohr, nachdem ich mit dem Brotbacken fertig geworden bin. Wenn man die ganze Zeit nur Fisch oder Fleisch ißt, wird man ganz gierig auf süße Drinks und Brot mit Butter und Honig. Vor Sonnenuntergang fuhren wir mit dem Dinghy hinaus zu der Stelle, wo ich gestern Nacht die Schildkröte geschossen hatte. Der Platz ist voll Leben mit Fischen, Rochen und zwei oder drei Schildkröten. Als wir im Mondlicht zurückruderten,

kollidierten wir mit einem größeren Tier. Es schoß davon mit einem großen Splash, wobei das Wasser für 15 Meter ganz aufgewühlt und E. ganz naß wurde. Die kleinen Haie dürften ziemlich dumm sein, sie kamen bis auf drei Meter an das Dinghy heran und schossen dann davon.«
Auf diese Weise verbrachten wir rund einen Monat. Zwischendurch hatten wir eines der beiden Hühner gegessen, die mir von Freunden in Fremantle lebend mitgegeben worden waren. Erstens taten sie nicht ihren Job (Eierlegen), zweitens hatte ich Sorge, daß ich später freundschaftliche Gefühle für die Tiere entwickeln könnte – man wird ja schrullig allein auf See –, so wollte ich sie zur Sicherheit vorher braten.
Unsere nördlichste Gegend war das Dampier-Land, dort erreichte mich die Nachricht, daß Paß samt Visum in Carnarvon bereitlägen, also segelten wir auf raschestem Weg wieder zurück. Elisabeth wollte nicht einsehen, daß hier Endstation war, es gab Szenen und Tränen, als ich sie in einen Bus nach Perth setzte und sie John und Juliet Spire empfahl, die an der Blinden-Passagier-Sache nicht ganz unschuldig gewesen waren.
Jetzt ging es richtig los, ab Carnarvon, am 8. Juli 1967.
Die erste lange Hochseefahrt meines Lebens war nicht sehr erhebend, ich wurde wieder einmal auf gräßliche Art seekrank. Seekrankheit ist für mich schmerzintensiver als jede Verletzung oder andere Krankheit, die Magenkrämpfe am zweiten oder dritten Tag können mich absolut fertigmachen. Bei bewegter See und Etmalen* von 98 bis 133 Seemeilen hatte ich noch keine Selbststeuerung, sondern konnte mir nur durch Belegen der Pinne helfen, was mir Pausen zwischen 20 Minuten und fünf Stunden verschaffte. Auch in puncto Segeln war ich nicht übertrieben reichhaltig ausgerüstet, ich hatte beispielsweise noch keine Genua und verschenkte auf Leichtwetterkursen entsprechend viel Zeit.
Die allererste Einklarierung in einem fremden Land sollte auch im späteren Rückblick auf 50.000 Seemeilen mit TABOO die abenteuerlichste bleiben. Das nette Plätzchen hieß Labuan Hadji auf der indonesischen Insel Lombok. Zwei Zollbeamte kamen an Bord und wollten die Liste aller mitgeführten Waren sehen. Ich zeigte ihnen die Aufstellung des Supermarkts in Perth, dann mußte ich jeden einzelnen Posten vorweisen. Mit der Zeit wurde ich müde, in den hintersten Ecken nach dem Zeug zu suchen und zeigte wahllos auf Spaghetti-Dosen oder Dörrpflaumen, was immer die beiden mühsam aus der Liste herausbuchstabierten. Das Ganze diente eigentlich nur dazu, daß die beiden sich klar wurden, was sie wollten: Alle drei Stangen Zigaretten, die ich als Handelsge-

---

* Etmal: Die auf See innerhalb von 24 Stunden zurückgelegte Distanz, gemessen von Mittag bis Mittag.

Stapellauf der TABOO nach anderthalb Jahren Bauzeit im westaustralischen Fremantle.

Bei stärkerem Seegang war ich nie ohne Sicherheitsgurt an Bord . . . im Indischen Ozean rettete er mir das Leben.

Fische waren wohl die Hauptnahrung, ich bemühte mich aber um einen abgerundeten Menüplan: getrocknetes Känguruhfleisch, selbstgebackenes Brot, Eselsbraten (auf den Galápagos).

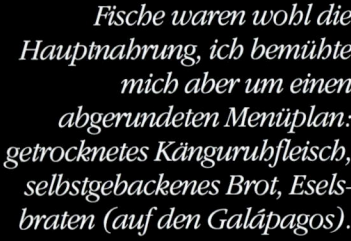

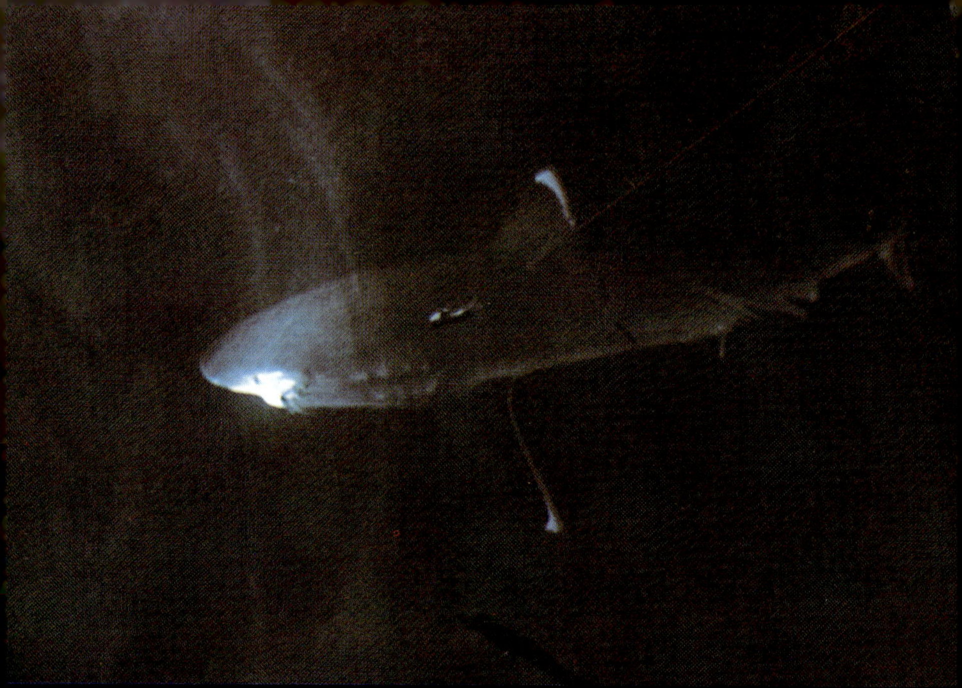

Anfangs schoß ich Haie, um deren Gebisse zu verkaufen. Für die Küche waren Thun, Makrelen, Marlin und Kingfish am attraktivsten.

genstände (ich bin Nichtraucher) mitführte. Als ich sie nicht hergab, wollten sie Hosen und Hemden, was ich ebenso ablehnte. Die Sache war etwas unangenehm, weil TABOO von einigen Booten umgeben war und einige Dutzend Eingeborene recht nahe waren. Die Beamten verschwanden schließlich mit meinem Paß und versprachen, ihn am Nachmittag zu bringen. Sie kamen auch wieder, vertäuten ihr kleines Boot längsseits TABOO und eröffneten das Gespräch mit der Forderung von Zigaretten *und* Hemden *und* Hosen, keine Rede von *entweder – oder*. Zu diesem Zeitpunkt legte vom Dorf ein riesiges Kanu mit etwa dreißig Männern ab. Ich konnte nicht lange überlegen, lichtete den Anker und ließ den Außenborder an. Die Zollmenschen auf TABOO hatten auch nicht gerade viel Zeit, denn die ablandige Strömung war sehr stark und würde ein Zurückrudern in deren kleinem Boot schwierig machen, wenn sie noch länger auf TABOO blieben. Ich muß sehr entschlossen ausgesehen haben, jedenfalls knallten sie mir den Paß auf das Deck und sprangen in ihr Boot. Welche Art von Behandlung mir von den Männern des Riesenkanus zugedacht war, habe ich nie erfahren.

Jenseits der Lombok-Straße sah alles völlig anders aus: In Buleleng (Bali) behandelten mich zwei Beamte äußerst korrekt, sogar freundschaftlich. Ich ankerte abwechselnd in Buleleng oder Benoa, wobei sich Benoa als etwas herauskristallisierte, das ich »logischen Rendezvous-Platz« nennen möchte. Man trifft seinesgleichen: John (Engländer) und Ross (Kanadier), per Dampfer unterwegs von Java über Flores nach Australien – nach kurzer Prüfung hatte ich sie für okay befunden und eingeladen, auf TABOO zu schlafen; Laurie (Engländer) – auf dem Weg nach Java; Dr. Buschmann – deutscher Konsul in Chile; Sadun und Oda (deutsch-türkisches Ehepaar) – mit Yacht »Kismet« auf dem Rückweg ... mit dem kleinen Umweg über das Kap der Guten Hoffnung, weil der Suez-Kanal in jenen Tagen nicht auf dem Spielplan stand.

Mit der Gier eines Menschen, der nichts versäumen wollte, stürzte ich mich ins Touristische, ohne deshalb in den Strom der Ferienfabrikanten zu geraten, dazu hatte ich ja viel zu wenig Geld. Der Ausflug zum einzigen noch aktiven Vulkan Balis mag auch in Package Tours inbegriffen sein, mit den lokalen Buslinien wird er zur Entdeckungsreise. Simple Neugier: Balinesischer Hahnenkampf. Eine Sache für Verhaltensforscher (am Menschen, nicht am Tier!), denn die Brutalität ist für uns nicht zu begreifen: Jeder Hahn hat an einem Fuß eine ungefähr zehn Zentimeter lange Klinge angebunden, damit ist neben den üblichen Luftkämpfen die Variation des Sich-Zerschneidens möglich; wenn einer flieht, werden beide zusammen in einen engen Käfig gesperrt. In der Sprache des Sports: Weder Unentschieden noch Werfen des Handtuchs sind erlaubt.

Ich sah mich nach Ersatz für die beiden Hühner um, die auf TABOO keine Eier gelegt und daher nur eine geringe Lebenserwartung gehabt hatten. Weniger für den Topf als zur Unterhaltung kaufte ich zwei Vögel, die nach der wörtlichen Übersetzung »Reisspatzen« heißen müßten – plus Käfig kam mich die ganze Transaktion auf Barauslagen in der Höhe von ziemlich genau einer Mark. Allerdings mußte ich einen Tierarzt aufsuchen, um eine Art Lizenz für die beiden Tiere zu lösen, das bürokratische Leben ist teilweise also schon ziemlich heftig ausgeprägt auf Bali. Mit Hygiene oder echter Sorge um Gesundheit kann diese Lizenz nicht viel zu tun haben, sonst hätte man den Leuten sicherlich schon abgewöhnt, ihre Notdurft in denselben Gewässern zu verrichten, in denen sie sich baden.

Wenn einer drauf und dran ist, über den Indischen Ozean zu segeln, ist er seinem Schiffchen ein Großreinemachen schuldig, vor allem am Unterwasserschiff. Dazu suchte und fand ich eine Sandbank, passierbar bei Flut, trocken bei Ebbe. Inklusive Unterwasseranstrich und einer Spezialbehandlung für das galvanisierte Stahlruder dauerte die Arbeit drei Tage.

Ich war bereit zur ersten der großen Herausforderungen, die heute an eine Segelyacht gestellt werden können: Überquerung des Indischen Ozeans, eine Angelegenheit von 4000 Seemeilen.

Mehr geht nicht
Indischer Ozean

Eine Überquerung des Indischen Ozeans etwa in Höhe des südlichen zehnten Breitengrades ist sportlich ziemlich interessant. Auch bei der günstigen Richtung (von Ost nach West) und bei günstiger Jahreszeit und dem entsprechend verläßlichen Südost-Passat läßt sie sich etwa mit einer Passat-Spazierfahrt über den Atlantik (Ost-West) nicht vergleichen. Ein Etmal von 175 Seemeilen deutete die Möglichkeit an, die TABOO bei Anhalten der Windstärke 4 gehabt hätte.* Am vierten Tag ließ ich Christmas Island 20 Meilen südlich liegen und stellte starke Gegenströmung fest (135 Meilen am Log, nur 110 Seemeilen an Distanz gewonnen). Die Logbucheintragung des fünften Tages war typisch für mein Hochgefühl:
»Noch ein wunderschöner Tag. Wind frischte ein bißchen auf, hatte noch einen Lauf von 174 Meilen. Müßte jetzt in der Äquatorial-Strömung sein. TABOO *steuert sich gut selbst. Am Morgen lag ich wieder an Deck in der Sonne und dachte an verpestete Städte. Machte einige kleine Arbeiten während des Tages. Ein fliegender Fisch fiel an Bord, aber er sah so klein und armselig aus, daß ich ihn über Bord warf, den nächsten nahm ich aber und hatte ihn zum Tee.«*
Schluß mit der Gemütlichkeit am siebenten Tag: Schwere Wolken, Regen, sechs Windstärken. Ich reffte zweimal das Großsegel. Dann klarte es gerade so weit auf, daß ein Sonnenschuß möglich war. Die See wurde viel holpriger, es wurde sogar ein kleiner Oktopus auf das Kabinendach geworfen. Obwohl ich das Großsegel

---

* Im Endeffekt ergab sich ein Schnitt von täglich 138 Seemeilen (mit zwei Wochen hoher See und jeder Menge Zwischenfälle). Gesamtzeit für Benoa (Bali) bis Diégo-Suarez (Madagaskar): 29 Tage und 4 Stunden. Trotz allem war dies damals (1967) die schnellste mir bekannte Einhand-Überquerung des Indischen Ozeans auf dieser Route. Bis fünf Windstärken verwendete ich Großsegel und eine 16-m²-Fock ausgebaumt als Passatsegel, deren Schoten durch Blöcke zum Verbindungsstück zwischen den beiden Ruderpinnen führten und nach einigem Ausbalancieren eine sehr gute Selbststeuerung abgaben. Als Schwerwettersegel benützte ich zwei 9-m²-Focks ohne Groß.

vor der Abenddämmerung ganz wegnahm, wurde TABOO weiter durchgehämmert. Hier treten enorme Kräfte auf, die speziell bei einem Katamaran zu Materialermüdung führen können, wenn das Boot nicht wirklich gut gebaut ist.

Der Sturm hielt am nächsten Tag an, und TABOO stampfte schwer durch die rauhe See. Nach jeder größeren See, wenn TABOO in das tiefe Wellental schoß, krängte sie von Lee nach Luv, aber immerhin war es nie jenes zermürbende schwere Rollen, wie es bei einer Einrumpfyacht auftreten kann.

Immer häufiger kamen schwere Böen, so daß ich selbst an die Pinne ging, um TABOO vor dem Wind zu steuern, da sie vom Kurs abzukommen drohte. Mitten in der Nacht schmerzten mich dann Arme und Augen, außerdem war der Erfolg der Mühe nicht überwältigend, so daß ich die Pinne wieder belegte und schlafen ging.

Am achten Tag flaute es leicht ab.

In späteren Jahren habe ich hin und wieder die Eintragungen des neunten Tages angeschaut, ob ich aus der Schrift irgendeinen Unterschied zu anderen Tagen herauslesen könnte. Eigentlich nicht, denn ich schmiere immer ziemlich arg. Ich hatte mich nur zu fünf Zeilen aufgerafft, die Ereignisse hätten mehr verdient: Am Morgen war ich beim Einholen des Spinnakers, ich wollte dann die beiden Passatsegel setzen. Beim Einholen füllte sich der Spinnaker plötzlich recht heftig und riß mich von Deck hoch. Ich ließ aus, stürzte auf die Bugkante und von dort ins Wasser. Natürlich hing ich an meinem Sicherheitsgurt, während TABOO mit rund zwölf Knoten eine Welle runterschoß. Zum Glück hing ich nicht achteraus, denn da hätte ich bei diesem Tempo bestenfalls Wasserski fahren können, sondern zwischen den Rümpfen, und konnte mich irgendwie raufhanteln. Bei dem Sturz hatte ich mir eine Rippe gebrochen und einige böse Abschürfungen geholt – und noch etwas: Die Überzeugung, daß jeder Einhandsegler einen wirklich guten Gurt braucht. Unter »gut« verstehe ich vor allem, daß er stark genug sein muß und daß der Angriffspunkt der Leine am Körper auf Brusthöhe oder etwas höher sein muß, also eine Art Schultergeschirr. Wäre es nämlich ein Gürtel, käme man auf beiden Seiten des Bauchs in die Strömung und das Rückgrat könnte glatt nach hinten abgebrochen werden.

Ein wesentlich ärgerer Fall ist mir später im Atlantik passiert: Bei immer stärker werdendem Sturm machte TABOO – bereits unter Top und Takel – drei bis vier Knoten, und ich hatte eben den Treibanker ausgebracht. Ich war im Cockpit und suchte irgendwelchen Kram, als eine unerhört steile brechende See mich kopfüber ins Wasser rausschleuderte. Im Cockpit hatte ich nie den Gurt, schließlich gab es ja gespannte Sicherheitsleinen, die oberste etwa in Brusthöhe. Der erste Gedanke: Jetzt ist es aus. Zweiter Gedanke: Der Seeanker. Ich habe unter Wasser nach dem Ende gefischt, habe es erwischt und mich dann langsam unter argem Kraftaufwand auf das Boot gezogen. In den 14 Jahren meines Vagabundierens und in den 7 Jahren meines Segelns mit TABOO hat es keine Situation gegeben, die mir auch nur annähernd derart unter die Haut gegangen ist, wie der Rausschmiß im Atlantik. Vor allem deshalb, weil ich einen solchen Tod als »unsinnig« empfinden würde, ich würde mich noch beim Absaufen in den Arsch beißen, weil ich durch meinen Fehler in diese Situation gekommen bin... obwohl ein derartiger Blitzangriff, der einen mitten aus dem Cockpit schmeißt, mir nur ein einziges Mal passiert ist – es müssen wirklich die seltsamsten Umstände zusammentreffen.

Es gibt dann eine Nuance in der Todesart, die noch ein bißchen ärger sein muß – nämlich die, wenn man ertrinkt, obwohl man gar nicht allein an Bord war. Davon hörte ich Jahre später auf Tahiti, als ich neben der englischen Yacht »Cloetta« ankerte. Ich hatte die »Cloetta«-Leute, Jim und Bill, ein paar Monate zuvor auf den Galápagos getroffen, wir hatten gemeinsam Dinner auf der »Cloetta« gehabt – und jetzt gab's Bill nicht mehr. Die Yacht war unterwegs zu den Marquesas gewesen, Bill arbeitete gerade am Abschlagen der Passatsegel, als er aus irgendeinem Grund die Balance verlor und über den Bug fiel. Jim bemerkte das sofort, schlug die Passatsegel ab, setzte die Arbeitssegel, wendete und kreuzte gegen den Wind an – da hatte er Bill auch schon aus den Augen verloren. Besonders ungünstig bei dem Schwimmenden war, daß er weiße Haare hatte, die sahen von der Weite aus wie eine Schaumkrone. Logischerweise sieht in einem solchen Fall der Schwimmende das Boot und muß hilflos zusehen, wie der andere die ganze Gegend abfährt, ohne ihn zu finden. Jim hat nach seiner Aussage den ganzen Nachmittag gesucht – nach ein, zwei Stunden war das sicherlich schon sinnlos, denn bei kräftigem Wellengang muß man schon ein Supersportler sein, um sich länger über Wasser zu halten –, ja, und dann fuhr er eben weiter, minus Bill.

Es ist gar nicht so selten, daß man bei hohem Wellengang – und wenn man vor dem Wind segelt – einen über Bord Gefallenen nicht mehr findet. Man muß wenden, ankreuzen und dauernd den Kurs wechseln und verliert auf diese Art rasch das Gefühl für die Position des Schwimmenden, weil man ja überhaupt keine Anhaltspunkte hat, nur den Horizont, der überall gleich aussieht. Man müßte sofort eine Kompaßpeilung von dem Schwimmenden machen, solange er überhaupt noch zu sehen ist.

Allerdings gibt es Hilfsmittel. Das einfachste ist ein etwa drei Meter langes Bambusrohr, das man am Achterstag befestigen kann. Dieses Rohr hat in der Mitte einen Auftriebskörper aus Schaum oder Plastik, ganz unten ein Bleigewicht und oben zumeist eine gelbe Fahne. Sobald man das Rohr ins Wasser wirft, stellt es sich auf wie ein Stehaufmännchen. Um auch nachts wirksam zu sein, hat es beim Auftriebskörper eine wasserdichte Leuchte, deren Batterien erst durch

Salzwasser aktiviert werden. Der über Bord Gefallene muß sich dann nur bei dieser Markierungsboje aufhalten und kann sicher sein, demnächst von seinem Boot aufgelesen zu werden.

Ist man zu zweit und besitzt kein solches Ding, wie es also im konkreten Fall von Jim und Bill war, wäre es meiner Meinung nach am besten, blitzartig alle Segel runterzuholen, notfalls die Fallen zu kappen. Jedes Boot würde dann seitlich liegen und nur sehr langsam abtreiben, der Schwimmende hätte alle Chancen, das Boot einzuholen – er hätte ja auch Wind und Wellen hinter sich und könnte kaum weiter als 50 bis 100 Meter entfernt sein. Im schlimmsten Fall wäre die Lage gleichbleibend und man könnte sich weitere Schritte überlegen. Dann wäre es wohl das vernünftigste, den Motor zu starten. Auch eine kleine Maschine würde helfen, denn es würde ja genügen, das Boot stationär zu halten, weil der Schwimmende den Vorteil der Oberflächenströmung hätte. Passiert ein solcher Notfall beim Segeln am Wind, ist man natürlich viel manövrierfähiger.

Einhandsegler können sich überhaupt nur durch einen guten Sicherheitsgurt helfen. Unter Kalmen-Bedingungen, wenn TABOO nicht mehr als zwei Knoten machte, sicherte ich mich auf bequemere Art ab. Ich ließ eine starke Leine, etwa zehn Meter lang, achteraus. Ich hätte sie jederzeit erreichen und mich wieder an Bord ziehen können.

Anläßlich des Todes von Bill gab es dann diverse Diskussionen, wie grauenhaft ein solcher Tod sein muß. Manche meinten, wenn man als Einhandsegler über Bord ginge, sei es wohl das beste, auf zehn Meter Tiefe zu tauchen und sich dort mit Wasser vollaufen zu lassen. Ich glaube, ich würde schon strampeln, solange ich kann, obwohl man ja wirklich nicht den Funken einer Chance hat. So besehen ist es nicht nur eine unsinnige, sondern ziemlich ungünstige Todesart, weil man mit einer absolut sinnlosen Tätigkeit aufhört – und das sehr deutlich vor Augen hat.

Zurück zum Indischen Ozean: Da war ich also – leicht lädiert – wieder an Bord. Es begannen die Wochen der 6 Windstärken, unterbrochen nur von Sturmböen. Wenn es gerade nicht böig war, vertrug TABOO ganz gut den Spinnaker vor den beiden roten Passatsegeln, allerdings mußte ich jederzeit zum Bergen bereit sein. Ich muß ziemlich starke sportliche Motive gehabt haben, sonst hätte ich nicht trotz meiner gebrochenen Rippe so aufwendig und mühsam gearbeitet. Das Ergebnis war allerdings eindrucksvoll, denn oft schoß TABOO mit 14 Knoten dahin. Dazu machte ich kräftige Fehler, ließ mich einmal von einer wild schlagenden Schot über das Gesicht peitschen, worauf sich das rechte Auge in sensationell kurzer Zeit komplett schloß. Es waren nicht meine Tage: Beim Pinkeln sah ich durch Zufall, daß eines meiner beiden Ruderblätter gebrochen war – glatt abgebrochen, waagrecht, genau an der Wasserlinie. Es war ein galvanisier-

tes Stahlruderblatt gewesen, es hatte die dauernde schlingernde Bewegung nicht ausgehalten, TABOO ist immer die Wellen runtergeschossen, das Heck kam raus und dann wieder rein mit plötzlichem seitlichen Druck. Für den Moment war der Verlust des einen Ruders nicht im geringsten dramatisch, denn vor dem Wind genügte das zweite Ruder vollkommen. Trotzdem habe ich zum ersten Mal auf meiner Reise begonnen, mir ein bißchen Sorgen zu machen: Was dann, wenn das zweite Ruder ebenso ermüdet und bricht?
Um zwei Uhr Nacht am 21. September schreckte mich ein Geräusch auf: A sound of breaking. Die untere Halterung des noch funktionierenden Ruders war gebrochen, das Ruder hing nur noch oben und scherte unten, ich mußte es abmontieren, um es nicht ganz zu verlieren. Dazu mußte ich zuerst meine Drucklampe füllen, anzünden und pumpen, dann alles Werkzeug aus dunklen Ecken hervorholen. Den gebrochenen Fingerling zu ersetzen oder zu reparieren, dazu gab es zwar ohnedies keine Chance, aber vielleicht würde mir irgendeine Behelfsmontage gelingen, wenn ich nur das Ruderblatt selbst retten könnte. Das Herausheben des Ruderstocks mit dem schweren Blatt stellte sich als unmöglich heraus, ich gab die Versuche auf, nachdem ich mir noch den Daumen gequetscht hatte, kein Wunder, bei dieser wilden See standen alle Teile schwer unter Druck und waren nicht zu bändigen. Während ich meinen Daumen verarztete, dachte ich mir eine Art Flaschenzug mit Ketten und Leinen aus, so bekam ich das Ding schließlich aus dem Wasser. Dann sah ich erst, daß das Ruderblatt selbst auch schon angeknackst war, man sah einen waagrechten Haarriß an genau der gleichen Stelle, an der das Nachbarruder ein paar Tage zuvor gebrochen war.
Die Situation war ein bißchen trostlos. Auf offener See, mit dem Passat im Rücken, konnte ich mir ja noch helfen, indem ich TABOO durch Ausbalancieren der Segel auf den richtigen Kurs eintrimmte, die echten Probleme würden erst beim Landfall kommen. Fürs erste reduzierte ich das Großsegel und ließ die Fock ein und aus und pendelte mich irgendwie damit ein. Bei noch stärkerem Wind wurde alles ziemlich dramatisch: TABOO steigerte sich auf 11, 12, 13 Knoten, hetzte ohne Ruder durch die Gegend, und ich saß in der Kabine, verschreckt wie ein Kaninchen. In Böen hat man natürlich wenig Kontrolle über das Boot, und im großen und ganzen veränderte ich möglichst wenig – ich hatte Angst, TABOO könnte in den Wind schießen oder halsen.
Rein belastungsmäßig würde das Ruderblatt schon noch ein bißchen halten, also probierte ich eine provisorische Konstruktion aus: Mit Ketten und Trossen nach links und rechts, über und unter den Rümpfen, fixierte ich das Ruder, wobei die Pinne auf die Haupt-Querverstrebung zwischen den beiden Rümpfen zu liegen kam. Das Zeug funktionierte, allerdings nur dann, wenn ich die Pinne hielt, ansonst scherte das Ruder aus. Jedenfalls würde das Provisorium im Ernstfall

seinen Zweck erfüllen, ich montierte es einstweilen ab und segelte ohne Ruder weiter. Ich hatte noch zwei Tage Zeit, mich auf den Landfall vorzubereiten. Ich checkte meine Position besonders sorgfältig und studierte die diversen Handbücher, um auf die Besonderheiten der Küste Madagaskars vorbereitet zu sein. So wußte ich, daß an der Küste sehr starke Strömungen – von mehr als 2 Knoten – herrschen, und zwar von Süd nach Nord. Daher kam ich davon ab, direkt Diégo-Suarez an der Nordspitze der Rieseninsel anzufahren – in meinem havarierten Zustand hatte ich zuwenig Bewegungsfreiheit. Ich montierte mein Behelfsruder und steuerte ein Leuchtfeuer 25 Meilen südlich von Diégo-Suarez an, das ich um Mitternacht in Sicht bekommen sollte. Bei auflandigem starkem Wind machte mich diese Verzögerung nervös, bis ich eine Stunde später das Feuer sah – und da war ich schon auf 8 Seemeilen heran. Es muß so gewesen sein, daß eine volle Stunde lang die Synchronisation zwischen Wellenbergen, Leuchtfeuer (alle 28 Sekunden) und meinen suchenden Augen nie geklappt hat. Ich drehte bis zum Tageslicht bei und überprüfte stündlich meine Position anhand des Leuchtfeuers, dann segelte ich die Küste hoch. Laut meinem Handbuch mußte die Einfahrt nach Diégo-Suarez südlich einer der Küste vorgelagerten Insel sein. Die Insel sei an einem Gebäude auf den Klippen zu erkennen. Ich sah die Insel voraus, sah auch Gebäude auf den Klippen, allerdings ziemlich verfallen. Ich nahm Backbord-Kurs und segelte in die Einfahrt, die immer schmäler wurde. Durch die dauernde Gischt und die Brecher war die Sicht weniger als eine Meile – jedenfalls war ich schon ziemlich tief in der vermeintlichen Passage, als ich vor mir schwarze Felsen sah.

Wie sich später herausstellte, hätte ich bemerken müssen, daß die Ruinen auf den Klippen nicht die im Seehandbuch angegebenen Gebäude sein könnten, außerdem hätte man bei halbwegs vernünftigen Wetter- oder Sichtbedingungen sicherlich erkannt, daß dieser Schlund keine Einfahrt sein konnte. Es war nichts anderes als ein unbenützbarer Kanal zwischen der Nossi-Angonga-Insel und dem Hauptland.

Die Lage war unglaublich beschissen. Mit nur der Sturmfock und dem havarierten Ruder war nicht der Funken einer Chance zum Umdrehen und Verlassen dieser Todesfalle. Das Riff war auch schon deutlich erkennbar, dahinter war eine Art Bassin mit etwa 80 Meter Durchmesser, dahinter ein weiteres, offensichtlich noch höheres Riff.

Im ersten Riff, das aus blanken schwarzen Felsen bestand, war eine schmale Passage, die bei der schlechten Sicht unklar zu erkennen war, aber TABOO wurde hineingesaugt, vorwärtsgetrieben von den schweren Wellen. Ich stürzte vor, ließ zwei Anker auslaufen, die zum Glück längst klargemacht waren, und holte schnell die beiden Focks ein. Die ganzen fünfzig Meter Nylontrosse mit Kettenvorläufern liefen aus, bevor die Anker faßten und das Schiff herumschwang. Ich war zehn Meter vor dem zweiten Riff, an dem sich die Wellen wild brachen. Pfff. Dieses zweite Riff war kaum unter dem Wasser, ich erkannte häßlichen Korallenboden, der TABOOs Rümpfe zerfetzen würde. Es war auch keine Chance, mit einem Wellenberg über das Riff zu reiten, dazu war die Untiefe zu breit, im Wellental würde das Schiff mit aller Wucht aufsitzen. Die einzige Chance könnte höchstens von der steigenden Tide kommen, aber würde es einen genügenden Unterschied geben? Und wenn, wie würde ich die Anker bergen? Eine Winde besaß ich nicht. Alles sah dramatisch aus und hörte sich auch so an: Das Geräusch von brechender See kam praktisch stereo, von beiden Riffen. Die vorderen Felsen milderten zwar die See am zweiten Riff, aber auch hier staubte noch wilde Gischt. Wirklich Entscheidendes konnte ich nicht unternehmen, also versuchte ich, die beiden noch wild am Vorstag schlagenden Focks zu bergen, um dem Wind weniger Angriffsfläche zu geben. Bei den stürmischen Bewegungen TABOOs war das schon ein ernsthafter Job. Dann warf ich noch den dritten Anker, den kleinen Pflugscharanker, zur Stabilisierung des Hecks.

Als das erledigt war, gab's Pause – ich hätte nichts tun können. Es dauerte etwa drei Stunden, bis sich der Wasserspiegel so weit gehoben hatte, daß das Riff etwa zu 30 cm vom Wasser bedeckt war, die Wellenberge nicht mitgerechnet. Allerdings hatte die steigende See auch einen zweiten Effekt: Es kamen größere Wellen über das erste Riff herein, die See in meinem Bassin wurde immer höher. Dadurch zerrte TABOO immer stärker an den beiden Ankern, bei jedem Wellenberg ging ein enormer Ruck in die Kettenvorläufer, es gab ein scheußliches Geräusch, wenn Hunderte Kettenglieder plötzlich wütend knirschten. Für solche Schockbehandlung waren die Ketten nicht vorgesehen, auch nicht das 14-mm-Nylon-Warptau, das TABOOs Heck am kleineren Anker kurz hielt.

Noch immer gab es nichts, was ich selbst zur Verbesserung meiner Situation hätte beitragen können. Man sitzt auf seinem Boot und wartet, bis einen der Teufel holt. Jemand anderer würde gewiß nicht vorbeikommen.

Um wenigstens irgendwas zu tun, holte ich meinen Photoapparat. Als ich gerade unten war, hörte ich ein Schnalzen in höchster Tonlage, dazu noch so etwas wie Geklirr – die letzten Töne einer überforderten 20-mm-Nylontrosse. Ohne die Unterstützung des großen Pflugscharankers begann auch der Danforth sofort zu slippen, TABOO trieb auf das Riff zu, saß im Wellental auch gleich auf. Ich warf die Ankertrosse ins Wasser, setzte das erste Drittel des gerefften Groß, dann wurde TABOO nur noch vom kleineren Anker gehalten und schlug immer an derselben Stelle gegen das Riff und krängte furchterregend. Ich schnitt das Warptau durch, nun bewegte sich TABOO wenigstens vorwärts, wurde von jedem neuen Brecher weitergeschoben, saß zwischendurch aber immer wieder mit häßlichem Knirschen auf. Es war gräßlich deprimierend, hilfloser Zeuge dieser schrittweisen Demolierung zu sein, auf der anderen Seite irgendwie faszinierend, daß das Boot letzten Endes noch immer hielt – sogar so lange, bis wir über die letzte Klippe geschwemmt wurden und in vergleichsweise ruhigem Wasser waren.

Zuerst schaute ich nach, wieviel Wasser in den Bilgen stand – unglaublicherweise fast gar nichts, offensichtlich hatten die Tothölzer unterhalb der Rümpfe die Schläge einigermaßen abgefangen. Dann der Blick zum Ruder – es hatte wohl nur deshalb gehalten, weil es notdürftig fixiert war, dadurch war es elastischer aufgehängt gewesen.

Die blinde »Passage« war im Norden offen, ich fand mühelos heraus und eine Meile weiter nördlich in die richtige Einfahrt. Der Fall war aber noch lange nicht ausgestanden: Starker Wind, Strömung, beschränkt funktionierendes Ruder und kein einziger Anker. Sobald ich im Kanal war, gab ich einige Schüsse ab, um Aufmerksamkeit zu erregen, kein Hund scherte sich drum. Laut Karte wußte ich, daß es ein Sperrgebiet, den Hafen der französischen Marine, gab. Ich hatte nicht viel Wahl, fuhr also in das Sperrgebiet, direkt auf den Strand zu und saß auf. Mit einem Tau rannte ich zum nächsten Baum und vertäute TABOO. Dann sofort Brille rauf und nachsehen, wie TABOO unter Wasser aussah – die falschen Kiele waren zwar hübsch geknickt, aber gesamthaft war der Schaden nicht wirklich bedrohlich für das Schiff.

Die französischen Militärs taten zu Beginn zwar so, als wollten sie mich auffressen, ließen sich aber dann die Geschichte erzählen und lotsen mich zu einem Liegeplatz, an dem TABOO vertäut werden konnte.

Die Anhäufung von Gefahrensituationen, die ich im Indischen Ozean erlebt hatte, ist ein guter Anlaß für die Antwort auf die immer wieder gestellte Frage, ob Einhandsegeln nicht verrückt und unverantwortlich sei. Es haben sich ja schon etliche Leute und Behörden für ein Verbot des Hochsee-Einhandsegelns stark gemacht, und deren stärkstes Argument ist, daß ein Einhandsegler nicht dauernd Ausschau halten kann. Für mich ist diese Sache absolut indiskutabel, da ich weiß, wie unverläßlich oft der Ausguck auf großen Schiffen besetzt ist. Ich war jedenfalls dreimal ganz knapp dran, von Schiffen über den Haufen gefahren zu werden, deren Leute nicht einmal bemerkt hätten, daß sie zwischendurch einen kleinen Katamaran zermörschert haben. Ich persönlich sehe das Gerammtwerden von einem Schiff als die größte Gefahr an, die heute einer Yacht passieren kann. Zweitgrößte Gefahr nach meinem Geschmack sind auftauchende Wale, erst dann kommen Orkane und Riffe. Natürlich halte ich es für unverantwortlich, wenn der Einhandsegler auch auf befahrenen Schiffahrtsrouten schlafen geht und die Selbststeuerung arbeiten läßt. Wenn einer etwa durch den Ärmelkanal fährt, muß er eben genügend Kondition haben, um so lange ununterbrochen am Ruder zu sitzen, bis er die Schiffahrtrouten verlassen hat – das ist in meinem Fall einmal bis an die äußerste Grenze des Möglichen gegangen, nämlich über drei Tage und drei Nächte hinweg. Jedenfalls sehe ich nicht ein, wie der – vernünftige und seemännisch ausgebildete – Einhandsegler zu einer Gefahr werden kann, außer für sich selbst.

Unter diesem Aspekt sehe ich auch das Thema „Funkgerät". Einhandsegeln heißt: Alleinsein und keine Hilfe erwarten. Schon der Einbau eines Funkgeräts bedeutet, daß einer doch damit kokettiert, irgendwann einmal um Hilfe zu rufen. Außerdem gefällt mir rein gefühlsmäßig nicht, daß man dadurch ja von vornherein den Verlust des Bootes ins Kalkül zieht, denn wenn du auf offener See um Hilfe rufst, kann es wohl nur den Sinn haben, dein Boot aufzugeben und per Dampfer weiterzureisen. Bei einer Yacht mit Crew lasse ich mir ein Funkgerät eher einreden, man kann einen Kranken übergeben und segelt weiter.

Geändert habe ich allerdings meine Meinung über Hilfsmotore. Damals im Indischen Ozean besaß TABOO einen 4-PS-Außenborder mit langsam drehendem Propeller (Sea Gull); bei schwerer See hätte genausogut ein Zackenbarsch anschieben können, die Wirkung war gleich Null. Ich hatte ihn seinerzeit gekauft, weil ich in Fremantle bei jeder Ausfahrt unter einer Brücke – mit umgelegtem Mast – durchfahren mußte. Für diesen Zweck war er okay: Gute Schubkraft (relativ für 4 PS!) bei geringer Fahrtgeschwindigkeit.

Vor allem bei Leuten, die nicht wie Gehetzte um die Erde segeln, um ein Kap nach dem anderen abzuhaken – einmal hatte ich allein in Neuguinea 98 Ankerplätze –, ist ein vernünftiger Außenborder ein gutes Stück Sicherheit. Damit meine ich nicht so sehr die Natur-Ankerplätze, sondern die wenigen Handelshäfen, die man ansteuert. Viele Häfen sind so ausgelegt, daß auf Segelschiffe überhaupt keine Rücksicht genommen wird und man mächtig herumturnen muß, um mit Wind, Wellen, Strömung und den Tücken der Einfahrt fertigzuwerden.

Es folgten Ruhetage in Diégo-Suarez, in denen wir beide aufgemöbelt wurden, TABOO und ich. Als erstes suchte ich den Hafenmeister auf, um herauszubekommen, welche Art von Reparaturen möglich sein würde und welche Idee der Mann hätte, wie ich meine verlorenen Anker eventuell wieder bergen könnte. Er hatte in beiden Fällen sehr wenig vorzuschlagen. Immerhin gab es aber einen Engländer in der Hafenbehörde, Andrew, der sich ein bißchen um mich kümmerte.

Süßes Leben nach 29 Tagen auf See: Eine Tanzhalle, die gesteckt voll war mit Matrosen von H.M.S. Daring und mit Fremdenlegionären. Mädchen gab's in allen Hautfarben und Schattierungen, eines hieß Madyset und war recht süß, sie übersiedelte bald auf mein Boot und blieb, bis ich Diégo-Suarez verließ, das war immerhin länger als ein Monat.

Während der nächsten Tage half mir Andrew beim Suchen von Leuten, die ein Aufslippen von TABOO ermöglichen könnten. Das dauerte seine Zeit, schließlich bekam ich aber einen Termin, und eine Crew von zwölf Mann zog TABOO per Winde aus dem Wasser. Die Probleme mit dem wechselseitigen Aufbocken des beschädigten Totholzes an den Kielen waren geringer, als ich gedacht hatte. Obwohl die Tothölzer bei der gräßlichen Holperfahrt über das Riff bis zu 45° geknickt worden waren, schienen die verbogenen Kielbolzen noch einigermaßen intakt zu sein. Erst einige tausend Meilen später entdeckte ich, daß einige Bolzen an den kleinen falschen Kielen gebrochen waren. Die Arbeiten am Slip dauerten eine Woche, in der Zwischenzeit wurden auch beide Ruderanlagen wieder funktionsfähig gemacht.

Im Laufe der Tage hatte ich mich mit Offizieren des Minenräumers »Malonhine« angefreundet, so daß ich bei der Suche nach meinen Ankern auf deren Hilfe rechnen konnte. An einem Tag mit niedriger Tide und ruhigem Wasser fuhren drei Männer mit mir in einem Jeep über halsbrecherische Wege möglichst nahe zu »meinem« Riff. Die letzte Meile kletterten wir über Strand und Felsen, fanden die Stelle sehr exakt und sahen auch sofort den Danforth. Es dauerte auch nicht lang, bis wir den kleineren Pflugscharanker hatten, nur der große blieb unauffindbar. Es folgte eine mühsame Plackerei und Schlepperei mit den schweren Ankern und Ketten zurück über die Felsen – immerhin, der Trip hatte sich für mich gelohnt, obwohl der endgültige Verlust des großen Ankers für mich noch immer schmerzlich teuer war.

Das Leben war wieder prächtig: Ich wurde im ganzen Zirkel der Seeoffiziere herumgereicht, fuhr viel Wasserski und wurde abends ein richtiges Gesellschaftstier. Als mir dabei der Hafenadmiral unterkam, hatte ich auch schon die nötige Unterstützung, um ein Verkürzen meines Mastes um knapp zwei Meter zu ermöglichen. Der Mast wurde gelegt und abgeschnitten, in den Werkstätten der Hafenbehörde konnten auch die Segel umgeschnitten werden. Das Verkürzen des Masts war mir deshalb lieb, weil sich bei den harten Windverhältnissen im Indischen Ozean herausgestellt hatte, daß TABOO mit etwas gerefftem Groß bessere Selbststeuerungseigenschaften hatte.

TABOO und ich waren jedenfalls in prächtiger Form, als wir aus Diégo-Suarez ausliefen, vorerst das Cap d'Ambre umrundeten und dann entlang der madegassischen Westküste nach Süden segelten. Nach einigen Tauchstops lief ich das Städtchen Hell-Ville auf dem Inselchen Nossi-Bé an. Ich mußte einklarieren und traf dabei auf einen der übelsten Behördenmenschen, die man sich vorstellen kann. Er war ganz offensichtlich der Herrscher über die ganze Insel, behandelte seine Amtskollegen wie Sklaven und sekkierte mich bis aufs Blut. Ich mußte mehrere Tage hindurch immer wieder zu ihm kommen und Hunderte Fragen beantworten, bis zum Mädchennamen meiner Mutter und Ich-weiß-nicht-Was. Seine Unter-Polizisten konnten teilweise gar nicht lesen, starrten aber stundenlang in meinen Paß, dann mußte ich einen Menschen auftreiben, der meinen Paß auf deren Sprache – ich glaube Howa – übersetzte. Der Boß war ein unglaublicher Typ: Irrsinnig fett, beladen mit riesigen falschen Ringen; ein silbernes Alu-Armband war der Tupfen auf dem i. Während er dumme Fragen stellte, fraß er süßlich zubereitetes Fleisch. Nach solchen Erlebnissen empfindet man die Freiheit auf See dann wieder besonders stark.

Gerade in diesem Nest Landsleute zu treffen, war natürlich super: Dr. Eduard Tschokl, international bekannter Unterwasserfilmer, war mit zwei Wiener Freunden auf Tauchreise. Daß es sie gerade nach Nossi-Bé verschlagen hatte, war nicht unbedingt ein Zufall, die Gegend ist berühmt wegen ihrer Vielfalt an tropischen Fischen, außerdem gibt's ein veritables Luxushotel auf der Insel, in das mich meine Landsleute zu den Mahlzeiten einluden. Es lag nahe, daß wir alle gemeinsam mit TABOO auf einen Tauchtrip gehen würden. Es war eindrucksvoll: Abgesehen von Polizeimenschen ist dies eine der großartigsten Gegenden der Welt, vor allem unter Wasser. Viele der dortigen Meeresfische sind nicht einmal in den bestbestückten europäischen Aquarien zu sehen, ganz einfach deshalb, weil die kleinen tropischen Süßwasserfische mit ihrer fluoreszierenden Strahlung attraktiv genug und wesentlich leichter zu halten sind als Meeresfische, die teilweise ganz anders aussehen: Wie gemalt mit schreienden Leuchtfarben für irgendeine verrückte Reklame. Wir genossen diese Tage, tauchten, besuchten kleine und winzige Inseln, spielten Platten und waren schlicht und einfach happy. Die Arbeit – Unterwasserfilmen – fiel als solche gar nicht auf, war nur eine Spielart von Ferienbeschäftigung, bloß mit sportlich ambitionierten Zielen.

Für Experten der madegassischen Westküste: Zu den größeren der von uns angelaufenen Inseln gehörten Nossi-Toloha und Tsara-Bajina. Am Ende unserer Woche kehrten wir nach Nossi-Bé zurück. Es gab noch ein abschließendes Super-Diner im Hotel de la Mer, dann stellte ich mein Gesamtbudget an einheimischer Währung zur Verfügung, bekam dafür drei frischgepflückte Pineapples und zwei Dosen Kondensmilch, da war ich sozusagen schon auf dem Weg.

TABOO ging auf einen ernsthaften Westkurs: Mozambique wartete, wenn auch nicht sonderlich ungeduldig.

Die Winde drehten, kreisten, blieben aus, kamen wieder, niemals heftig, mal von der falschen, mal von der richtigen Richtung, ich kam jedenfalls kaum voran, war aber zumeist in der Gegend einer Schiffahrtslinie, konnte also nicht einmal in Ruhe schlafen, TABOO und die Umgebung mußten dauernd beaufsichtigt werden. Als ich dann doch einmal schlief – mit kräftigen Positionslichtern auf TABOO –, gab's einen fürchterlichen Krach: Die Platte, die die beiden unteren Wanten gehalten hatte, war abgebrochen, wichtiges stehendes Gut war runtergekommen.

Dies war die erste Ausfahrt nach der Verkürzung des Masts, ich hatte also noch keine Erfahrung mit der neuen Verstagung und barg zur Sicherheit für den Rest der Nacht alle Segel, um das restliche Rigg zu schonen. Am Tag bastelte ich eine Behelfslösung, hatte es aber trotzdem bei auffrischendem Wind recht eilig mit dem Reffen.

Eines Nachts fand ich mich am Vordeck, in die Finsternis schreiend. Schlafwandeln ist unbedingt der Climax in den Alpträumen eines Einhandseglers – und nun war es soweit gekommen: Ich war im Schlaf herumgewandert und war nur durch mehrere günstige Umstände nicht über Bord gefallen, war also nur durch Zufall noch am Leben. Die Tatsache, daß so etwas überhaupt möglich war, brachte mein Innenleben noch ein Jahr später aus dem Gleichgewicht, denn bei meiner Art von Leben ist Schlafwandeln eine Todsünde im bittersten Wortsinn. Das Thema selbst war mir nicht ganz neu, denn als Kind hatten mir meine Eltern beim Frühstück mehrmals erzählt, wann und wo in welch falscher Position sie mich nachts gefunden hätten, ich hatte also zweifellos eine natürliche Begabung zum Schlafwandeln, die ich in den letzten Jahren allerdings schon fast vergessen hatte.

In der ersten Panik dachte ich daran, mich auch beim Schlafen an den Sicherheitsgurt anzuhängen, statt dessen konzentrierte ich mich aber darauf, meinem Unterbewußtsein absolutes Ausgehverbot für die Schlafstunden zu geben.

Seelisch war das Problem damit aber noch lange nicht für mich erledigt. Aus Gründen, die ich früher erklärt habe, würde ich einen derartigen Tod für besonders ungünstig halten – nicht auszudenken, was man sich in den allerletzten naßkalten Minuten alles vorzuwerfen hätte.

Keine weiteren Zwischenfälle auf der Fahrt nach Mozambique, es folgten ein Dahinschleichen durch Kalmengebiete nach Lourenco Marques und dann die 300-Seemeilen-Etappe ins südafrikanische Durban.

Storm of a lifetime
Kap der Guten Hoffnung

Kap der Guten Hoffnung: Für die Segelschiffahrt ist es noch immer ein großer Name – und vielleicht die größte Herausforderung für eine Yacht.* Das Kap wird günstigerweise von Ost nach West umrundet, unter Ausnützung des Agulhas-Stromes. Gerade aber dieser Strom macht die Gegend so eminent gefährlich: Die häufig auftretenden westlichen Winde treffen gegen eine starke Strömung, wobei sich die See ganz enorm aufbaut. Sie wird steil und bricht sehr hoch, kann also extrem gefährlich werden. Wenn ungünstige Umstände zusammentreffen, können sogar moderne große Handelsschiffe in Gefahr kommen. Es gibt dafür den Ausdruck »freak waves« oder »Wellenungetüme«. Nach dem Ozeanographen Dr. Pflugbeil kann es zu diesem Phänomen kommen, wenn an einer Stelle die Wellenberge mehrerer Wellenzüge zusammentreffen. Für einen dieser Wasserberge wurde ein Inhalt von 19.000 Tonnen errechnet. Am meisten wird von diesen Wellenungeheuern vor dem Kap der Guten Hoffnung berichtet, so führt die Zeitschrift »Schiffahrt International« das Beispiel von zwei Frachtern an, denen im Sommer 1973 das Vorschiff auf einer Länge von 30 bzw. 60 Metern wegbrach – in beiden Fällen waren es schwere Seeschläge »wie Minentreffer«, die diese Havarien verursachten. Fachleute betonen auch, daß es bei der Existenz von solchen Wasserbergen auch entsprechende Wasserlöcher geben muß; Schiffe sollen vor der südafrikanischen Küste tatsächlich in solche »Schlaglöcher« gefallen sein.

Prinzipiell gibt es zwei Möglichkeiten, von Durban nach Kapstadt zu kommen. Man kann in Küstennähe bleiben und bei der ersten Sturmwarnung einen der fünf

---

* Mangels Kenntnis von Kap Hoorn kann ich mich an den Diskussionen über den Vergleich der beiden Kaps nicht beteiligen. Ich glaube aber, daß der Tenor jener Yachtleute, die beide kennen, etwas mehr in Richtung Gute Hoffnung als schwierigste Prüfung für Segler geht.

großen Häfen zwischen Durban und Kapstadt anlaufen, oder man nimmt eine Off-Shore-Route, muß dann natürlich alles abwettern, klebt aber nicht so an der Küste.

Im Fall von TABOO war die Entscheidung klar: Der 4-PS-Außenborder schaffte nur drei Knoten (bei völlig ruhiger See und völlig glattem Unterwasserschiff), ich würde also keine Kraft haben, um mich bei aufkommendem Sturm von der Küste freizukämpfen oder einen Hafen einigermaßen sicher anzulaufen. Für mich kam also nur die südliche Route in Frage. Ich hatte sechs Wochen an Land zugebracht, fast wie ein Tourist, hatte also in völliger Ruhe Kräfte sammeln können. Dennoch war es nicht gerade mein Tag, als ich am 10. Februar 1968 aus Durban auslief. Noch im Hafen streikte der zwerghafte Außenborder, ich ankerte und schnitt mir an Entenmuscheln, die an der Ankerkette klebten, einige Finger bis auf die Knochen auf. Als ich mich verarztet, die Maschine repariert hatte und wieder in Fahrt war, trank ich in einem Zug die Hälfte einer Flasche kalten Biers, das mir Freunde beim Abschied mitgegeben hatten. Dümmeres hätte ich nicht tun können, schon eine halbe Stunde später war ich seekrank. Ich machte jene Art von Martyrium mit, das mir in den ersten Jahren nie erspart blieb, wenn ich nach längerer Zeit an Land wieder auf hohe See kam. Ich hatte noch rasch etwas gegessen, um wenigstens beim ersten und zweiten Erbrechen noch etwas anderes als Gift und Galle herauszubringen, aber bald hatte ich wieder entsetzliche Magenkrämpfe. Beinahe hätte ich diesmal starke Pulver genommen, aber das Wetter war derart unerfreulich, daß ich mir Sorgen wegen meiner Reaktionsschnelligkeit unter »Drogeneinfluß« machte. Schon in der ersten Nacht hörte ich Sturmwarnung im Radio, doch bereits zu diesem Zeitpunkt schien es mir ein bißchen riskant zu sein, ohne vernünftigen Hilfsmotor einen Hafen anzulaufen, außerdem empfand ich es als guten Sport, das einmal Angefangene fortzuführen, trotz meiner fortgesetzten Kotzerei – oder vielleicht gerade deswegen, ich weiß nicht.

2. Tag: Nur drei Zeilen im Logbuch, denn das Schreiben fiel mir schwer, die Magenkrämpfe hatten mich enorm geschwächt.

Am Morgen die beiden Sturm-Focks am Vorstag wie Passat-Segel gesetzt. Nord-Ost-Sturm. TABOO *hält sich gut. Am Nachmittag wurde es ruhiger, starker Wind aus Nord.*

3. Tag: Nur eine einzige Zeile im Logbuch, ich erinnere mich, daß dies der gräßlichste Tag war, was meinen Magen betrifft. Es ist unglaublich, wieviel Gift man da drin hat. Es kommt schon längst nichts mehr raus, aber die Krämpfe werden kaum schwächer. Ich muß an Touristen denken, die ich erlebt habe, als sie seekrank wurden. Sie wurden gelb oder weiß im Gesicht, steckten den Kopf raus und kotzten, kotzten noch einmal, wischten sich den Mund ab und waren okay.

Beneidenswert. Das Logbuch unterspielt die Situation und redet nur vom Wind:

Schließlich drehte er auf SW und begann zu blasen.

4. Tag: Seekrankheit wurde schwächer, Sturm stärker. Ich trank etwas Milch.
5. Tag: Ich begann zu essen und bekam immer mehr Hunger. Trotz des Sturms, der nun konstant mit knapp unter 40 Knoten blies (Windstärke 8), kochte ich vier warme Mahlzeiten. Ich brachte den seit dem Indischen Ozean wesentlich verbesserten Seeanker aus.*
6. Tag: Sturm aus Nordwest, Barometer fiel noch immer. Windgeschwindigkeit bei 60 Knoten, das ist Windstärke 11 nach Beaufort. Ich war nicht wegen des Sturms nervös, sondern wegen des fallenden Barometers. Viel mehr würde TABOO nicht vertragen können, das war klar.
7. Tag: Der Windmesser blieb bei 75 Knoten stecken. Ich hatte aber jedes Interesse an weiteren Messungen verloren. Ich hatte mir auch abgewöhnt, länger als unbedingt nötig an Deck zu bleiben. Zu Beginn des Sturms war ich stundenlang draußen geblieben und hatte fasziniert zugeschaut, wie das Boot auf und ab tanzte. Am meisten begeisterte mich, mit welcher Affengeschwindigkeit die tiefliegenden Wolken vorbeizogen. Der Mond sieht gespenstisch aus, wenn man ihn hin und wieder zu Gesicht bekommt. Die See verliert das Dunkle und wird irgendwann ganz weiß. Ab 50, 55 Knoten wird das Zuschauen uninteressant, weil dann so viel Wasser durch die Gegend fliegt, daß man genausogut unter der Dusche stehen könnte.

Solange TABOO mit dem Heck genau im Wind lag und alle brechenden Wellen mit dem Heck nahm, war die Sache noch erträglich, obwohl die See mit der Zeit derart steil wurde, daß eine ungünstig brechende Welle auch über das Heck hätte tödlich sein können. Außerdem war die See nicht immer regelmäßig, dann lag das Boot schräg in den Wellen. Die Bewegungen wurden ziemlich kraß, der Mast krängte bis 40 Grad. Ohne Treibanker hätte sich TABOO seitlich gelegt, die Wellen wären drübergebrochen und hätten die Seitenwand zerschmettert. Darum waren dies auch die furchtbarsten Momente, wenn die See unregelmäßig war und TABOO nicht gut im Wind lag. Einmal war es so: Da kam eine See auf mich zu, ganz einheitlich, nicht zerfurcht, ein einziger gläserner Block, riesig und steil, er brach nicht und brach nicht, kam genau seitlich, und ich krampfte mich zusammen, wie wenn man auf einen Schlag wartet, der einen von den Füßen

---

* Innerhalb von zwei Tagen wurde ich laut Sonnenbeobachtungen – die einzigen, die zu dieser Zeit möglich waren – 60 Seemeilen nach Westen (!) abgetrieben, also gegen die Richtung des Sturms, obwohl ich vor dem Treibanker lag und eigentlich hätte zurücktreiben sollen. Daraus allein kann sich der Segler ein Bild von der irren See machen – es heißt auch, daß der Agulhas-Strom umso stärker wird, je kräftiger der westliche Wind bläst.

reißen wird. Dann brach diese Wand über mir, doch zum Großteil über das Heck, das Cockpit war sofort voll und TABOO sauste bergauf, und ich hatte das Gefühl, daß am Gipfel nur das Ende warten könnte..., aber es muß wohl so gewesen sein, daß TABOO durch ihren geringen Tiefgang seitlich – und damit gemildert – in das Wellental abgerutscht ist.
Man ertappt sich dabei, sich die Chancen auszumalen, die man mit dem Dinghy hätte. Keine ernsthaft großen Chancen, aber man müßte natürlich immer beim Boot bleiben, solange es ginge. Aber bei der Kälte dieses Wassers – mit kalter Strömung von der Antarktis – würde die Sache nicht allzulang dauern.
Irgendwann zieht man auch ziemlich klare Bilanz: TABOO kann mit einem Sturm, mit einem Orkan fertig werden. Aber natürlich gibt es Orkane, die jenseits von allem sind, man braucht nur an die Hurrikans mit den berühmten Weibernamen zu denken, da hilft dann alles nichts mehr. Die Engländer haben ein prächtiges Wort dafür: Storm of a lifetime.
Was macht man, wenn man nicht gerade das Barometer checkt oder den Treibanker überprüft? Man liegt unten – ja, in einem Katamaran kann man noch immer leidlich liegen bei solchen Verhältnissen –, hört das Heulen im Rigg, das Brechen der Seen, das schrille Pfeifen des Sturms, aber irgendwann fällt man doch in einen erschöpften Schlaf, wacht nach zwei oder drei Stunden auf, macht wieder die Routineschritte und -griffe: Barometer, Ruder, Treibanker.
8. Tag: Ich wachte durch ein neuartiges Hämmern auf, eine Art Stampfen, das in keiner Art von Harmonie zu den bisherigen Bewegungen TABOOs stand. Ich stürzte raus und sah die Enden des Treibankers schlaff und vertörnt.
Ich sprang zum Steuer, drehte das Boot vor den Wind und bekam es so wieder etwas unter Kontrolle. Dann holte ich die Enden des Treibankers ein: Der Flachs an dem galvanisierten Ring war einfach abgerissen. Eine echte Chance gab ich mir nicht mehr, obwohl der Sturm auf etwa 50 bis 55 Knoten abgeflaut hatte – »abgeflaut« ist unter diesen Umständen natürlich ein lächerliches Wort.
Daß TABOO die nächsten drei Stunden überstand, war einfach großartig. Niemals später ist sie auch nur annähernd unter einer derartigen Belastung gestanden – auch seitlich steckte sie einen Brecher nach dem anderen ein. Ich brauchte etwa drei Stunden, um aus diversen Winkeln Material zusammenzuholen und rund um den schäbigen Rest einen neuen Ersatz-Treibanker zusammenzubauen. Ich verwendete dazu einen Bademantel, einen Rettungsreifen, einen Bleigürtel und etliches anderes Zeug. Als ich den neuen Seeanker ausbrachte, lag TABOO gleich wesentlich besser.
9. Tag: Ich hatte das Gefühl, das Ärgste überstanden zu haben. Alle paar Stunden gab es zwar noch mächtige Böen, aber im großen und ganzen war der Sturm abgeflaut. Ein Frachter änderte seinen Kurs und nahm mich näher in Augenschein.

10. Tag: SO-Sturm ab vier Uhr Nachmittag. Wieder unter Top und Takel mit Seeanker.
11. Tag: Sturm am Morgen. Neue Sturmwarnung von den Wettermenschen für die Südküste. Einige Brecher kamen ziemlich voll auf das Kajütendach. Ich lief mit stark gerefftem Großsegel. Kochte Milchreis um Mitternacht. Dann zog ich die große Fock auf und schüttelte zwei Reffs am Großsegel aus.
12. Tag: Eine neuerliche Sturmwarnung ging mir schon ziemlich auf die Nerven. Machte gute Fahrt, wechselte aber auf die beiden Doppel-Focks über.
13. Tag: Logbuch-Eintragung:
Brachte Seeanker vor Mitternacht aus. TABOO *macht zu viel Fahrt, 6 bis 9 Knoten, manchmal aber auch 12. Ich schleppe ein zweites Seil mit Kette und Stoffzeug nach,* TABOO *wird etwas ruhiger. Die See wird scheußlich hart. Um 1 Uhr fing es zu pfeifen an, mußte die Sturmsegel bergen. Bläst nun als voller Sturm, muß steuern, denn* TABOO *würde sonst querschlagen. Seen brechen ins Cockpit. Ich verbrachte eine elend kalte und nasse Nacht. Am Morgen sah ich ganz kurz Land, aber es verschwand wieder. Die See ist wieder sehr hoch,* TABOO *nimmt einige furchtbare Brecher, davon einen seitlich, zum Kentern kann höchstens eine Winzigkeit fehlen, dann liegt* TABOO *ruhiger vor den beiden Seeankern. Um zehn schoß ich die Sonne und ging schlafen. Wachte um zwölf auf, der Wind war weniger. Um eins begann ich wieder zu segeln. Konnte den Tafelberg in der Entfernung sehen. Wind flaute mehr und mehr ab, ich schaltete den Motor für ein paar Stunden am späten Nachmittag ein. Segelte bei Sonnenuntergang mit 2 Knoten bei leichtem SW. Kam vor Sonnenaufgang im Yachthafen an.*
In Zahlen sah die Sache so aus: 1029 Seemeilen auf südlicher Route von Durban nach Kapstadt, in zwölf Tagen und 14 Stunden.
Und was bedeutete es für mich? Ein absolut fabelhaftes Gefühl. Ich glaube, daß das Kap mich geformt, daß es Einfluß auf meine ganze Mentalität genommen hat. Ich bin seither viel fatalistischer, glaube an etwas wie Kismet. Wenn immer ich seither in einer gefährlichen Situation war, war ich damit zufrieden, das Maximum aus mir herauszuholen. Wenn ich das Gefühl hatte, alles mir Mögliche getan zu haben, war ich völlig ruhig und hatte keine Art von Angst.
Daß ich in Kapstadt war und lebte, war ganz einfach ein Geschenk.

Kursänderung

Einen Monat lang lebte ich königlich in Südafrika, ließ mich verschleppen und verwöhnen, dann wurde ich wieder segelgeil. Ich war nicht mehr sicher, ob das Weltumsegeln als geschlossene Leistung eine sinnvolle Sache sei. Fürs erste kämpfte ich aber meine Zweifel nieder und blieb auf Erdumsegelungskurs, dies bedeutete als nächste Etappe die Überquerung des Südatlantiks.

Das Meer entschuldigte sich für sein schlechtes Benehmen am Kap und zeigte sich in unüberbietbarer Freundlichkeit: Kräftiger Wind, aber noch keine rauhe See. TABOO schwang sich zu Hochform auf, stellte einen neuen »persönlichen« Rekord für eine Wochenleistung auf: 1073 Seemeilen in einer Woche, das bedeutete einen Schnitt von 152er-Etmalen über eine Woche hindurch.

Ich scherte mir eine Glatze und freute mich des Lebens.

Natürlich ging es nicht ewig paradiesisch weiter, TABOO kam in Flauten, überwand sie, fiel wieder rein, bekam wieder Wind und so weiter – im großen und ganzen waren es friedliche Wochen voll von Haushaltsarbeiten, Experimenten mit den verschiedensten Segeln und neuen Spielereien in der astronomischen Navigation.

Ich hatte endlos Zeit, um mir zu überlegen, welche Route ich dann von Brasilien aus wählen sollte: Entweder Kap Hoorn oder Panamakanal auf der Erdumsegelungsroute oder zwischendurch ein Abstecher nach Europa. Den letzten Ausschlag gaben meine Segel: Ich war nicht voll zufrieden mit meinen Segeln, sowohl was die Qualität (in Australien gefertigt) als auch die Auswahl betraf. Um wirklich das Maximum aus TABOO holen zu können, brauchte ich beispielsweise eine Genua. Das Land, in dem meine Segel-Sonderwünsche am ehesten gut und halbwegs preiswert erfüllt werden würden, schien mir England zu sein.

Bevor ich noch in Recife einklarierte (nach drei Wochen Fahrt über den

Südatlantik), war die Entscheidung gefallen, daß ich auf Nordkurs weitersegeln würde.
Recife war mir nur zehn Tage Aufenthalt wert, auch die nächste Etappe nach Barbados ging recht zügig vor sich. Der einzige Zwischenfall war eine tiefe Wunde am Knie, die ich mir an einem hervorstehenden Eisenstück im Geräteraum geschlagen hatte. Allein auf hoher See darf man sich in einer solchen Situation nicht lange zieren: Ich desinfizierte mein Nähzeug und flickte die Wunde zusammen. Von meinen diversen Segelreparaturen war ich ja ganz gut im Nähen.
Ab Barbados verlangsamte sich mein Rhythmus ganz enorm. Ziemlich große Schuld daran hatte eine junge Kanadierin namens Pamela, die auf Barbados lebte und sogar, wie sich dann rausstellte, hier verheiratet war. Am Tag meiner Abreise stand sie mit zwei Koffern und einigen Supermarkt-Säcken an der Pier. Sie hatte rasch noch in ihrem lokalen Supermarkt Proviant für 200 Dollar gekauft und die Rechnung ihrem Mann schicken lassen. Ich war fast pleite, außerdem war sie ein liebes, heiteres Kind, also stellte ich zuerst sicher, daß sie nicht fordern werde, bis England mitgenommen zu werden, sondern daß sie brav in Antigua aussteigen und zurückfliegen werde. So geschah's, allerdings brauchten wir einen Monat für die paar Hundert Seemeilen, weil uns immer wieder karibische Inselchen – vor allem französische – in den Weg kamen.
Als Abschiedsgeschenk ließ mir Pam einen ganzen Karton von Fotos zurück (ihr Mann war Fotograf). Es müssen Hunderte gewesen sein, denn als ich sie über Bord leerte, zog TABOO im Kielwasser eine riesig lange Fahne von Papierln nach. So verschwand Pam kleinweise am Horizont, sie hätte das sicher gemocht.
Nach den prächtigen Tagen in der Karibik empfand ich die diversen Mißlichkeiten der sechswöchigen Fahrt von Antigua nach England umso unangenehmer. Zuerst ärgerte mich das berüchtigte »weed« (Seegras) der Sargasso-See, das zwar nicht mein Schiff steckenbleiben ließ, wie es in den alten Romanen so oft geschah, aber mir dauernd meinen Geschwindigkeitsmesser verlegte und ihn letzten Endes ruinierte.
Nach den Tropen trafen mich Regen und Kälte mit voller Härte, ich hatte nicht einmal ein ordentliches Ölzeug. Ich war dauernd in Trab gehalten, da meine damalige Primitiv-Selbststeuerung ja nur vor dem Wind funktionierte und ich im Nordatlantik oft Gegenwind hatte. Unter den stürmischen Bedingungen konnte ich praktisch nie länger als eine Stunde schlafen. Anhaltender Regen deprimierte mich maßlos; ich kann den Grund gar nicht recht erklären, warum gerade Regen derartigen Einfluß auf meine Stimmung hat, denn mit einer Menge anderer widriger Verhältnisse (Sturm, Müdigkeit, Hunger, Durst) werde ich viel besser fertig. Ich bin einfach ein Anti-Regen-Mensch. Alles an Bord war klamm und

feucht, ich murkste wochenlang in einer Waschküche herum, egal ob ich nun drinnen oder draußen war. Alles gipfelte in einem mehr als einwöchigen Sturm, der mich fast so fertigmachte, wie jener vor dem Kap der Guten Hoffnung. In den Tagen des langsamen Abflauens passierte auch jene Situation, die ich schon früher erwähnt habe – als mich eine unerhört steil brechende See aus dem Cockpit geradewegs ins Wasser schleuderte und ich mit sensationellem Glück noch das Ende zu fassen bekam, an dem der Treibanker ausgebracht war.

Erick Manners, der Designer jenes Risses, der als Bauvorlage für TABOO hergehalten hatte, hatte mir in Barbados Post gelassen, daß im Hafen Great Yarmouth ein Empfang für TABOO vorbereitet werde. Tatsächlich wurde die Meldung von der Sichtung eines Katamarans von einigen Schiffen im Kanal weitergegeben, jedenfalls gab's einigen Rummel, gute Publicity und einen offiziellen Bürgermeister-Empfang im Hafen von Great Yarmouth.

Nach 42 Tagen auf zumeist schwerer, teilweise extremer See, mit dem Finale des Dauernd-aufpassen-Müssens auf den befahrenen Schiffahrtslinien im Bereich des Kanals, war ich an die Grenze meiner Möglichkeiten gekommen, ausgehöhlt von Müdigkeit und dauernder Unterkühlung. Keine Rede von großem Abenteuer oder so – es war jämmerliche Schufterei gewesen.

I. Zwischenspiel

Man kommt leicht in die Gefahr, für einen Kauz gehalten zu werden: Der Spinner segelt allein um die Welt und hat dann Angst, wenn er in ein Auto einsteigt. Stimmt aber.

Pazifik, Indischer Ozean und Atlantik hatten mich unversehrt rausgespuckt; der Abstecher in die Zivilisation brachte mir einen Schenkelhalsbruch mit allem Drum und Dran ein: Wochen im Spital und ein volles Jahr mit Nägeln, Schrauben und Beilagscheiben in meinem Körper.

Ich hatte Erik Veng, meinen allerersten TABOO-Partner, in Kopenhagen besucht, mir dann den Spaß einer winterlichen Segelpartie nach Norwegen gegönnt, TABOO bei Erik zum Überwintern abgegeben und war dann kurz vor Weihnachten 1968 nach Hause gekommen, zum ersten Mal nach sieben Jahren. Im Frühsommer 1969, knapp vor meiner geplanten Rückkehr zur See, passierte der Autounfall, der mich für ein volles Jahr aus der Bahn warf (mein Vater – am Steuer – war von einem ausscherenden Lkw gegen einen Baum gedrängt worden). Ich hatte einen schweren und komplizierten Bruch und den perfekten Beweis, daß es sinnlos ist, sich über die Gefährlichkeit von Stürmen, Haien oder Riffen Gedanken zu machen.

Mit all den Schrauben in meinem Körper konnte ich zwar tauchen – ich flog zwischendurch mit Dr. Tschokl für vier Wochen nach Ceylon –, mit dem Segeln in größerem Stil mußte ich aber warten, bis man mir das Metall wieder rausgenommen und mich als geheilt erklärt hatte, das dauerte länger als ein Jahr.

Abgesehen von den Unfallfolgen fühlte ich mich nicht unwohl daheim. Ich bin auch später kein einsamer Wolf und Zivilisationshasser geworden, obwohl ich mir vorerst nicht vorstellen kann, auf Dauer in Europa zu leben. Ich hatte genügend Zeit, um mich zu kontrollieren, ob ich käuzig geworden bin: Nein, ich halte mich

für normal und unauffällig. Daß ich auch an Land viel vom Segeln rede, hängt damit zusammen, daß ich viel danach gefragt werde, das ist alles. Ich war allerdings schon während dieser Unfallpause – und bin es heute noch viel mehr – auf ein Leben mit dem Meer fixiert. Daher habe ich auch keine Lust, zu einem europäischen Erfolgsmenschen zu werden, richte mich nicht nach dem Stand der Herrenmode und gebe kaum Geld für Bekleidung aus – schon deshalb nicht, weil ich ja kaum Geld habe. Ich kann aber sehr aktiv werden, um welches zu verdienen – aber immer nur für einen bestimmten Zweck: Für Verbesserungen am Boot, für Bücher, Proviant. Geld nur zu sammeln, gibt mir wenig.
Ich bin gutmütig und lasse mich – in Grenzen – in der Gesellschaft als exotisches Wundertier herumschubsen. Wenn ganz deutlich wird, daß ich nur der bunte Aufputz eines Abends sein soll, kommt es vor, daß ich entwische.
Im Herbst 1970 war ich wieder fit, ging zurück nach Dänemark und brachte TABOO auf Zack, im November war alles klar. Ich war ungeduldig und hatte keine Lust, noch länger zu warten, daher ließ ich mich auch durch den Nordsee-Winter nicht stören. Einhand von Dänemark nach England zu segeln, wäre allerdings unverantwortlich gewesen, da man sich dauernd auf Schiffahrtsrouten bewegt, noch dazu mit Nebel rechnen und somit permanent Ausguck halten muß. Es war mir klar, daß ich als Mannschaft nur ziemlich ausgeflippte Typen bekommen würde, denn es gilt als verrückt, im Winter über die Nordsee zu segeln.
Gordon, ein 24jähriger Amerikaner, war auf der Flucht vor dem Einrückungsbefehl. Er nannte sich Komponist und freute sich auf frische Luft, die seinem nervösen, hauptsächlich von Drogen genährten Körper, guttun würde. Ole, ein 30jähriger Däne, war Computerkonsulent und wartete auf das große Abenteuer, seine arge Kurzsichtigkeit hielt er für kein entscheidendes Handikap, daher sprach er auch nicht davon.
Durch die folgende, ziemlich ausführliche Schilderung der Überfahrt nach England will ich zeigen, daß man als Segler nicht in exotische Fernen gehen muß, um harten Sport zu erleben. Eine Nordseefahrt im Winter ist jedenfalls eine gefährlichere Sache als eine Atlantiküberquerung auf der Passat-Route.
Mit eisigem Wind aus Südost segelten wir aus dem Hafen von Köge, südlich von Kopenhagen. Kurz darauf prasselte Hagel nieder und heftige Böen bliesen TABOO voran. Obwohl es erst Mitte November war, hatte der Winter in Dänemark bereits begonnen. Die Temperatur war fast ständig unter Null, mein Klo an Bord war seit einiger Zeit eingefroren, und ich mußte es mit heißem Wasser auftauen.
Es war Freitag, der 13. November, na bitte: Zwei Stunden nach dem Auslaufen, der Wind blies mit Stärke sechs, brach der Schäkel zwischen Großsegel und dem Fall. Das schwere Segel fiel auf das Deck und konnte nicht ohne Improvisation

gesetzt werden. Das allein wäre kein Unglück gewesen, aber wir befanden uns gerade zwischen Fischnetzen, die sich meilenweit dahinstreckten. Diese Netze, die von langen, in den seichten Meerboden gerammten Pfählen gehalten werden, haben nur etwa alle 500 Meter einen kleinen Durchlaß, normalerweise für Fischerboote gedacht. Zu allem Überfluß drehte der Wind und blies zur Küste hin, die nicht allzuweit war – an Bord brach leichte Panik aus. Nur unter dem Vorsegel und hart am Wind, manövrierte ich das schlingernde Gefährt um Haaresbreite durch die Pfähle. Noch zweimal mußten wir einen Durchlaß suchen und durchschießen, bis wir die letzte Reihe hinter uns hatten.

Fünf Meilen weiter war ein kleiner Hafen, den ich ansteuerte, um den Schaden zu beheben. Kaum angelangt, verschwanden Ole und Gordon. Ich schaute nach, ob sie noch ihre Sachen an Bord hatten, denn der Gedanke lag nahe, daß sie sich bereits empfehlen wollten. Doch sie kehrten beide zurück, Ole hatte sich lange Unterhosen und Gordon Gummistiefel gekauft.

Um das Fall, an dem das Großsegel gehißt wird, wieder einscheren zu können, mußte ich kurz zum Masttop, zwölf Meter über dem Wasserspiegel, hochklettern. (Meine Schwindelfreiheit ist sogar gutes Geld wert: Später verdiente ich glänzend als Gerüstarbeiter.) Mit klammen Fingern hantierte ich oben herum, und wenige Minuten später war das Boot wieder voll einsatzbereit.

Mittlerweile hatte sich der Wind etwas gelegt, und wir segelten langsam in die einfallende Nacht hinaus. Jetzt galt es, in der fast völligen Dunkelheit einen genauen Kurs zu halten und unsere Position dauernd anhand der diversen Funk- und Leuchtfeuer zu überprüfen. Obwohl der Tiefgang meines Schiffes nur einen Meter betrug, zog ich es vor, in der Fahrtrinne zwischen Kopenhagen und Malmö zu segeln, die nur wenige hundert Meter breit ist. Außerhalb könnten sich in dem seichten Wasser unbeleuchtete Tonnen befinden, die ohne weiteres das Boot leck schlagen können. Auch auf den Schiffsverkehr war zu achten, der sich auf gleichem Kurs befand und mit unverminderter Geschwindigkeit vorbeizog.

Kurz hinter Kopenhagen pfiff plötzlich ein heftiger Wind durch die Takelage, das ganze Boot wurde wild geschüttelt. Innerhalb von Minuten blies es mit Windstärke sechs bis sieben aus Nordost, und wir mußten auf Kreuzkurs gehen. War noch vor kurzer Zeit alles unter Kontrolle, so konnte man das jetzt nicht mehr behaupten. Dauernd mußten wir in der schmalen Fahrtrinne vor den herankommenden Schiffen hin- und herkreuzen. Als dann noch Regen die Blinklichter zu verdecken begann, wurde mir die Sache zu gefährlich, wir liefen die dänische Küste an. Der Hafen von Tuborg war nur einige Meilen weiter, und doch dauerte es länger als zwei Stunden, bis wir zwischen den beiden riesigen Bierflaschen, die die Hafeneinfahrt markierten, einfuhren und am Kai festmachten.

Mit dem ersten Tageslicht waren wir wieder unterwegs. Nachts hatte sich der Wind etwas gelegt und nach Osten gedreht. Unter vollen Segeln liefen wir nach Norden, passierten Kronborg zu Mittag und brachten die letzte Enge hinter uns. Hier konnte ich die Steuerpinne festmachen, nur ab und zu war eine kleine Kurskorrektur nötig.

Um Ole und Gordon an die Nachtwachen zu gewöhnen, ließ ich sie zweimal zwei Stunden miteinander Ausschau halten, während ich den Rest der Nacht im Cockpit verbrachte. Die Nächte im Norden dauerten jetzt 15 Stunden und waren eisig. Sollte sich die Sonne am Tag überhaupt zeigen, so kroch sie bis Mittag zwölf Grad über den Horizont. Als wir in den Skagerrak, zwischen Dänemark und Norwegen, hinaussegelten, änderte sich langsam das Wetter. In den Nachrichten für die Schiffahrt wurde eine Sturmwarnung durchgegeben.

In der Nacht heulten heftige Sturmböen durch die Segel und Schneetreiben reduzierte die Sichtweite auf Null. Auf dem glatten Deck kämpfte ich mich zum Mast vor und reffte das Großsegel. Auch die Fock mußte eingeholt werden. Jedesmal, wenn sich der Doppelbug meines Kats in einen Wellenberg grub, wurde Wasser wadenhoch über das Vordeck gespült, bald füllten sich meine Seestiefel. Während ich das widerspenstige Segel bändigte, trieb mir der Wind die eisige Gischt unter den Kragen und die Ärmel hoch, so daß mir in Kürze das Salzwasser über die Brust lief.

Das gab uns eine Idee davon, was wir um diese Jahreszeit auf der Nordsee erwarten konnten. Ole und Gordon verloren ihren Enthusiasmus und bedauerten sehr, daß ich keinen Radiosender hatte, um »Hilfe« herbeizurufen. Das wäre ja sowieso Unsinn gewesen, da wir uns nicht in Seenot befanden.

Stunde um Stunde blieben wir ohne Schlaf und hatten nur das Orgeln des Sturmes im Ohr. Jeder von uns stand abwechselnd zwei Stunden Wache und mußte sich festbinden, um nicht von einer brechenden See aus dem Cockpit geschleudert zu werden. Ich mußte meine Crew ziemlich hart anpacken, da Gordon sich schon jetzt von seiner Wache drücken wollte: Zu kalt, zu naß, zu finster, zu unheimlich war ihm. Wenn der Skipper in solcher Situation nicht ziemlich herzlos den Chef spielt, kann er bald alles selbst machen. Die Nacht ging aber gut vorbei – Gordon kultivierte sein Zähneklappern zu einer Art Protestsong –, und der Morgen enthüllte niedrige Wolken, die über einen bleifarbenen Himmel hetzten. Die See war weiß mit Brechern und lang dahingezogenen Schaumstreifen.

36 Stunden dauerte dieser erste Sturm. Als er abflaute, kehrte auch unser Appetit wieder zurück. Nur langsam arbeitete sich das Boot bei unruhiger See in die Nordsee hinaus. Wir hofften auf einen günstigen Wind, wurden aber enttäuscht. Einen Tag später schlingerte TABOO in einer Flaute, die nervenzermürbender war als der vorangegangene Sturm. Bald waren wir von Nebel eingedeckt und mußten

einen scharfen Ausguck halten. Wenn Ole und Gordon Nachtwache standen, kam ich oft an Deck, um zu kontrollieren, ob alles in Ordnung war. Einmal sah ich die Lichter eines Frachters 300 Meter vor unserem Bug. Ole, in seiner Kurzsichtigkeit, konnte beim besten Willen nichts ausmachen. Solange Ole kein Schiff sah, existierte es für ihn auch nicht, er fand das keineswegs beunruhigend. Von da an schlief ich nachts kaum noch und war sehr oft draußen, wenn Ole Wache hatte. Gordon war anders: Der Gedanke, von einem Schiff gerammt zu werden, versetzte ihn in Angstzustände, die sich bald zeigten.

Die Flaute wurde von einer frischen achterlichen Brise abgelöst. Laut Wetterbericht hatten wir wieder einen Sturm vor uns, der allerdings bis Mitternacht auf sich warten ließ. Am Morgen war es soweit, daß ich das letzte Segel runterholen mußte. Mehrmals riß mir der heftige Wind die widerspenstige Sturmfock aus der Hand, und erst als sich das Segeltuch rot färbte, bemerkte ich, daß ich mir einen Fingernagel tief eingerissen hatte. Schmerz verspürte ich keinen, da meine bloßen Finger durch die Kälte völlig gefühllos und steif waren.

Dieser Sturm war um einiges stärker als der erste, dementsprechend schlecht war die Laune an Bord – immerhin waren wir schon eine Woche unterwegs und gurkten noch immer vor der dänischen Westküste herum. Gordon wollte zwar noch immer nach England, zu diesem Zweck aber auf ein englisches Fischerboot umsteigen; Ole hatte seine Wunschration an Abwechslung und Abenteuer bereits voll konsumiert und wollte einen der nahen dänischen Häfen anlaufen. In beiden Fällen war ich nicht einmal zu einer Diskussion bereit, so daß die Stimmung noch schlechter wurde. Insgeheim war allerdings auch ich selbst fasziniert von den fortwährenden Schwierigkeiten dieses Törns.

In der nächsten Nacht brachen einige schwere Seen über TABOO und krachten auf die Kajüte. Zwei meiner Bullaugen, die allerdings weitaus größer als normal sind, knacksten und bekamen einen Sprung, was ich meiner Crew gegenüber als läppisch abtat – gegen besseres Wissen.

Jedesmal beim Öffnen der Kajütentür hatte man hervorragende Chancen, mehrere Kübel Wasser hereinzubekommen. Das Boot krängte bis zu 45 Grad, ziemlich außergewöhnlich für einen Katamaran.

Gordon war ziemlich knapp am Ausflippen und heulte manchmal schon völlig unkontrolliert. Ich war ziemlich grausam und gab ihm wenig psychologische Hilfe, heute wäre ich in einer solchen Situation konzilianter. Dauernde Spannungen gab es auch deshalb, weil er auf seinen Wachen nie richtig abschätzen konnte, ob ein anderes Schiff auf irgendeinem ungefährlichen Kurs oder auf Kollisionskurs lag – einmal geriet er sogar wegen der Lichter eines tieffliegenden Flugzeuges in Aufregung. Davon abgesehen, die Gefahr eines Zusammenstoßes war auch bei realistischer Einschätzung der jeweiligen Situation beängstigend groß. Manchmal

47

brauchte man den letzten Nerv auf, wenn man sich an die Vorschriften hielt, seinen Kurs beibehielt und sich darauf verließ, daß der andere den Vorrang des Segelbootes beachten würde (den Kurs muß der Segler unverändert beibehalten, um dem »Gegner« die Berechnung eines vernünftigen Manövers zu erleichtern... das wäre ja auch alles in Ordnung, wenn man nur sicher sein könnte, daß einen der Gegner überhaupt bemerkt hat, denn weder die eigenen Positionslichter, noch der Radarreflektor an der Mastspitze sind ein Garant dafür). Wie sich ein paar Tage später herausstellte, darf man nicht einmal bei guter Sicht allzuviel Vertrauen haben. In einer der seltenen klaren Nächte näherte sich ein außergewöhnlich schnelles Fährschiff, das ganz offensichtlich unsere Navigationslichter (Reichweite zwei Meilen) nicht bemerkte. Erst als ich meinen starken Suchscheinwerfer abwechselnd auf die Brücke des Schiffes und in TABOOs Segel richtete, machte es eine plötzliche Wendung und passierte uns in 50 Meter Entfernung.

Zwei weitere Stürme vergällten uns noch das Leben, ehe wir in die Nähe der Themsemündung kamen. Ich hatte wenig Lust, mich bei Nacht in den starken Flußverkehr zu stürzen und disponierte auf Dover um. Das löste fast eine Meuterei aus, denn Ole und Gordon waren auf London, vor allem aber auf gutes Essen fixiert, da wir während der letzten Tage fast nur Kartoffel gehabt hatten. Daß uns ein Großteil der übrigen Nahrungsmittel ausgegangen war, hatte nur an mir gelegen, ich hatte einfach nicht mit einer derart langen Nordseefahrt gerechnet. Dennoch: Dinner in London hätte zuviel Risiken nötig gemacht. Nächsten Morgen sahen wir die weißen Klippen von Dover auf der Steuerbordseite. Der Wind hatte gedreht und wir mußten gegen eine steife südwestliche Brise ansegeln. Als wir innerhalb zwei Meilen der Hafeneinfahrt waren, wurde klar, daß wir es nicht schaffen würden. Die starke Strömung, bedingt durch die Gezeiten, begann gegen uns zu laufen und wir hatten Mühe, nicht abgetrieben zu werden. Wir kreuzten wieder in den Kanal hinaus, aber als wir zwei Stunden später auf dem anderen Schlag zurückkamen, waren wir keinen Meter näher gekommen. So nahe am Ziel, gaben wir fast die Hoffnung auf, noch am selben Tag einfahren zu können. Erst am Nachmittag, als die Strömung zu unseren Gunsten drehte, segelten wir in den Hafen von Dover. Gordon und Ole brachen in Freudenschreie aus und hüpften im Cockpit auf und ab, was ich als leichte Übertreibung empfand.

Der Abschied von meinen Helden war recht versöhnlich. Ole hatte im Endeffekt genau das gefunden, was er gesucht hatte. Schon ein paar Stunden nach dem Anlegen hatten die Nässe, die Kälte, das qualvolle Wachen, die Stürme, die Angst, der Nebel und das Kartoffel-Einerlei nur noch einen Namen: Abenteuer. Ein Computerkonsulent war für gut zwei Wochen aus seinem Leben ausgebrochen und war bei dem Gedanken an die Wiedereingliederung fast ein wenig bedrückt. Bei Gordon lagen die Dinge einfacher: Er war happy, alles hinter sich zu haben.

Wenige Tage später begleitete mich ein englischer Segelfreund den Ärmelkanal hinunter. Wir schafften Plymouth in 31 Stunden. Von hier an sollte ich allein weitersegeln. Mein Schiff war voll proviantiert, die Seekarten hatte ich mir in London besorgt. Dort hatte ich auch erfreuliche Nachrichten über meinen Sextanten erhalten, der bei meiner ersten Ankunft in England das Aufsehen einiger Bekannter erregt hatte. Ich hatte ihn in Perth (Australien) in einem Trödelladen gekauft, dort war er nicht als Sextant angeboten, sondern einfach als altes Stück, das nett aussah. Er kostete 20 Australische Dollar. Die Spiegel waren blind, ich ließ sie versilbern. Dann beging ich den Fehler, ihn zu einer befugten Stelle zum Adjustieren zu geben. Als ich ihn zurückbekam, war ich gerade beim Navigationstraining und stellte fest, daß das gute Stück um 80 Meilen daneben war. Durch richtige Lektüre fand ich raus, was die Kerle falsch gemacht hatten und wie ich die Einstellung nun selbst adjustieren konnte. Letzten Endes hatte ich eine Abweichung von 2', die ich als konstante Größe in meine Berechnungen übernahm – ich kam auf ganz hervorragende Genauigkeit. Laut entsprechender Gravur stammte er von der Firma Troughton in London. Die Firma existierte nicht mehr, aber die englischen Bekannten fanden in ihren Recherchen heraus, daß mein Sextant in der Zeit zwischen 1790 und 1810 hergestellt worden sein muß. Das heißt, daß er schon auf alten Segelschiffen verwendet worden sein muß und sicherlich auf abenteuerliche Weise nach Australien gekommen ist. Ich bin schon immer sehr liebevoll mit ihm umgegangen, aber seit dieser Entdeckung ist er mir nun zweifellos das wertvollste Stück, das ich besitze.

Easy Going

Am 9. Dezember 1970 lief ich von Plymouth aus. Ich war darauf ausgerichtet, Weihnachten auf den Kanarischen Inseln zu verbringen.

Ein Hochdruckgebiet von Irland bis zu den Azoren brachte eine östliche Luftströmung und Windstärke 7, ideal für mein Boot, hinter dem man fast hätte Wasserski fahren können. Geschwindigkeiten von mehr als 10 Knoten wirken auf jeden Segler stimulierend – und ich war wieder mitten in meinem Kampf gegen einen imaginären Gegner, tat jeden Handgriff so, als sei ich in einem Rennen. Ohne das sportliche Moment würde das Langstreckensegeln vielleicht fad werden; bei schlampiger Segelstellung und laxer Navigation käme mir der Job ziemlich dumm vor. Natürlich freute ich mich immer, wenn Vergleiche mit anderen Yachten ergaben, daß TABOO herausragende Zeiten erzielt hatte, was zum Teil selbstverständlich ist, da ein vernünftig gebauter Katamaran von Haus aus ein schnelles Boot ist.

Für die Biskaya bereitete ich meine neue Sturmfock vor, doch die Gegend blieb weit hinter ihrem schlechten Ruf zurück, so daß ich die Sturmfock nur zu Experimenten für die Schaffung einer Selbststeuerung benutzte, Näheres finden Sie in der technischen Beschreibung TABOOs. Die Brise wurde leichter und leichter.

Da ich mich jetzt ständig in der Nähe oder direkt auf einer Schiffahrtslinie befand, mußte ich die Nächte durchwachen. Bei guter Sicht genügte es, alle 15 Minuten den Horizont nach Lichtern abzusuchen, denn auch ein rasches Schiff würde länger brauchen, um in bedrohliche Nähe zu kommen. Gewöhnlich legte ich mich bei Sonnenaufgang nieder und schlief zwei Stunden. Es war um diese Zeit, als mich einmal eine Schiffsirene aufschreckte. Mein erster Gedanke war natürlich, von einem Schiff gerammt zu werden. Blitzartig war ich an Deck – und sah das Idyll eines Passagierdampfers aus Lissabon: Der Kapitän wollte seinen Gästen die

Attraktion eines einsamen Katamarans aus nächster Nähe bieten. Die Leute standen dichtgedrängt an der Reeling und fotografierten, ich winkte, um in etlichen Hundert Fotoalben einen netten Eindruck zu hinterlassen. Die Leute würden beim Herzeigen sagen: Und stellt euch vor, da haben wir mitten auf dem Meer einen Spanier in einem ganz komischen Boot getroffen... denn für einen Spanier würde man mich in dieser Gegend der Welt auf jeden Fall halten – meine rotweißrote Flagge pflegte immer als das spanische Rotgelbrot mit ausgebleichtem Mittelteil mißverstanden zu werden.

In den nächsten Tagen drehten noch mehrere Schiffe von ihrem Kurs ab, um ihren Passagieren eine Kuriosität zu bieten. Manchmal blieb ich unter Deck, um den Leuten mehr Spannung zu vermitteln – am Ende ist's ein Geisterschiff –, bis mir jeweils das aufdringliche Blöken der Schiffsirene zu lästig wurde. Jedenfalls war ich mitten in heftigem Verkehr, moderne Tanker zogen mit 20, 25 Knoten vorbei, manche alte Kiste brauchte einen ganzen Tag, um mich zu überholen.

Die Biskaya hatte ich ohne Schwierigkeiten hinter mir gelassen, doch jetzt machte mir eine steife südliche Brise zu schaffen. Gegen Windstärke 6 anzukreuzen, war lästige Schwerarbeit, da mein Boot auf diesem Kurs kaum weiterkam und sehr herumgeworfen wurde. Ich gab die Hoffnung auf, noch vor Weihnachten auf den Kanarischen Inseln zu sein. Immerhin, es wurde immer wärmer, die Sonne stand täglich um durchschnittlich zwei Grad höher am Himmel. Am 23. Dezember lag ich zum ersten Mal wieder an Deck und sonnte mich. Doch am nächsten Tag blies und regnete es wieder, und in einer heftigen Bö riß das Vorsegel entlang eines Saums entzwei. Glücklicherweise war ich gerade an Deck, holte es sofort herunter und verhinderte größeren Schaden. Ich setzte die nächstkleinere Fock und begann, das gespaltene Segel zu nähen. Am Abend unterbrach ich, um Weihnachten zu feiern. Meine englischen Freunde hatten mir einen Weihnachtspudding mitgegeben, den ich im Schnellkochtopf aufdampfte. In Ermangelung von Kognak flambierte ich ihn mit Whisky, nicht einmal zu knapp, denn als ich mich wieder an das Segel setzte, gerieten meine Stiche nicht mehr so regelmäßig wie zuvor. Ich legte eine Pause ein und stellte mich an Deck in den Wind. Im (guten) Licht meiner Glühstrumpflampe nähte ich dann weiter und hatte die Arbeit im Morgengrauen beendet, doch dann war der Wind zu stark, um das Segel setzen zu können.

Leider wußte ich zu diesem Zeitpunkt nicht, daß ich mich in nobler Nachbarschaft befand. Sir Francis Chichester war unweit meiner Position mit seiner neuen Rennyacht »Gipsy Moth 5« unterwegs. Das erfuhr ich später in Las Palmas, als ich zufällig einen »Observer« vom 3. Jänner 1971 in die Hand bekam. Dort stand, daß Sir Francis auf dem Weg nach Westafrika war, um den Südatlantik in Rekordzeit zu überqueren. Wie er nach England funkte, hatte er auf etwa meiner

Position zu Weihnachten einen dreitägigen Sturm. Ich war da weitaus besser daran, denn ein paar Meilen weiter südlich segelte TABOO in Windstärke 6 bis 7, während »Gipsy Moth 5« gegen haushohe Wellen ankämpfte.

Las Palmas: Ich fand ein nettes Plätzchen in dem ruhigen Hafen. Eine größere Yacht unter englischer Flagge fiel auf: Obwohl das obere Drittel des Mastes abgebrochen war, ragte der Rest noch immer über die Mastspitze meiner TABOO. Ich ließ mein Dinghy zu Wasser, ruderte hinüber und fand einen Schweizer an Bord. Ulrich arbeitete momentan auf der »Sea Jack«, die einem englischen Ehepaar gehörte. Die Besitzer, Robert und Catherine, erzählten bei Gin und Tonic ihre Story. Kurz nach Gibraltar waren sie vor einer steifen Brise gelaufen. Catherine, klein und zierlich, war am Steuer gewesen und hatte aus Unvorsichtigkeit gehalst. Der enorme Druck beim Überschlagen des Großsegels auf die andere Seite hatte den oberen Teil des Mastes glatt abgebrochen. Jetzt reparierten sie, so gut es ging, und warteten auf Nachricht aus London, ob ihre Versicherung für den Schaden aufkommen würde. Dazu ist zu sagen, daß es nicht leicht ist, eine Hochseeyacht gegen alle Risiken versichern zu lassen. Die meisten Versicherungen lehnen von vornherein ab, die spezialisierten Firmen verlangen sehr hohe Prämien. Ich hatte vor meiner Abreise aus Australien den schüchternen Versuch gemacht, TABOO bei einer australischen Gesellschaft versichern zu lassen – die geforderte Prämie war aber für meine Verhältnisse völlig indiskutabel gewesen.

Ulrich, der sich bei den Engländern ein bißchen Geld verdiente, hatte natürlich auch seine eigene Story. In jahrelanger Arbeit hatte er neben seinem Beruf – Tischler – einen neun Meter langen Knickspannter am Zürcher See gebaut, dann mit der Bahn nach Genua geschafft. Von dort war er einhand zu den Kanaren gesegelt. Fast am Ziel, in der Nähe der Insel Lanzarote, war er nachts von einem polnischen Frachter, der sich auf Gegenkurs befunden hatte, gerammt worden. Es war keine Frontalkollision gewesen, das Boot war nur die ganze Schiffseite entlanggescheuert. Mast und Klüverbaum waren gebrochen, Scheuerleisten und Seereeling waren abgerissen, das Deck schwer beschädigt worden, aber der Bootskörper hatte durchgehalten. Erst nachdem Ulrich zwei Notraketen abgeschossen hatte, hatte der Frachter beigedreht und ihn später nach Lanzarote geschleppt. Das bestätigt wieder einmal meine Meinung, daß eine kleine Yacht von den dicken Schiffen oft nicht einmal bei der Kollision bemerkt wird – der überfahrene Skipper darf sich mit rechtfertigenden Schlußworten von der Welt verabschieden: ICH HATTE WEGERECHT.

Nach zwei Wochen verließ ich Las Palmas, machte noch kurze Station auf Hierro, der südlichsten Kanareninsel, die im Mittelalter als Ende der Welt gegolten hatte, und hatte nun den Atlantik in seiner ganzen Breite vor mir.

Der Atlantik ist unter anderem auch die Spielkiste der Möchtegern-Hochsee-Segler. In Ost-West-Richtung, auf günstiger Route, wird man von Wind, Wellen und Strömung nach Amerika geblasen und getrieben, ohne daß man dazu Großartiges leisten müßte. Es haben sich ja auch schon Leute im Schlauchboot hinübertreiben lassen, etwa der Franzose Bombard, der dabei auch den Beweis erbringen wollte, daß man von Salzwasser leben könne. Er hat angeblich Fische gefangen, sie ausgepreßt und deren Saft mit geringen Mengen Salzwasser getrunken.

Die Passatroute über den Atlantik ist derart simpel, daß eine Menge Leute hinübersegeln, die nach ihrer Ankunft völlig überfordert sind, denn das Retourticket gibt's nicht so billig, man kommt in das System der westlichen Winde und kann ziemlich sicher sein, früher oder später in ausgewachsene Stürme zu kommen. Diese Gefahr ist beim freundlichen Passat sehr gering, man sollte nur den Zeitplan so wählen, daß man nicht unbedingt in der Hurrikanzeit (europäischer Sommer) in die Karibik kommt. Auf jeden Fall ist auf den Westindischen Inseln Endstation für manche Segel-Hochstapler, sie verkaufen unter Umständen ihr Boot, weil sie sich nicht zurücktrauen.

Zuerst segelte ich nach Süden, um möglichst rasch in die Passatzone zu kommen – die gleichen nordöstlichen Winde, die schon Kolumbus' Energiequelle waren, würden auch TABOO entsprechend voranbringen. Vorerst ging es allerdings noch recht zäh voran und ich war für Abwechslung dankbar: Orangefarbenes Treibgut. Ich änderte meinen Kurs und inspizierte das Ding. Es war ein grobmaschiges Fischnetz, das ich mit einem kleinen Suchanker, der stets griffbereit im Cockpit lag, an Bord zog. Dutzende von kleinen Krabben purzelten aus dem Netz und marschierten sofort in alle Richtungen. Ich schloß beide Kajütentüren und sammelte die Gäste mit Schaufel und Besen ein, dann warf ich sie zurück ins Meer – minus einer Portion Krabbencocktail. Von dem Netz behielt ich einiges brauchbares Tauwerk.

Während der Nacht drehte die Brise auf Nordost und bei Tagesanbruch war ich sicher, in den Passatwinden zu sein. Jetzt konnte ich Großsegel und Genua ausgebaumt als Passatsegel fahren, deren Schoten waren über Blöcke direkt mit der Steueranlage verbunden – dies ergab die einfachste Art der Selbststeuerung vor dem Wind.

Sich vom Passat schieben zu lassen, ist angenehmes Hochseesegeln, man hat eine Menge Zeit für gepflegtes Nichtstun oder jede Art von Arbeiten, die man normalerweise immer zu verschieben pflegt.

Mein Tagesablauf am Atlantik sah etwa so aus:
Frühstück zwischen sechs und sieben, eine sehr aufwendige Angelegenheit: Haferflockenbrei mit Rosinen und Nüssen, weiches Ei, Brot, Kaffee. Ein Glanzpunkt eines Frühstücks wäre eventuell ein Fliegender Fisch gewesen, der in der Nacht auf das Deck gesprungen sein könnte. Danach rasierte ich mich, denn

ich mag keine Seefahrerbärte, außerdem ist ein Bart in Verbindung mit der Tauchermaske lästig.

Zweimal in der Woche wickelte ich das Ritual des Brotbackens ab, dazu mußte ich den Teig (mit getrockneter Germ) gleich nach dem Rasieren bereiten, um den Wecken dann in der Sonne aufgehen zu lassen. Gebacken wurde in einem kleinen Backrohr, das über die Flamme des Primus-Herds gestellt wurde.

Zwischen neun und zehn stellte ich mittels des Sextanten die Sonnenhöhe fest, notierte Winkel, genaue Zeit, Log und Kurs, um die Positionslinie kurz vor Mittag auszuarbeiten. Den Rest des Vormittags verbrachte ich mit Arbeiten an Segel und Tauwerk, weiters malte ich das Cockpit aus, lackierte Türen, montierte neue Schlösser und Scharniere und verlegte elektrische Leitungen.

Am höchsten Stand der Sonne schoß ich sie nochmals und konnte dann mit Hilfe der zwei Standlinien meine genaue Position feststellen. Standort, gesegelte Distanz während der letzten 24 Stunden, Kurs, Windrichtung und -stärke und etwaige Segelwechsel wurden mit allen anderen Vorkommnissen, wenn auch belanglos, ins Logbuch eingetragen. Danach nahm ich einen kleinen Snack, beispielsweise Käsetoast oder frischgemachte Knoblauchbutter auf Toast, garniert mit Zwiebelscheiben. Dazu ein Vitaminstoß: Eine Orange und eine Zitrone.

Später machte ich meist blau: Ein Nachmittagsschläfchen im Liegestuhl gab mir das Gefühl, eigentlich ein sehr luxuriöses Leben zu führen. Die Tage sind kurz in den Tropen, kurz nach sechs geht die Sonne unter und wenig später ist es stockfinster.

Etwa um acht machte ich das Nachtmahl, zu dieser Zeit stellte ich den kleinen Generator ins Cockpit und ließ ihn eine Stunde laufen, um meine Batterie aufzuladen. Zumeist gab's Fisch, mit Liebe zubereitet, ansonst Fleisch aus der Dose, Kartoffel, geröstete Zwiebel und Erbsen. Kulinarische Abrundung des Tages war jeweils eine Tasse Hagebuttentee mit Zitrone. Oft saß ich dann in der lauen Nacht draußen und studierte die Sterne, die zumeist unerhört klar zu sehen waren. Bis Mitternacht las ich oder studierte eines meiner nautischen Bücher – die Schiffahrt macht mir auch von der theoretischen Seite her Spaß.

Wenn ich nicht gerade eine Schiffahrtslinie während der Dunkelheit zu überqueren hatte, konnte ich mich sorglos zur Ruhe legen, hatte aber immer in der Takelage elektrisches Licht brennen. Ich schlief selten länger als ein oder zwei Stunden und machte dazwischen jeweils kurze Blicke auf Kompaß, Log und Segel.

Und wo bleibt das Abenteuer einer Ozeanüberquerung?

In der fünften Nacht platzte eine Naht des Großsegels.

Der milde Passat hatte sich zuletzt zu einem sehr kräftigen Wind entwickelt und TABOO war manchmal mit 12 Knoten dahingefegt, wenn sie kurz auf einer See sitzengeblieben war. Nun war das Segel also überfordert worden. Da das Groß frei wie ein Spinnaker gesetzt war, machte der Zug am Fall ein Mehrfaches meines Körpergewichts aus, und die Gefahr bestand, daß das Segel über Bord geblasen werden könnte, bevor ich es an Deck haben würde. Während ich das knarrende Fall über die Belegklampe gleiten ließ und das Ende in einer Hand hielt, faßte ich das Segel an und zog es nieder, wurde aber bald an Bord hin und her geschleift, bis es mir gelang, den unteren Teil zusammenzubündeln und mit einem kurzen Tampen, wie fast an jeder Want einer griffbereit hängt, festzuzurren. Hier hätte ich eine dritte Hand gebraucht, denn da ich zu weit vom Mast weg war, um das Fall zu belegen, aber auch nicht das Segel loslassen konnte, mußte ich das Fall zwischen den Zähnen festhalten, doch ich habe kräftige Zähne. Den Rest des Segels jetzt zu bergen, war einfach. Kaum war das geschehen, mußte ich zurück zum Heck springen, um das Boot wieder auf Kurs zu bringen, da die Genua wie irr killte. Jetzt mußte ich ohnedies steuern und überlegte meine nächsten Schritte, während ich an der Pinne saß. Dieser geistige Aufwand war unnötig, denn als ich vom Kompaß aufblickte, hatte ich keine Genua mehr und verlor rasch an Fahrt. Auf dem Vorschiff sah ich dann, daß der größte Teil des Segels im Wasser war, aber erst als ich es an Bord zog, wurde mir der Grund der Havarie klar: Materialfehler eines sechs Millimeter starken rostfreien Rings, der den Block des Falls am Masttop hielt.

Ohne Fahrt zu machen, lag TABOO breitseits zum Wind. Jedesmal, wenn eine See gegen die Seite brach, trieb die steife Brise die Gischt über das Deck. Ich beeilte mich, zwei kleinere Segel zu setzen, und bald steuerte sich mein Boot wieder vor dem Wind, wenn auch mit verminderter Geschwindigkeit.

Es drängt sich die Frage auf, warum ich nicht schon früher die Segelflächen reduziert, sondern so lange gewartet habe, bis mir die Fetzen um die Ohren flogen. Natürlich, man soll nie mehr Segel führen, als man handhaben kann und als es die Sicherheit des Bootes erlaubt. Doch mir hat es immer Spaß gemacht, mein kleines Boot an der Grenze des Zumutbaren voranzutreiben. Auch nach Jahren auf See konnte ich noch ganz aufgeregt werden, wenn TABOO seine Höchstleistung brachte, oft saß ich stundenlang im Cockpit und begeilte mich daran, wie das Boot von einer See hochgehoben wurde, auf ihr hinunterraste und die weißen Schaumkronen zerschnitt.

Da wird vielleicht auch klar, daß von Einsamkeit nicht viel die Rede sein kann. Ich weiß nicht, was passiert, wenn man – wie Chichester es getan hat – 15.000 Seemeilen nonstop allein segelt, vielleicht kommen da die weißen Mäuse, aber bei meinen Ausflügen, von denen keiner länger als 42 Tage dauerte, hatte ich eher das Gefühl einer geistigen Entschlackung als das eines Gesellschaftsnotstands. Man kommt fabelhaft mit sich selbst ins Reine, kann sein Gemüt ausbalancieren (ab dem dritten Tag auf See, würde ich sagen), gewinnt eine gelockerte Einstellung zur zurückgelassenen Zivilisation, auf deren gute Seiten man sich durchaus freuen kann. Ich glaube nicht, daß mein Gefühlsleben so ausgeglichen, meine Empfindungen so befriedigend gewesen wären, hätte ich noch jemand an Bord gehabt.

TABOO hetzte auch mit verkleinerter Segelfläche in aufregendem Tempo dahin, ich machte Etmale von 179 und 184 Seemeilen, während ich die geplatzte Naht des Großsegels nähte, um bereit zu sein, bei Nachlassen des Windes wieder die großen Segel aufzuziehen. Das tat ich auch, doch in der Nacht darauf kam das Großsegel krachend auf das Deck herunter. Diesmal hatte das Fall, eine Leine von mehr als einer Tonne Bruchstärke, nicht gehalten. Ich wechselte wieder zu den kleineren Segeln über und mußte bis Nachmittag warten, um bei günstiger Gelegenheit das Großsegel und die Genua hochzukriegen. Das Fall, das ich jetzt verwendete, war eine brandneue Leine, trotzdem dauerte es nicht einmal acht Stunden, bis es riß, ohne an irgendeiner Stelle gescheuert zu haben. Die Belastung in dem wieder frischen Wind war zu groß gewesen. Hätte ich allerdings Terylenefallen von größerer Belastbarkeit und Stärke verwendet, wäre mir dieses Mißgeschick nicht unterlaufen.

Von nun an mußte ich improvisieren, da ich nur noch zwei von fünf Fallen übrig hatte und neben den beiden Segeln auch die Spinnakerbäume hochhalten mußte. Auch war ich gezwungen, die letzten Tage öfter Segel zu wechseln, weil ich nicht das Fockfall riskieren wollte. Am späten Nachmittag, kurz vor Barbados, errechnete ich nochmals meine genaue Position, da ich um Mitternacht das Ragged-Point-Leuchtfeuer an der Ostküste der Insel sehen wollte. Als es nicht auftauchte, dachte ich schon, ich wäre zu weit südlich und außerhalb der Tragweite von 17 Seemeilen. Eine Stunde später sah ich jedoch das South-Point-Leuchtfeuer an der Südküste, in einer Position, die mit meiner Navigation übereinstimmte. Später erfuhr ich, daß das Ragged-Point-Leuchtfeuer außer Betrieb war.

Nahe der Küste flaute der Wind ab, langsam segelte ich in die Carlisle-Bucht und ankerte unweit des Zollgebäudes. Es war vier Uhr früh und ich benutzte die Gelegenheit, um zu schlafen; doch hatte ich mich während der vergangenen Woche so sehr an den Seegang gewöhnt, daß ich jetzt in dieser geschützten Bucht ohne Dünung kaum einschlafen konnte.

Vom sportlichen Standpunkt war ich mit der Atlantiküberquerung zufrieden: 18 Tage und 12 Stunden halte ich für eine hervorragende Zeit für die Strecke Hierro–Barbados (2640 Seemeilen, bestes Etmal 184, Durchschnitts-Etmal 142,7 Seemeilen).

Um an Vergleiche zu kommen, kann ich nur andere Bücher durchblättern. Am meisten fand ich in Hiscocks Buch »Segeln über sieben Meere« (Verlag Delius Klasing), das unter »Atlantischer Ozean, westwärts, Überquerung auf der (südlichen) Passatroute« für die Strecke Kanarische Inseln–Barbados neun Beispiele anführt, das schnellste 21 Tage, das langsamste 44, im Durchschnitt 28,5 Tage. Der Durchschnitt fällt vor allem durch die Anführung der einen 44-Tage-Reise so ungünstig aus; läßt man sie weg und errechnet den Durchschnitt aus den übrigen acht, ergeben sich 26,6 Tage. Als besondere Einschränkung für Vergleiche ist dazu zu sagen, daß die meisten dieser angegebenen Leistungen schon etliche Jahre zurückliegen, inzwischen sind schnellere Boote gebaut worden. Wie auch immer: TABOOs 18 1/2 Tage liegen sicherlich im Spitzenfeld der von Yachten erzielten Ergebnisse – aber das sollte für einen Katamaran ja fast selbstverständlich sein.*

Im Barbados Cruising Club traf ich zum ersten Mal nach mehr als 25.000 Seemeilen mit TABOO einen anderen Katamaran (»Hobie«, Skipper Richard Humphrey), der mit zwei Mann in 44 Tagen von den Kanaren nach Barbados gesegelt war und nach Südamerika unterwegs war. Zu den diversen Ozean-Tramps, die ich im Club traf, gehörte auch der deutsche Einhandsegler Horst Richter.

Barbados ist einer der »logischen« Punkte für Yachtleute, sozusagen ein Branchentreff. Die »Branche« würde ich etwa in drei Gruppen teilen: Die normalen Fahrtensegler mit Motiven, die irgendwo eine Kombination zwischen Sport und Lebensphilosophie sind, zum Großteil gute, gesunde Typen; dann gibt es komische Kerle, die mit ihrer Weltverachtung grimmig oder traurig herumsegeln; und dann gibt es die Kommerz-Segler, dazu gehören Leute, die sich pausenlos zu Helden aufbauen und alle drei Monate ihr Heimatvolk aufwühlen mit der Story irgendeines Meeresdramas, die sie – knapp dem Tod entronnen – mit letzter Kraft noch über den Funk jagen (kassiert wird durch Sammlungen – »der arme XY liegt mit Mastbruch vor Samoa«, bei Zeitschriften, Vorträgen und jeder erdenklichen Art von Public relations). Überzuckert werden (bzw. wurden) all diese Gruppen von den Berühmtheiten à la Chichester, deren sportlich superben Leistungen allerdings nur mit einem Aufwand möglich sind, der eine Weltumseglung zu einer geschäftlichen Großaktion macht. Daß der Prozentsatz von Spinnern bei den Einhandseglern größer ist als bei den übrigen Yachtleuten, ist irgendwie naheliegend. In Barbados lag beispielsweise ein etwa 40jähriger Engländer, der jedem Menschen aus dem Weg ging, absolut unansprechbar. Man

---

* Anmerkung von Bobby Schenk: »Das Rekordetmal unserer THALASSA war 184 Seemeilen, trotzdem brauchten wir 38 Tage bis Barbados. Übrigens gibt es unter den Yachties eine Faustregel für die Planung einer Reise: 1 Tag = 100 Seemeilen. Wolfgangs Durchschnitt von 142 Seemeilen ist also extrem gut.«

sah ihn praktisch nur, wenn er mit seinem Dinghy zum Strand ruderte, dann ein Fahrrad aus dem kleinen Boot hievte und davonradelte. Dann gab's im Yachtklub einen Engländer namens Jim Osborne, der vor fünf Tagen gekommen war und eine Riesenstory erzählte über seine Atlantik-Einhandüberquerung, und welch ein Bomben-Navigator er sei, so habe er etwa das Leuchtfeuer an der Ostküste genau zur richtigen Zeit laut errechneter Position gesehen. Die Notiz im Yachtklub, daß eben jenes Leuchtfeuer seit zwei Wochen ausgefallen sei, hatte er leider übersehen. Dafür erzählte später ein holländischer Yachtmann von einem verrückten Engländer, den er weiß ich wo aufgelesen und mitgenommen habe.

Barbados: Das Party Life und die Easy-Going-Club-Atmosphäre mit Wasserski und kurzen Segelpartien auf verschiedenen Booten geben guten Kontrast zur Stille einer vorangegangenen Atlantikfahrt – ich genoß solche Situationen, schließlich habe ich das Segeln nie als Ersatz für eine Ordensbruder-Karriere betrachtet. Daher stört es mich, wenn ich manchmal als einsamer Asket und Puritaner mißverstanden werde. Und Barbados wäre ganz sicherlich ein unpassender Platz für Asketen, man denke nur an das Lokal in Bridgetown, das deswegen berühmt ist, weil die größtenteils kanadischen Mädchen dort am sichersten einen Neger ihrer Wahl finden.

Horst Richter, Koch aus Berlin, wollte mit seinem umgebauten Rettungsboot nach Grenada, das auch auf meiner Wunschliste stand, also segelten wir gemeinsam ab. Nachts verloren wir uns in der Dünung aus den Augen, auch am Morgen fand ich ihn nicht mehr. Spielte keine Rolle, wir hatten St. Vincent (90 Seemeilen westlich von Barbados) als Etappenziel vereinbart. Beim Absuchen des Horizonts nach Horsts Boot UNSAKAHN hatte ich aber einen Schwarm Seevögel bemerkt. Das bedeutet Fische, also änderte ich den Kurs, hielt auf die Vögel zu und hatte beide Leinen (ca. 60 m Länge, 50 kg Bruchstärke) im Wasser. Es wurde ein Happening. Erst ein Biß an der Backbordleine. Schnell spulte ich sie auf der Handrolle auf, doch schon biß es an der anderen Leine. Der erste Fisch war ein Thun, feist und dick, ins Cockpit damit und die Leine wieder raus, diesmal etwas verkürzt. Während der nächsten Minuten sprang ich voll Aufregung zwischen den beiden Leinen hin und her, hievte die Fische an Bord und verpaßte ihnen einen Schlag mit der Keule, einem Stück Bambus, das am Ende mehrfach mit Bleiblech umwickelt war. Der letzte war ein Thun von etwa 10 kg, der etwas mehr Arbeit machte, denn ich wollte nicht, daß sich der Haken verbog oder aus dem Maul ausriß. Kurz zuvor hatte ich eine große Makrele auf diese Weise verloren. Langsam holte ich ihn ein; jedesmal, wenn er an der Leine riß, ließ ich ihn wieder etwas laufen. Doch kaum war er in Reichweite, trieb ich ihm die Gaff durch den Leib, warf ihn mit einem Schwung ins Cockpit und beendete sein Zittern mit einem raschen Keulenschlag. Ich zählte meine Beute: Sieben Thunfische und zwei Goldmakrelen.

Im speziellen Fall war es kein sinnloses Massaker gewesen, denn ich wußte, daß ich demnächst St. Vincent erreichen und dort einen Teil meiner Beute verkaufen würde - denn ein derart toller Fang ist selbst in den fischreichen Antillen eher selten und findet Abnehmer. Auf solche Einnahmen war ich einigermaßen angewiesen, jedenfalls konnte ich mir den Luxus, eine solche Chance vorbeigehen zu lassen, nicht leisten. Ich weiß: Sir Francis hätte das als letztklassig empfunden.

In Kingstown (St. Vincent, britisch) verkaufte ich die zwei größten Fische an Charteryachten, den Rest bis auf meinen Eigenbedarf an einheimische Fischer. Mittlerweile kam auch Horst Richter an und war mein Gast bei Makrelenfilets.

Abgesehen von diesem Sonderfall, bei dem die Fische ja darum rauften, auf die Schleppangel zu kommen: Ich halte sehr viel vom Fischen, auch auf hoher See, ich bin damit etwas im Gegensatz zu einigen berühmten Marathonseglern, die sich darauf gar nicht einlassen, weil sie meinen, das Ergebnis sei den Aufwand nicht wert. In einem Punkt gehe ich konform: Man darf sich nicht darauf verlassen, daß man etwas fischen wird, sondern muß diese Möglichkeit bei der Proviantstellung völlig vergessen.

Ich hatte zumeist zwei Schleppangeln draußen, eine länger, eine kürzer. Der beste Köder, den es überhaupt gibt, ist ein fliegender Fisch, wie er in der Nacht auf das Deck platschen kann (fliegender Fisch selbst ist übrigens auch sehr schmackhaft, aber einer der ganz wenigen Fische, die schon lebend nach Fisch riechen). Da das Deck einer kleinen Yacht aber nicht gerade beschossen wird mit fliegenden Fischen, muß man zumeist einen künstlichen Köder verwenden. Meine »Blinker« sind zumeist japanischer Herkunft, sehen kopfartig aus, mit roten Augen, und sind aus verchromtem Blei. Hinten haben sie Federn, wobei ich mir einbilde, daß die Fische rot, weiß oder gelb am liebsten mögen. Die Schleppangeln sind an den beiden Seiten des Hecks befestigt und werden - ohne Rute, ohne irgendwas - über Plastikrollen eingerollt. Die Schnur selbst ist aus Nylon, mindestens 3 mm dick, ein Gummizug als »Bremse« ist eingebaut.

Die Fische, die ich damit fing, waren maximal anderthalb Meter lang. Nachts zog ich die Leinen ein, weil die Gefahr des Verlusts der Leinen durch schwere Fische zu groß war. Ich machte einmal ein Experiment, indem ich eine Nylonleine mit einer Bruchstärke von 1000 kg mit zwei schweren Haken über Nacht draußen ließ - sie war am Morgen glatt abgerissen.

Der Normalfall liegt allerdings zwischen 10 und 20 kg. Die häufigsten Hochseefische sind Thun, Makrelen, Marlin und Kingfish, alle von ihnen schmecken prächtig und sind zu drei Viertel ihres Gesamtgewichts verwertbar.

Was tut man mit einem Hochseefisch? Man zieht die Haut ab und kostet ein Stückchen roh. Wenn der Fisch kurz zuvor gelaicht hat, ist er geschmackloser als sonst. Zwei große Schnitte: Im Rücken und oberhalb der Grätenlinie, damit bekommt man ein Viertel reines Fleisch heraus wie ein Tortenstück. Dann kommt die andere Seite dran, dann zwei kleinere Stücke auf der Bauchseite, eventuell Leber und Herz. An die Eingeweide kommt man gar nicht ran, die gehen samt Skelett über Bord.

Einen größeren Fisch kann man in Stücken auf einem Sperrholzbrett liegen und trocknen lassen. Es bildet sich eine Haut, dann wickelt man die Stücke in Tücher und bewahrt sie im Schatten auf. So trocknen die Stücke immer mehr ein und halten sich wochenlang damit.

Zur Zubereitung hatte ich fünf hauptsächliche Arten: Erstens roh. In Stücke zerteilen, mit Limonensaft (nach Auslaufen von südlichen Häfen hat man zumeist Limonen an Bord, natürlich sind auch Zitronen okay) marinieren, Pfeffer, Salz, kleingehackte Zwiebel, Kokosnußcreme – das ganze zwei Stunden stehenlassen. Ergebnis: Eine köstliche Art von rohem Fisch, wie sie vor allem in Südamerika auch sehr gängig ist.

Zweitens: Braten als Filet. Ich verwende dazu Pflanzenöl, eines meiner wesentlichen Grundnahrungsmittel. Drittens: Fischsuppe. Viertens: Gekocht. Fünftens: Fischlaibchen.

Man kann den Fisch außerdem konservieren, auch mit den beschränkten Mitteln an Bord. Ich habe mehrmals Thunfisch in Marmeladegläsern konserviert, es ist kein einziges Mal schiefgegangen. Dazu brate ich kleine Stücke braun, gebe sie in die Gläser, etwas Wasser dazu, plus Öl, Salz und mitgebratene Zwiebelscheiben, dann koche ich das ganze im Drucktopf 80 Minuten lang, wobei die Gläser zur Hälfte im Wasser stehen und die Schraubdeckel der Gläser nur locker aufgesetzt sind. Den Drucktopf von selbst auskühlen lassen, bis man ihn öffnen kann, und die Gläser (der Inhalt kocht noch immer) fest verschließen, der Deckel saugt sich selbst hinein, es entsteht ein Vakuum, man kann das Zeug gar nicht mehr öffnen, braucht einen Dosenöffner dazu. Auf diese Art kann man Fische monatelang aufbewahren, man hat ja schließlich auch das System der Konserve kopiert.

Zurück zu St. Vincent: Die Bucht, in der wir ankerten, eigentlich ein Teil des Hafens, war an drei Seiten von steilen Bergen umgeben. Obwohl das Meer weiß schäumte, lagen wir ruhig vor Anker. Nur ab und zu, häufiger nachts, fegte eine Fallbö über das Wasser. Sie sauste den Abhang herunter, rauschte durch die Palmen am Ufer, packte das Boot und warf es buchstäblich zurück, bis sich die Ankerkette mit einem Ruck spannte. Glücklicherweise dauerten diese Winde nur wenige Sekunden an, doch mehrmals wurden unsere Dinghies, die hinter den Booten angebunden waren, einfach hochgehoben und in der Luft umgedreht.

Am nächsten Tag segelten wir nach Bequia, einer kleinen Insel, nur wenige Meilen südlich von St. Vincent. Der Passat blies in voller Stärke und verhalf uns zu einer kurzen, wenn auch stürmischen Überfahrt. Als wir die felsige Nordspitze umrundeten, ergab sich ein malerisches Bild: Eine kleine Stadt war in die Ecke einer hufeisenförmigen Bucht geschmiegt; palmenbewachsene Strände, steile Berge und davor klares, grünes Wasser, durch das man den Grund heraufschimmern sah. Vielleicht zwei Dutzend Boote, hauptsächlich Charteryachten, lagen zusammengedrängt vor der Ortschaft, doch wir ließen die Ankerkette lieber in einer ruhigen Ecke über den Bug rasseln. Etwas gestört wurde der Eindruck durch ein englisches Kriegsschiff, das in der Mitte der sogenannten Admiralsbucht lag.
Auch unter Wasser wurden wir nicht enttäuscht. Obwohl wir nicht weit vom Ufer über einer Untiefe tauchten, hatten wir nach kurzer Zeit zwei Muränen, einen Tintenfisch und einen Polypen im Dinghy. Horst, als Koch, bereitete diesen Fang großartig zu, und ich schaute mir gleich einige Tricks für die Zukunft ab.
Am nächsten Morgen ruderten wir eine halbe Meile zu einem Riff, das parallel mit der Küste verlief. Langsam schwammen wir die Außenseite ab. Von der Oberfläche sah man nur die unzähligen kleinen tropischen Fische, die in Leuchtfarben-Schwärmen dahinzogen. Doch tauchte man tiefer in das dunkle Wasser, sah unter Felsen und untersuchte kleine Höhlen, konnte man leicht Langusten, Zackenbarsche oder Polypen entdecken.
Zu Mittag legten wir uns auf Horsts umgedrehtes Gummidinghy (die Tauchsachen und den Fang hatten wir in meinem) und ließen uns von der heißen Sonne aufwärmen. Wir dösten dahin, als Horst plötzlich aufschreckte. Etwas war gegen sein Bein gestoßen, das er über die Seite baumeln hatte lassen. Erst dachte ich an einen Scherz, doch dann sahen wir einen Schatten unter dem Beiboot. Rasch Flossen, Taucherbrille und Schnorchel montiert, Harpune, und wir ließen uns über die Seite gleiten. Da war er auch noch, ein großer Stachelrochen.
Mit rhythmischen Bewegungen der breiten Flügel glitt er langsam über den sandigen Grund, während er den langen, auf halber Höhe mit einem Stachel bespickten Schwanz nachzog. Als ihn mein Harpunenpfeil traf, schaltete er von Halbgas auf Volldampf. Die Stelle, wo man den Pfeil nach Möglichkeit plazieren sollte, ein Punkt hinter den Augen, hatte ich knapp verfehlt, die Wirkung war dementsprechend gering. Mit geballter Kraft riß er an der Leine, schoß wild hin und her und peitschte mit dem dünnen Schwanz um sich. Für einige Zeit hatte er mich im Schlepptau; jedesmal, wenn wir nahe der Oberfläche waren, benutzte ich die Gelegenheit, nach Luft zu schnappen. Plötzlich hörte der irrsinnige Zug an der Leine ruckartig auf, der Stachelrochen schoß davon. Erschöpft trieb ich an der Oberfläche und untersuchte den verbogenen Harpunenpfeil. Einer der beiden

Widerhaken war abgebrochen, und der Pfeil hatte sich aus dem Rücken des Rochens wieder herausgerissen. Zum Abendessen hatten wir ohnehin schon genug, also ruderten wir zu den Booten zurück. Vor dem Dunkelwerden kletterten wir noch auf zwei Kokospalmen und holten einige Trinknüsse herunter. Am Vormittag ging es weiter zur Savan-Insel, südlich von Petit Mustique. Gegen den Passat, der von einer mehr östlichen Richtung blies, arbeiteten wir uns an die Insel heran und segelten dann hart am Wind zwischen zwei Riffen in den winzigen Ankerplatz. Die ganze Insel war kaum eine Meile lang und nur von einigen einheimischen Fischern bewohnt, die in zwei ärmlichen Hütten am Strand hausten. Am späten Nachmittag gingen wir noch rasch tauchen. Kaum war ich im Wasser, sah ich auch schon einen Zwei-Meter-Hai. Ich rief die Neuigkeit Horst zu, er war noch nicht fertig, und setzte dem Hai nach. Leider war die Sicht nicht mehr als zehn Meter, und ich verlor ihn bald aus den Augen, als er tiefer in das dunkle Wasser glitt. Zu allem Überfluß verdeckten noch Wolken die Sonne, und ich hatte das Gefühl, in einer trüben Suppe zu schwimmen. Also drehte ich um und stieß auch gleich auf Horst, der mir nachgekommen war. Es waren nur 200 m zu den Dinghies, doch nach einigen Minuten schienen wir kaum näher gekommen zu sein. Der Umstand, daß wir die Strömung überhaupt nicht beachtet hatten, rächte sich jetzt. Wir legten uns voll ins Zeug und brauchten eine halbe Stunde, bevor wir uns erschöpft in die Beiboote zogen. Sicherlich kein Platz, um einen Wadenkrampf zu bekommen, denn die zurückgehende Ebbe würde einen unweigerlich ins offene Meer treiben.
Nachts wurde unser ungeschützter Ankerplatz etwas ungemütlich. Obwohl wir in Lee der Insel lagen, gab es wenig Schutz gegen den kräftigen Passat, der ungehindert über uns hinwegblies und die Boote quer zur Dünung hielt, die ebenfalls ungehindert um die Insel rollte. Gegen Morgen fing es richtig zu blasen an. An ein Tauchen war jetzt wegen der Strömung und des Seeganges, verbunden mit sehr trübem Wasser, nicht mehr zu denken. Wir benutzten die Zeit, um an Land zu rudern und die Insel zu erforschen. Zuerst kletterten wir auf den höchsten Punkt, dann hinunter zur Atlantikseite, wo die Brandung gegen die steile felsige Küste donnerte. An geschützten Stellen, die noch vom Seewasser umspült wurden, entdeckten wir Dutzende von eßbaren Schnecken, die an den nackten Steinen hafteten. Im Nu hatten wir eine größere Menge eingesammelt und machten uns auf den Heimweg. Von den Booten aus fingen wir mit Angeln noch mehrere Tintenfische, die sich in kleinen Schwärmen ruckartig vorwärtsstießen. Nach einer kräftigen Mahlzeit segelten wir zehn Meilen weiter zur Insel Cannouan und ankerten dort in einer kleinen Bucht. Der westliche Teil war durch

ein Riff geschützt, das auf der anderen Seite steil in das Meer abfiel. Im Gegensatz zum seichteren Teil, wo die Korallen vielfältig und leuchtend in ihren Farben waren, schien drüben alles düster und grau, dunkle Konturen, die sich nach wenigen Metern Tiefe in einem schwarzen Nichts verloren. Erfolglos tauchte ich einige Felsspalten nach Langusten ab, als ich wieder nach oben schwamm, sah ich plötzlich einen Schatten gegen die helle Wasseroberfläche. Ein Hai. Bevor ich noch Luft schöpfen konnte, war er nicht mehr zu sehen, denn je höher ich kam, desto weniger hob sich der Hai von dem dünkler werdenden Hintergrund ab. Obwohl ich jetzt wußte, daß er sich in unmittelbarer Nähe befand, konnte ich ihn nicht sehen, und das war etwas beunruhigend. Knapp am Riff entlang schwamm ich wieder in das seichtere Meer.

Nächsten Vormittag ruderten wir beide Beiboote zum Riff, ankerten an der seichten Seite und schwammen dann in das tiefere Wasser. Wenig später, als ich einen Fisch in eine Höhle verfolgte, glaubte ich, einen kleinen Hai gesehen zu haben. Da ich fast keine Luft mehr hatte, mußte ich rauf. »Da unten ist ein Hai«, sagte ich zu Horst. »Ach, du mit deinen Haien«, meinte der nur und schwamm weiter. Da er bis jetzt keinen gesehen hatte, verlor er langsam den Glauben. Ich holte Luft und tauchte in die trübe Tiefe. Da war er auch noch. Langsam schwamm ich näher, eine Sekunde lang beäugten wir uns gegenseitig, dann ließ ich einen sorgfältig gezielten Schuß auf kurze Entfernung los. Der Pfeil saß gut, da half kein Zappeln. Ich tauchte mit meiner Beute auf und sah mich nach Horst um. Er pustete gerade Wasser aus seinem Schnorchel. Vorsichtig, ohne von ihm gesehen zu werden, schwamm ich näher und schob ihm plötzlich den Hai von hinten vor die Tauchermaske. Sein Gesicht konnte ich ja nicht sehen, aber ein gewisses Rucken in den Gliedmaßen war deutlich festzustellen.

Zufällig machten wir mit dem Hai einen guten Handel. Eine Charteryacht, die in der gleichen Bucht ankerte, hatte nur gefrorene Hühner im Eisschrank. Die Leute waren begeistert über die Abwechslung und gaben uns ein Huhn für den Hai – ein Tausch, der für uns günstig war, denn ein Hai schmeckt nicht besonders gut. Manche Haie sind überhaupt nicht genießbar, sie riechen und schmecken zusehr nach Ammoniak. Auch wenn es sich um einen eßbaren Hai handelte, aß ich ihn nur in Notfällen. Mir war aber klar, daß Millionen Leute Haifischfleisch essen, ohne es zu wissen: Zumindest von den australischen Fish-and-Chips-Portionen weiß ich mit Sicherheit, daß Haifischfleisch dazugetan wird – würde mich wundern, wenn es in Amerika anders wäre.

Von den weiteren Inseln, die wir noch anliefen, ist hauptsächlich Isle de Ronde erwähnenswert. Der einzige sichere Liegeplatz ist in einer großen, sandigen Bucht, die zum Tauchen aber gänzlich ungeeignet ist. Auf der anderen Seite der Insel verbieten gefährliche Riffe und der Seegang ein Ankern der Boote. Um zu den Tauchgründen zu gelangen, mußten wir unsere ganze Ausrüstung über einen Bergrücken schleppen. Das wurde erschwert durch Dornendickichte, Kakteenfelder und widerspenstiges Unterholz. Schweißtriefend schlugen wir uns mit Macheten einen Weg frei, während Ameisen uns ins Genick fielen und bissen. Horst scheuchte durch seine Herumhackerei ein Wespennest auf und wurde, obwohl er sich wie wild durch die Büsche warf, von einer Wespe in die Nasenspitze gestochen. Eine Kakteenart sah ganz harmlos aus, hatte keine Stacheln, sondern flaumige Haare, streifte man sie aber nur an, brannte sie höllisch. Das letzte Hindernis war ein Sumpf, den wir umwandern mußten. Dreimal machten wir diese Tour über den Berg, dann waren wir so zerkratzt, daß uns sogar die hervorragenden Tauchgründe nicht mehr lockten, wir segelten nach Grenada weiter.

Die Tage in der Karibik waren meine bis dahin aktivste Tauchperiode. Natürlich ohne Geräte, in dieser Hinsicht war ich fanatischer Puritaner . . . ich machte wohl auch aus der Not eine Tugend, weil ich kein Geld für Geräte und Kompressor gehabt hätte. Wenn ich voll austrainiert und in guter Form war, konnte ich bis zu zwei Minuten unter Wasser bleiben, vor allem beim ersten Tauchgang pro Tag. Die maximale Tiefe, die ich ohne Gerät erreichte, lag bei 25 m, natürlich konnte ich nur ein paar Sekunden in dieser Tiefe bleiben. Ich jagte mit einer normalen Gummizug-Harpune, gegen größere Haie hatte ich zumeist einen Patronenaufsatz in Reserve.

Grenada: Nicht gerade die Insel meiner Träume. Die Aversion gegenüber den Weißen ist ziemlich deutlich. Horst und ich wurden am hellichten Tag in einer durchaus belebten Straße von St. Georges von fünf jungen Negern angepöbelt. Einer tanzte vor mir, rempelte mich an und boxte mir vor dem Gesicht herum. Ich hatte nicht viel Wahl: Ich dachte noch schnell an die unheimlich harten Köpfe der Neger und schlug ihm daher unter die Rippen, ziemlich genau auf den Solarplexus. Der Mann klappte zusammen wie ein Taschenfeitel, inzwischen hatte Horst einen weiteren geschafft, zu zweit nahmen wir einen dritten in die Mangel, die anderen rannten davon. Die Sache war innerhalb ein paar Sekunden erledigt und hatte das Gefühl bestätigt, das wir von Anfang gehabt hatten: Auf Grenada sollte man möglichst in der Lage sein, sich selbst zu helfen.

Schon bei der Ankunft hatte uns die Hafenbehörde sozusagen eine Antrittsvorstellung von Grenada-Lebensart gegeben. Wir waren kurz nach Mittag in den Hafen eingelaufen, den ganzen Nachmittag ließ sich kein Behördenmensch blicken. Erst nach Büroschluß, um halb sechs, tanzten sie an, verrechneten uns Überstundengebühr und Taxi tour-retour, eine unverhohlene Schikane. Daß auch der Nachwuchs recht vielversprechend ist, zeigte mir ein kleiner Junge zeitig am nächsten Morgen: Er klopfte mich aus der Kajüte raus, wollte mir zuerst seine

Schwester anbieten, was ich sehr aufmerksam fand, aber trotzdem, nein, danke; dann sagte er, daß er beauftragt sei, für die Reinhaltung des Yachthafens zu sorgen, daher sollte ich ihm meinen Müllkübel geben. Ich glaubte ihm kein Wort und schickte ihn weg. Später sah ich ihn in der Nähe vorbeirudern: Von einer anderen Yacht hatte er den ganzen Müllsack bekommen, den stocherte er nun durch, nahm ein, zwei für ihn brauchbare Dinge heraus und kippte alles übrige über die Seite: Ein schwimmender Misthaufen.
Trinkwasser war knapp auf Grenada. Angeblich wurden neue Leitungen verlegt. Die Rohre, eine Spende Kanadas, lagen haufenweise herum, teilweise schon von Büschen überwuchert, arbeiten sah ich nie jemanden. Jedenfalls funktionierte auch die Dusche im Yacht-Club nur manchmal – diesem Mißstand verdankte ich eine recht reizvolle Bekanntschaft. Ich hatte gehört, daß es nur eine einzige wirklich verläßliche Dusche in der Umgebung gäbe, das war eine Quelle im Wald, wenige Minuten von der Lagune. Dort badeten die Einheimischen ohne viel Getue, Kinder spielten herum und Frauen trockneten ihre Wäsche auf Büschen und Steinen. Ich kam jeden Tag knapp vor Sonnenuntergang, ein Termin, der offensichtlich auch im Zeitplan eines schwarzen Mädchens stand. Sie übersiedelte einige Tage später auf TABOO, trotz ihrer schrecklichen Scheu vor Wasser. Sie hatte aber sagenhafte Vitalität und eine faszinierende Art von natürlicher erotischer Ausstrahlung.
Im Lauf der Drinks auf verschiedenen Booten bot mir der Skipper der amerikanischen Slup »Aquarius« an, mit ihm Geräte-Tauchen zu gehen, er hatte zwei Flaschen und einen Kompressor. Einige tiefere Stellen in der Umgebung hatten mich interessiert, drum nahm ich gern an. Ich wäre fast dran gestorben, denn in 40 m Tiefe versagte der Lungenautomat. Es gab keine Reserve, außerdem hatten die üblichen Gurten gefehlt, ich hatte das ganze Zeug umständlich umknoten müssen und konnte es jetzt daher nicht abwerfen. Ich strampelte hoch und glaubte schon, es nicht mehr zu schaffen. Oben war ich blau. Der Amerikaner erzählte mir dann, daß der Lungenautomat schon früher defekt gewesen sei und daß er ihn selbst repariert habe, der Depp. Ein schlichtes Beispiel, wie Blödheit in Lebensgefährlichkeit ausarten kann.
Nach fünf Wochen auf Grenada juckte es mich, trotz der abwechslungsreichen Gesellschaft und meines fröhlichen Engels. Bei solchen Abfahrten sind die ersten Stunden auf See ziemlich hart, man denkt an die Menschen, die einem vertraut geworden sind, und weiß, daß man im nächsten Hafen von vorn anfangen muß. Ein Leben im Zeitraffer: Im Kreis des Yachtlebens findet man rasch Freunde, lebt intensiver mit ihnen als etwa mit Alltagsbekanntschaften, verliert sie dann aber blitzartig. Gemeinschaft, Lärm, Trubel, alles reißt so schnell ab, wenn du wieder rausfährst, dann verlangsamt sich der Rhythmus, Zeitlupe statt Zeitraffer.

Fürs erste ließ ein Job kein Philosophieren aufkommen: Ich fuhr aus der Lagune raus, ankerte neben der Hafeneinfahrt am Strand und schrubbte im klaren Wasser das Unterwasserschiff. Bei der Ankunft in Barbados hatte ich nur einige Entenmuscheln (kleine Muscheln, die an einem beweglichen, manchmal langen Stiel sitzen) am Heck gefunden, doch inzwischen hatte ich einige volle Seegras-Ernten eingebracht, außerdem hatte sich Korallen-Bewuchs breitgemacht, an manchen Stellen bis zu einem Zentimeter stark. Durch solches Zeug wird ein Schiff nicht nur beträchtlich langsamer, es läßt sich auch schlechter manövrieren, ich konnte keines von beiden für die nächsten 1100 Seemeilen nach Panama brauchen. Mit einem scharfen Spachtel schabte ich den Bewuchs ab und verwirrte dadurch Dutzende von kleinen Krabben, die sich hier angesiedelt hatten.

12. Mai 1971, Abfahrt. Ich setzte gleich die Passat-Segel, saß dann im Cockpit, schaute auf das verschwindende Grenada und konnte in aller Ruhe traurig sein.

Bis zum nächsten Tag hatte ich die innere Umstellung von Zeitraffer auf Zeitlupe bewältigt, fühlte mich im warmen Passat bei TABOOs munterer Gangart wieder wohl. Ich wurde sogar richtig aufgeregt, als ich sah, welch ideale sportlichen Bedingungen hier geboten wurden: Sehr starker Passat bei noch nicht allzu rauher See. Ich nützte jeden Zentimeter Segelfläche aus, überprüfte immer wieder die Segelstellung, schlief kaum, denn innerlich hatte ich einen Rekordversuch angesagt. Das erreichte Etmal betrug 196 Seemeilen, das war zwar Rekord für TABOO, andererseits aber auch ein kleiner Mißerfolg, denn ich hatte ernsthaft die 200-Meilen-Barriere angepeilt gehabt.

Segel-Fans mögen bitte die folgenden Zeilen überspringen, ich möchte den Zaungästen unseres Sports die Relation klarmachen: 196 Seemeilen innerhalb von 24 Stunden (Mittag bis Mittag) sind für jede Segelyacht ein außergewöhnlich hoher Wert, ganz besonders für Einhandsegler, ein solches Etmal wird normalerweise nur von aufwendig gebauten Rennyachten erreicht. Umgerechnet auf normales Deutsch: Innerhalb von 24 Stunden segelte ich rund 360 Kilometer, hielt also über einen Tag lang einen Durchschnitt von 15 Stundenkilometern. Klingt nicht nach viel, ist aber für ein Segelboot beträchtlich.

In einer Nacht – solche Dinge pflegen nie tagsüber zu passieren – platzte eine Naht des Großsegels im oberen Drittel. Etliche Stunden lang nähte ich dann, Stich für Stich in den ursprünglichen Löchern. Ein solcher Schaden tritt dort auf, wo die Fäden einer Naht durch Reiben an einem Drahtseil durchgescheuert werden.

Drei Thunfische, in Abständen gefangen, brachten Glanz in die Karte des Hotel-Restaurants TABOO. Die jeweils ersten zwei Stücke aß ich gebraten, der Rest wurde roh gegessen, mariniert à la bonne heure, mit Limonensaft, feingeschnittenen Zwiebeln, Gewürzen und Salz.

Als ich nach einer Woche in der Nähe der Küste Panamas war, wurde der Passat schwächer und schwächer und blieb dann ganz aus. Am Horizont stapelten sich schwarze Wolken übereinander, formierten sich zu geschlossener Front, dann ging's los: Blitz und Donner brachen plötzlich ein, in unmittelbarer Nähe, unbeschreiblich grell und explosiv.

Obwohl ich ein Stück Kette als Blitzableiter vom Achterstag ins Wasser hängen ließ, hatte ich ein schlechtes Gefühl, da mein Mast weit und breit der höchste Punkt auf der flachen See war. Es kommt zwar selten vor, aber es sind doch schon Yachten von Blitzeinschlägen schwer beschädigt worden. Da ich mich nahe einer Schiffahrtslinie befand und die Sicht durch den Sturzregen beeinträchtigt war, verbrachte ich die Nacht triefend im Cockpit. Da saß ich und starrte mir die Augen nach den Lichtern von Schiffen aus. Stunden später sah ich einen Lichtschein, aber von oben. Das fehlte gerade noch, St. Elms-Feuer im Mast. Das ganze Topp glühte förmlich, grünlich-blaue Flämmchen züngelten um die Drahtseile. Ich wagte mich nicht vom Fleck und dachte nur, welch boshaften Scherz sich da die Natur ausgedacht hatte, um Blitze auf mein Boot aufmerksam zu machen. Nach etwa einer Stunde verglomm das Phänomen ebenso rasch, wie es gekommen war.

Mit dem Morgengrauen hörte endlich die ewige Blitzerei auf, der nahe Donner hatte mich halb taub gemacht. In den vergangenen 24 Stunden hatte ich nur zwölf Meilen zurückgelegt, doch jetzt konnte ich in einer leichten Brise wieder weitersegeln. Eineinhalb Tage später, am Abend, segelte ich in den Hafen von Cristóbal ein. Noch vor Mitternacht kamen die diversen Behörden an Bord, wir füllten die üblichen Formulare aus. Um die Kanalgebühren bestimmen zu können, mußte TABOO ausgemessen werden. Das geschah bereits um acht Uhr früh und dauerte fast eine Stunde. Dann durfte ich an Land gehen und mußte mehr Formulare zwischen dem Zollgebäude und dem Yacht-Club hin- und hertragen, bis ich die Erlaubnis bekam, mit meinem Boot beim Panama Yacht Club anlegen zu dürfen.

Die Kanalgebühren machten 16 Dollar aus, doch damit war die Sache noch nicht erledigt. Außer dem zur Verfügung gestellten Lotsen mußten vier Mann an Bord sein, um die Leinen, mit dem das Boot in der Mitte der jeweiligen Schleusenkammer gehalten wird, zu handhaben. Die Kanalgesellschaft hatte dafür natürlich Männer auf Lager, aber die kosteten 30 Dollar pro Stück und Trip. Ein Economy-Class-Globetrotter gibt nicht so rasch 90 Dollar für drei Helfer aus. Nach einigem Suchen heuerte ich drei Mann Besatzung der finanziell gestrandeten amerikanischen LISSA an, zehn Dollar pro Nase.

Der Transport von Weltmeer zu Weltmeer verlief reibungslos. In der ersten Schleusenkammer, die unser Aufzug in den ersten Stock werden sollte, machten wir an einem Schlepper fest, der TABOO gleich durch die zwei weiteren Kammern mitnahm. Mein neuer 25-PS-Penta-Außenborder schob uns mit sechs Knoten über den Gatun See, einmal führte ich etwas Segel, aber die Brise hielt nicht an. Im Gegensatz zu den ersten Kammern an der Atlantikseite ging es an der Pazifikseite wesentlich ruhiger zu. Langsam senkte sich der Wasserspiegel, während TABOO von vier Seiten gehalten wurde. Auch hier wurden wir zusammen mit einem ausgewachsenen Schiff durchgeschleust.

Um neun Uhr früh war ich noch im Atlantik gewesen, um fünf Uhr nachmittag machte ich schon an einer Ankerkoje vor dem Balboa Yacht Club fest. Da lag TABOO und schmeckte das Wasser des Pazifiks. Wie es schmeckte? Salzig.

Der Hai

In Balboa lag auch die deutsche Yacht ASTRONOTUS mit Skipper Otto Zimmermann, Crew Helmut Fiedler und dem Affen Chico. Das Tier war ein Kapuzineräffchen, das Otto in Brasilien aufgelesen hatte. Es war ein eigenartiger Affe: Er pinkelte sich gern in die Hände und schmierte sich dann am ganzen Körper ein. Statt der Piss-Lotion konnte er auch eine Zwiebel verwenden, die rieb er sich überall hin. Außerdem warf er hin und wieder seine Scheiße durch die Gegend; man mußte ihn also schon wirklich gern haben, um sich an seinen kleinen Eigenheiten nicht zu stoßen. Otto und Helmut hatten ihn auch wirklich gern, sie betonierten sogar seinen Käfig, weil sich Chico durch das Blech durchgefressen hatte. Das Säubern des Affenkäfigs war immer Helmuts Job, typischerweise, denn er war so etwas wie der Schiffsknecht. Ein seltsames Trio, aber liebenswert.
Wir segelten teilweise zusammen, machten etliche Streifzüge auf diversen Inseln, auf Taboga, Taborcillo, Otoque, Ila del Rey, wobei Otto eine kleine Boa Constrictor fing, um sie an Bord ausgiebig zu fotografieren, er war ambitionierter Hobby-Zoologe. Während Helmut jeweils als Bewachung der Boote zurückblieb, hackten wir uns mit den Macheten durch den Dschungel, unter anderem auf der Suche nach Alligatoren, deren Spuren wir gesehen hatten.
Beim Tauchen war Vorsicht vor Haien geboten, man sah eine ganze Menge, darunter auch zwei größere Hammerhaie. Jeder Taucher hat sein eigenes Patentrezept gegenüber Haien, meine Hai-Philosophie sieht folgendermaßen aus.
Die meisten Haie stören mich überhaupt nicht, weil sie kleiner als ich sind. Natürlich könnte einem auch ein kleiner Hai den Arsch ausreißen, aber anscheinend haben die Tiere gewissen Respekt vor größeren Lebewesen.
Doch nun einmal abgesehen von der Größe: Ich halte den Hai nicht für prinzipiell angriffslustig. Er reagiert am ehesten auf Vibrationen im Wasser, auf zuckende

Bewegungen, etwa die von verletzten Fischen am Harpunenpfeil. Auf Samoa und den Cook-Inseln haben die Eingeborenen ein fabelhaftes Mittel zum Ködern von Haien: Halbe Kokosnußschalen, aneinandergereiht aufgefädelt, ergeben im Wasser eine Art klapperndes Geräusch, das Haie sehr rasch anlockt. Da ungewöhnliche Bewegungen den Hai am meisten zu irritieren scheinen, halte ich einen Schwimmer an der Wasseroberfläche für wesentlich stärker gefährdet als einen Taucher: Der Schwimmer hat vergleichsweise eckige Bewegungen, während sich das Gleiten des Tauchers eher in den unter Wasser üblichen Bewegungsablauf einordnet.

Alle Theorie hat natürlich den schwachen Punkt, daß Haie unberechenbar sind. Normalerweise, wenn ich einen Hai anschwimme, hält er Abstand, oder schwimmt davon. Aber zum Beispiel gibt es im Gebiet der Solomonen eine Art von Riff-Hai (normalerweise völlig harmlos), der sich offensichtlich angegriffen fühlt, wenn man ihn anschwimmt, er geht sofort – ohne das übliche »Vorspiel« – zum Angriff über, zum »Gegenangriff«, wie er wohl meint.

Üblicherweise attackiert kein Hai ohne »Vorspiel« oder »Signale« (Zucken, Blut). Vor seinem Angriff muß er erst in Stimmung kommen. Er umkreist den Taucher und macht mahlende Bewegungen mit dem Maul. Streng genommen, beißen Haie nicht, sondern zerfetzen ihre Beute durch Verschieben der Kiefer, diese Bewegung könnte man eher »reißen« als »schnappen« nennen. Wenn der Hai sich nach seinem Ritual in echte Angriffslust hineintheatert hat, ist er meiner Meinung nach durch nichts zu stoppen, da geht er mit Sicherheit ran. Von den Patentrezepten in diesem Fall halte ich wenig, das »Anschreien« des Hais habe ich noch nie probiert; bei Geräte-Tauchern halte ich es für sinnvoll, den Lungenautomaten aus dem Mund zu nehmen und kräftige Luftblasen zu erzeugen. Manche Taucher schwören auf eine andere Methode, nämlich mit dem Tauchermesser auf der Flasche herumzuhämmern (und damit gleichzeitig die Verzinkung abzuschlagen).

Wie erlegt man einen Hai, wie erwehrt man sich seiner, wenn es wirklich ernst wird?

Haie bis zu zwei Meter Länge kann man noch mit einer starken Harpune (mindestens zwei Gummizüge) schießen, der Pfeil muß durchschlagen, also auf der anderen Seite des Körpers wieder rauskommen. Bei manchen Haien ist das recht einfach, weil sie neugierige Kerle sind und bis auf einen Meter rankommen. Die Abenteuerstories von einem Helden, der mit dem Messer gegen den Hai kämpft, glaube ich nicht. Oft dürfte die Haut so hart sein, daß man mit einem Messer gar nicht durchkommt. Wenn ja, kann man nicht nachsetzen, man hat ja keinen Fixierpunkt im Wasser, keine Verankerung, an der man Kraft einsetzen könnte, um hin und her zu schlitzen. Die »Messer-Stories« sind auch deshalb

Unsinn, weil ein Hai in hohem Grad schmerzunempfindlich ist. Man stellte Versuche an, bei denen gefangenen Haien der Bauch aufgeschlitzt und Magen und Darm herausgeschnitten wurden, ehe sie allesamt wieder ins Wasser geworfen wurden. Die Haie verschlangen sofort ihre eigenen Eingeweide – also würde selbst ein aufgeschnittener Bauch einen Hai für die nächste Zeit kaum beeinträchtigen. Bei einem größeren Hai hilft nur eine Spezialharpune, wie sie hauptsächlich in Australien verwendet wird. Diese Schlachtschußapparate haben vier oder fünf sehr starke Gummizüge, von denen jeder einzelne gerade noch mit letzter Kraft gespannt werden kann. Der Harpunenpfeil ist entsprechend dimensioniert, und die Durchschlagskraft ist unglaublich. Natürlich sind diese übergroßen, unhandlichen Harpunen für den Alltagsgebrauch ungeeignet. Für die Harpunenpfeile gibt es noch Sprengaufsätze, in die zumeist Schrotpatronen eingelegt werden (beispielsweise »Lumpara«). Ich hatte ein australisches Fabrikat, genannt »power head«, in das man eine Militärpatrone vom alten britischen Militärkaliber .303 einführen mußte. Beim Aufschlag wird die Patrone nach hinten gegen einen Zündstift gedrückt und explodiert; die größere Wirkung beim Tier dürfte im momentanen Schock und nicht im Geschoß liegen. (Der schwache Punkt dieser Aufsätze liegt darin, daß die Patronen absolut wasserdicht gehalten werden müssen, deshalb sollte man sie vor Gebrauch bei der Zündkapsel und am Vorderende mit Epoxyleim überschmieren.)

Abgesehen von brutalen Explosivladungen, die auch ein großes Tier zerfetzen, muß man mit dem Sprengaufsatz den Kopf des Hais treffen, am besten in Augennähe, bei der Nasenspitze. Oder, wenn man das Glück hat, von oben schießen zu können, entlang des Rückgrats – aber zumeist kreist ein Hai vor dem Angriff auf gleicher Höhe, macht dann einige Scheinangriffe, bei denen er im letzten Moment abtaucht, nach dem dritten oder vierten Mal greift er dann ernsthaft an.

Zur Vervollständigung möchte ich noch eine weitere Methode anführen, die erst vor wenigen Jahren entwickelt wurde. Es handelt sich um einen Zusatz, der auf den Harpunenpfeil anstatt der normalen Widerhakenspitze aufgeschraubt wird. (Theoretisch würde man auch gar keine Harpune benötigen, man kann das Ding auch an einer kurzen Stange oder Lanze befestigen.) Der Aufsatz hat einen hohlen Stachel und eine CO_2-Patrone. Beim Aufprall schlägt der Stachel in den Hai, dadurch wird die Patrone angezapft und der Hai bekommt eine gehörige Ladung Gas ab, das ihn sofort bewegungsunfähig macht. In seichtem Wasser wird er auftauchen (dabei werden ihm die Eingeweide durch das Maul hinausgepreßt), in tieferem Wasser hat er trotz der Gasmenge im Bauch, die ihm die innere Organe zerreißt, nicht genug Auftrieb, er wird rasch abtreiben. Die Vorteile liegen auf der

Hand: Geräuschlos, ohne Blut, man kann an jeder beliebigen Stelle in den Hai hineinknallen, hat also ein großes Ziel. Dies halte ich persönlich für die wirksamste und sicherste Methode, sie wurde übrigens schon einmal in einem australischen Fernsehfilm demonstriert. Schließlich gibt es noch Betäubungsladungen, die dem Hai auf ähnliche Art verpaßt werden können (Injektionen). Für echte Notfälle sind sie aber nicht so gut geeignet, weil es mehrere Sekunden dauert, bis das Gift zum Wirken kommt.
Wirklich große Haie findet der Taucher fast nur im tiefen Wasser, daher sind auch die Geschichten mit den alarmierenden Dreiecks-Flossen Unsinn. Der Hai kommt nur dann hoch, wenn er durch zuckende Bewegungen gelockt wurde – etwa durch einen Schwimmer oder ganz besonders durch einen Fisch an der Schleppangel. Damit meine ich nicht, daß der Hai dieses Zucken sieht, viel eher spürt er die ungewöhnlichen Schwingungen. Für einen tauglichen Beweis halte ich ein Erlebnis vor der südamerikanischen Küste. Ich ließ nachts die Schleppangel draußen und holte dann den Kopf eines Thunfisches ein, der etwa anderthalb Meter lang gewesen sein muß. Der Fisch kann nur von einem Hai abgebissen worden sein, säuberlich abgetrennt, direkt hinter dem Kopf. Wie gesagt: Das war nachts, zu sehen gab's da nichts.
Zurück zum Golf von Panama: Daß es in diesem Wasser auffallend viele Haie gab, war uns bald klar. Vor der Insel San Telmo schoß ich ein anderthalb Meter großes Exemplar und hatte es dann recht eilig, das Tier raufzubringen. Auch ansonsten hielten wir uns ganz gern in Riffnähe auf – mit dem Riff im Rücken hat man von vornherein bessere Chancen. Ich führte, wie übrigens fast immer – den geladenen »power head« und eine Reserve-.303-Patrone in einer separaten Tasche auf der Tauchermesser-Halterung am Bein mit.
An Land ließen mir die Krokodilspuren keine Ruhe, ich hatte eine Art Heimweh nach den Zeiten, in denen diese Tiere für einige Wochen lang so etwas wie mein Berufsziel gewesen waren. Diesmal wollte ich die Viecherln nicht schießen, ich wollte sie nur sehen, Vergleiche zu meinen australischen Crocs anstellen. Auf der Insel del Rey hatte ich eine Stelle am Strand entdeckt, von der man das Beiboot nur 100 Meter ziehen mußte, um zu einem kleinen See zu kommen. Und in dem See, soviel stand von den Spuren fest, mußte es eine Menge Krokodile geben, die sich tagsüber natürlich nicht zeigten. Als ich eines Nachts am Boot zufällig aufwachte, hielt ich die Zeit für einen Kroko-Ausflug für gekommen. Ich nahm meine wasserdichte Taschenlampe, das Gewehr (nur zur Verteidigung) und ruderte mit dem Dinghy zu der erwähnten Stelle.
Es war stockdunkel, als ich das Beiboot mit leisem Knirschen über den Sand schleifte. Am See quakten tausend Frösche, ansonst gab's keine Geräusche.

Langsam ruderte ich am Ufer entlang und leuchtete ab und zu über die Oberfläche. In den Urwald führten mehrere Seitenarme, doch diese waren derart stark mit Mangroven bewachsen, daß ich schon nach kurzer Zeit stecken blieb. Zwei Stunden vergingen, ich hatte schon fast die Hoffnung aufgegeben, als ich plötzlich im Lichtkegel der Lampe etwas Rotes aufleuchten sah. Ich paddelte näher, da gab es keinen Zweifel mehr, ein Spitzkrokodil lag nahe am Ufer im seichten Wasser. Vielleicht wartete es dort auf Tiere, die zur Tränke kommen würden. Im Moment war es aber nur auf mich fixiert, und ich stellte mir vor, was wohl in seinem kleinen Hirn vor sich gehen könnte. Hielt es meine Lampe für den aufgehenden Mond oder konnte es den Eindruck gar nicht verkraften? Auf jeden Fall, als ich so knapp war, daß ich es mit dem Paddel hätte berühren können und das Glosen des Augenpaares dicht vor mir hatte, schlug es ganz mächtig mit dem Schwanz und schoß knapp an mir vorbei ins tiefere Wasser. Das Dinghy war halb vollgeschlagen, ich war völlig naß. Bevor ich wieder aktionsfähig war, war das Croc längst verschwunden. Am Weg zurück, sah ich nur noch ein kleines Krokodil zwischen den Mangrovenwurzeln liegen, offensichtlich hielten sich seine Kollegen in für mich unerreichbaren Gebieten auf. Kurz vor Morgengrauen war ich wieder bei meinem Boot.

Auch für die nächste Nacht hatte ich wieder eine Beschäftigung, denn ich hatte die Spuren von Wasserschildkröten gesehen, die nachts den Strand hochkriechen, ihre Eier in eine selbstgemachte Grube legen und diese wieder zuscharren. Wie so oft, ist der Mensch ihr größter Feind. Die Einheimischen lauern ihnen in der Dunkelheit auf, lassen sie erst die Eier legen und drehen dann die Schildkröten auf den Rücken. Später wird das Muttertier auf den Markt geschafft, wo es für Tage in einer Holzkiste herumliegt, bevor es in Stücke zerschnitten und schließlich verkauft wird. Mit Fotoapparat und Blitzlichtgerät lief ich den langen Korallensandstrand entlang, der in Abständen von Lavaklippen unterbrochen war. Die Flut leckte hoch, die Zeit war richtig, aber ich hatte kein Glück und stolperte weder über trickreiche Einheimische noch über Schildkröten.

Bald darauf segelten wir zurück zur kleinen Insel San Telmo, um neues Unterwasserrevier zu erkunden. Gleich beim ersten Tauchen schoß ich wieder einen kleinen Hai, nahe der Stelle, wo ich schon bei meinem ersten Besuch einen erlegt hatte. Am nächsten Morgen wechselten wir zu einem anderen Ankerplatz, da ein frischer östlicher Wind in unserer Bucht stand; der Grund aus Stein und Korallen war nicht der beste, weil sich die Kette leicht verhängen konnte. Beim gemeinsamen Tauchen entdeckten Otto und ich ein winziges gesunkenes U-Boot, auseinandergebrochen in der Mitte und voll durchgerosteter Löcher. Die Nationalität war nicht zu ergründen, aber noch größer war das Rätsel, was es ausgerechnet vor dieser fast unbewohnten Insel zu suchen gehabt hatte.

Jetzt lag es zur Hälfte im Sand begraben, mit der offenen Einstiegluke nach oben. Dieser Rosthaufen hatte einen Bewohner in der Form eines ein Meter langen Judenfisches, der uns mit seinen großen Augen anglotzte. In sein Maul, das er auf- und zuklappte, hätte leicht einer unserer Köpfe gepaßt. Um ihn zu erlegen, mußten wir im echten Sinne des Wortes ein Kesseltreiben veranstalten, um ihn aus seiner Behausung etwas herauszulocken und zu schießen. Dieser Riesenzackenbarsch wog an die 30 Kilo und war natürlich zu viel für uns drei. Nachdem wir einige kräftige Stücke rausgeschnitten hatten, verschenkten wir den Rest an Einheimische.

Am nächsten Nachmittag tauchten Otto und ich wieder an der Seite des Wracks, als plötzlich Bewegung in das friedliche Fisch-Ballett kam. Ich sah ihn auch sofort: Einen riesigen Tigerhai. Geschmeidig glitt er durch das Wasser, mit einigen raschen Schwanzschlägen brachte er seinen schweren Körper mühelos in Fahrt und zog ohne jede Bewegung, leicht schrägliegend, einen Kreis um uns. Lässige Souveränität, das würde ihn am ehesten charakterisieren. Ich ließ den Zackenbarsch, den ich gerade geschossen hatte, fahren und tauchte auf, ohne den Riesen aus den Augen zu lassen. Ich holte tief Luft und montierte im Hinuntersinken den »power head«. Ich war zu Beginn leicht erschrocken gewesen, hatte mich dann aber als Jäger gefühlt, bis der Hai sein Maul aufsperrte und den Kopf ruckartig bewegte: Jetzt war er der Jäger, er würde bald angreifen. Ich überlegte, ob ich noch Zeit zum Luftholen hätte, ging jedenfalls noch einmal rauf, während der Dicke sich immer bedrohlicher gebärdete. Als ich wieder runterkam, ging der Zauber schlagartig los: Der Hai schoß auf Otto los, der sofort seine Preßluftharpune abdrückte. Ich wußte natürlich, daß Otto keinen Sprengaufsatz hatte, der Pfeil würde den Hai höchstens kitzeln. Der Hai zeigte dennoch eine Reaktion, er war jedenfalls irritiert, änderte die Richtung, schüttelte sich und befreite sich damit von dem Pfeil, der dicht hinter den Kiemen gesessen hatte, aber kaum eingedrungen war. Jetzt kam er auf mich zu, ziemlich langsam, aber mit aufgerissenem Maul. Ich hatte eine sehr deutliche Empfindung in diesem Moment, ich werde sie nie vergessen: Nur keine Fehlzündung mit der Scheißpatrone, denn bei früheren Gelegenheiten hatte ich schon einige Fehlzünder gehabt. Instinktiv bemühte ich mich um einen seitlichen Schußwinkel, wollte ihm nicht ins Maul schießen. Als er auf anderthalb Meter Distanz war, drückte ich ab. Ich traf ihn im Nacken, es gab einen dumpfen Schlag und sofortige Wirkung: Der Hai drehte sich langsam um seine Längsachse und sackte ab. Als ich zum Luftholen aufstieg, sah ich, daß er nur angeschlagen, aber noch lang nicht erledigt war. Er fegte jetzt wie irr zwischen uns hin und her und schnappte das Maul auf und zu. Ich holte die Reservepatrone aus der Halterung des Tauchermessers, montierte sie und spannte den doppelten Gummizug der Harpune. Inzwischen war der

Amokläufer unkontrolliert herumgefegt, kam jetzt wieder in meine Richtung. Auf allerkürzeste Distanz zielte ich auf ein Auge und traf wenig daneben. Jetzt sackte er rasch zum Grund ab. Ich mußte den Kerl unbedingt haben, obwohl der Kampfplatz grausig aussah und sicherlich andere Haie anlocken würde. Das Wasser hatte eine ganz eigenartige Färbung, von gelb über grünlich bis braun.

Nach kräftigem Luftholen tauchten Otto und ich ab, packten das Tier, brachten es an die Oberfläche und schwammen zum nahen Strand – in einem forcierten Tempo, würde ich sagen.

Zuerst wurde er vermessen: Genau 3,73 Meter Länge, das Gewicht schätzten wir auf rund 300 Kilo. Am Gebiß ließ sich eindeutig feststellen, daß es sich um einen Tigerhai handelte, denn nur er hat diese ganz eigenartig gezackten Zähne. Auch erkannte man an der Seite schwach gezeichnete Querstreifen. Bei der Untersuchung der Schußwunden sah man, daß der erste Treffer, knapp hinter dem Kopf, nur die Rückenmuskulatur verletzt hatte, die Reservepatrone war also echte Lebensnotwendigkeit für uns gewesen.

Ein Riesending wie dieser Hai sieht auch in totem Zustand noch grausig aus, vor allem wenn man ihm tief in die Augen blickt. Ich richtete ihn fotogerecht her, dann machten wir uns gemeinsam an die Schwerarbeit, ihm das Gebiß rauszuschneiden.

Zwischenfälle

Buenaventura: Kolumbiens wichtigster Pazifikhafen, nicht ganz vier Grad nördlich des Äquators. Als ich am Morgen den Fluß mit auflaufender Tide hochtuckerte, enthüllte sich das, was aus der Ferne so malerisch ausgesehen hatte, recht enttäuschend. Ärmliche und verwahrloste Pfahlbauten klebten am Wasser, dahinter breiteten sich Tausende wellblechgedeckte Hütten und Häuser aus, ein trostloses Bild. Jetzt, früh am Morgen, waren noch die westlichen Kordilleren zu sehen, mit kräftigem Blau hoben sich die Bergspitzen auch noch über 80 Kilometer Entfernung ab. Die ersten Nebelschwaden stiegen aus den Tälern hoch, bald würde der Dunst des Dschungels wieder alles verdecken. Gegen diesen eindrucksvollen Hintergrund der Natur wirkten die menschlichen Behausungen wie Krätze, die sich festgesetzt und ausgebreitet hat.
Kaum hatte ich in der Nähe des Piers geankert, kam schon der erste Besucher, ein Negerjunge, der sich mit seinem Einbaum an TABOOs Heck festhielt. Er bettelte, ich schickte ihn weg. Er war sehr vergrämt, denn er hatte eine aufwendige Story mit totem Vater, kranker Mutter und sieben hilflosen Geschwistern in mich investiert. Nachdem ich die Vorsegel abgeschlagen und verstaut hatte, machte ich ein paar Logbucheintragungen, als ich ein Schnarren aus dem Cockpit hörte. Ich stand auf und stieß fast mit einem Negerburschen zusammen, der eben lautlos in die Kajüte eingestiegen war. Ich scheuchte ihn hinaus, im Cockpit waren noch drei weitere Kerle, die nun einen raschen Abgang bauten, mich währenddessen aber wütend beschimpften.
Drei Stunden war ich schon da, und noch immer hatte ich keinen Besuch von den Behörden, obwohl ich fast vor ihrer Haustür ankerte. Schließlich wollte ich ja nicht ewig in dieser unruhigen Ecke bleiben, so machte ich einige Fähren, die dauernd knapp an mir vorbeisausten, auf meine Lage aufmerksam. Endlich rückte ein Goldlitzenträger mit seinem Papierkram an. Zehn Minuten lang wurde

Unverständliches niedergekritzelt, dann konnte ich meine gelbe Flagge wieder runterholen. Der Steuermann des kleinen Fährbootes, das gewartet hatte, brachte die Unverschämtheit auf, von mir drei Dollar für seine Dienste zu verlangen.

Kaum war diese Plage von Bord, hievte ich den schlammbedeckten Anker an Deck und fuhr den Fluß höher hinauf, um zu sehen, ob ASTRONOTUS vielleicht in irgendeiner Ecke steckte, da wir uns Buenaventura als Treffpunkt ausgemacht hatten. An die zwei Dutzend Handelsschiffe verschiedener Nationalitäten lagen am Kai, von meinen Freunden war nichts zu sehen. Also suchte ich mir wieder einen neuen Ankerplatz und lernte am Nachmittag dessen Vorzüge kennen. Bei Ebbe fiel der Grund unter den Pfahlbauten trocken; jedesmal wenn sich die Brise etwas drehte, zog ein bestialischer Gestank, ähnlich dem verwesender Tierkadaver und Exkrementen, in fast sichtbaren Schwaden vorbei. Unter diesen latrinenhaften Zuständen spielten nackte Kinder im Schlamm zwischen Gerümpel und Autoreifen herum.

ASTRONOTUS kam zwei Tage später, sie war mit Maschinenschaden aufgehalten worden. Otto hatte ohnedies keine Illusion über Kolumbien: In Santa Marta, an der Atlantikseite, hatte man ihm bereits einen Anker geklaut, seinem Freund Helmut hatte man mitten in der Stadt die Armbanduhr runtergerissen. Otto hatte mir auch von dem Hafenkommandanten in Cartagena (ebenfalls Kolumbien) erzählt, der ihm einen einzigen Rat gegeben hatte: Wenn nachts jemand an Bord kommt, gar nicht fragen, sofort schießen. Von anderen Yachtleuten hatten wir auch schon die furchtbarsten Geschichten gehört. Ein kleines Beispiel, genau in der Tonart all dieser Stories: Bahnhof, eine Frau winkt aus dem Zugfenster. Sie hat einen Ring am Finger, ein Mann schlägt ihr mit der Machete die Hand ab, steckt die abgehackte Hand unter sein Hemd und rennt davon. Wegen des Bluts wird er von einem Polizisten angehalten und – als die Hand zum Vorschein kommt – auf der Stelle erschossen. Der Ring war – laut Polizeibericht – verlorengegangen.

Otto war also schon entsprechend vorbereitet, konnte aber gar nicht vorsichtig genug sein: Noch am Abend seines Eintreffens wurde er von einem rücksichtslos manövrierenden Fischtrawler gerammt, am nächsten Morgen stahl man ihm das Dinghy. Das war deshalb möglich, weil es zwischen acht und neun einen der üblichen prasselnden Wolkenbrüche gab. Man hatte nur wenige Meter Sicht, die Diebe brauchten nur die Leine durchzuschneiden.

Nachträglich wurde auch klar, warum sich der Affe während des Regens so aufgeregt gebärdet hatte, er hatte ein Mordsgezeter veranstaltet, das Otto und Helmut nicht zu deuten gewußt hatten. Chico hatte während des Diebstahls sozusagen einen Logenplatz gehabt, er hatte durch ein Bullauge alles genau sehen können.

Eine Yacht ohne Dinghy ist ein Hochhaus ohne Aufzug: Man kann ja nicht mit den Kleidern an Land schwimmen, und freundliche Yacht Clubs, an deren Steg man liegen kann, sind nicht allzu häufig. Abgesehen vom finanziellen Verlust: In Buenaventura gab es auch gar keinen Ersatz zu kaufen, denn die dort üblichen Kanus waren für diesen Zweck nicht brauchbar. Ich brachte Otto an Land, er ging zur Polizei, wo man ihn zwar höflicherweise nicht offen verlachte, ihm aber auch nicht die geringste Hoffnung machte. Otto war sehr niedergeschlagen und kam am nächsten Morgen mit einer ausgefallenen Idee, für die ich ihn bewunderte. Die Story klingt unglaublich, ist aber wahr. Mit seinem halbwegs verständlichen Spanisch gab er sich als Beauftragter zur Malariabekämpfung aus, steckte sich drei Kugelschreiber in die Brusttasche, schaffte sich Zugang zu den Hütten der Elendsquartiere und fragte überall nach der Trinkwasseraufbewahrung (obwohl er natürlich wußte, daß Trinkwasser mit Malaria nichts zu tun hat). Seine Zähigkeit in dieser Sache war sensationell: Nach 15 Stunden entdeckte er tatsächlich sein Dinghy in einer Hütte, verdeckt durch ein Fischernetz. Er schlug einem Mann ein blaues Auge und holte dann die Polizei. Die Beamten dürften ernsthaft beeindruckt von seiner Leistung gewesen sein.

Dem Angelsport der Einheimischen (durch offene Bullaugen oder Luken) gaben wir durch Schließen aller Ritzen und Löcher keine Chance, aber es gibt nicht nur kleine Gauner, sondern auch hübsch ausgewachsene Verbrecher. In der dritten Nacht wachte ich von einem Geräusch auf, schnappte die neben mir liegende Pistole (die hatte ich nur in Mittelamerika immer griffbereit) und sprang an Deck. Da standen vier Männer mit Macheten wie angewurzelt, ich deutete ihnen, sie sollten über die Seite springen. Sie rührten sich nicht. Dann gab ich einen Schuß in die Luft ab, erst dann sprangen sie über Bord, einer nach dem anderen. Ich nehme an, sie werden wohl ihre Macheten fahrengelassen und zu strampeln begonnen haben, denn die Strömung des Flusses lief mit zwei bis drei Knoten, sie wurden auch sofort abgetrieben. Das Kanu war noch an TABOO vertäut, ich machte es los, kippte es um und schickte es hinterdrein.

Ob ich gezielt geschossen hätte, wenn die Kerle auf meinen Warnschuß nicht reagiert hätten? Ich hätte noch einen zweiten Warnschuß abgegeben. Wenn sie dann noch nicht gesprungen wären, hätte ich sicher keine Hemmungen gehabt, den Nächststehenden abzuknallen.

Ich bastelte am nächsten Tag gleich Sicherheitskonstruktionen für beide Türen, eine ließ sich daraufhin nur einen Spalt breit öffnen, bei der anderen legte ich ein langes Messer zwischen Tür und Stufenkante, darauf stellte ich den Kochtopf. Beim Öffnen gab's ein Mordsgepolter, aber es blieb bei den Proben: Der Ernstfall trat nicht mehr ein ... und außerhalb mittelamerikanischer Gewässer war solche Vorsicht nie nötig.

Am nächsten Tag erlebten wir als beiläufige Zaungäste den letzten Akt eines Dramas auf einer benachbarten amerikanischen Yacht, es gab Geschrei und irgendwas wurde ins Wasser geworfen. Da wir den Skipper etwas später sahen, als er noch immer wütend vor sich herfluchte, fragten wir ihn, was passiert sei. Er hatte kurz nach seiner Ankunft in der Stadt eine kleine Menge Marihuana gekauft. Zwei Stunden später waren zwei Polizisten gekommen, hatten äußerst zielstrebig das Boot durchsucht und das Marihuana gefunden. Sie sagten, das würde Schwierigkeiten geben, mit Gefängnis und so weiter, er könne die Sache aber durch Bezahlung einer Geldstrafe von 300 Dollar aus der Welt schaffen. Da die Polizisten in voller Uniform waren, schöpfte der Ami keinen Verdacht und zahlte. Erst am nächsten Tag kam ihm die Strafe unverhältnismäßig hoch vor, er ging zu seinem Konsul, der rief den Polizeichef an. Es stellte sich heraus, daß die Polizisten zwar echt gewesen waren, die Aktion aber in ihrer Freizeit durchgeführt hatten, offenbar in Zusammenarbeit mit dem Marihuana-Dealer. Der Polizeichef versprach prompte Erledigung und schickte dann auch tatsächlich einen Beamten, der allerdings eröffnete, aus verwaltungstechnischen Gründen sei die Rückzahlung der 300 Dollar nicht möglich, als Wiedergutmachung bot er statt dessen ein nettes Quantum Marihuana an. Der Amerikaner geriet darüber derart in Wut, daß er das Päckchen sofort ins Wasser warf. Später erfuhren wir von der Crew einer größeren amerikanischen Yacht, was der Knigge für Rauschgiftgeschäfte in Kolumbien vorschlägt: Man meldet sich sofort beim Polizeichef, sagt, daß man diese oder jene Menge Marihuana kaufen, aber keine Schwierigkeiten haben wolle. Es wird eine Maut von soundsoviel Dollar pro Einheit vereinbart, dafür bekommt man für die Reise in die Berge einen Geleitschutz von zwei Polizisten, das ganze läuft ohne Tricks ab. Leute, die sich nicht an die Spielregeln halten und mit winzigen Mengen erwischt werden, kommen sofort ins Gefängnis.

Ich dachte schon damals, daß man in Europa gar nicht glauben würde, welche Art von Zuständen dort herrscht, man würde mich für einen Hysteriker oder Erfinder halten, wenn ich die Dinge so schilderte, wie ich sie erlebte. Ich stieß Jahre später zufällig auf einen Artikel des Motorjournalisten B. Busch, der in »auto, motor und sport« über eine Südamerikareise berichtete und just von Buenaventura einige recht starke Eindrücke hatte. Er schrieb unter anderem:
Nur ungern laufen die Kapitäne einen kolumbianischen Hafen an. Der schlimmste von allen ist Buenaventura.
In Buenaventura muß sich der Fremde vor allem und jedem fürchten. Vor dem Verlust seiner Habe, dem Verlust seines Lebens, vor den Zöllnern und vor dem mörderischen Klima.
Der Luftfeuchtigkeit von 97 Prozent entspricht meinen Beobachtungen nach auch

der Grad der Kriminalität unter der Bevölkerung. Zu den drei Prozent, die ihren Lebensunterhalt auf ehrliche Art verdienen, darf man aber nicht die Zöllner rechnen. Vielleicht fallen ein paar Priester und Missionare darunter. Ich habe aber keinen gesehen.

Im Hafen von Buenaventura verschwinden auch ganze Container, und deshalb war es lächerlich, daß wir unsere Autos in Panama nach erheblichen organisatorischen Klimmzügen in Container gepackt hatten. Die Dinger waren so mürbe, daß die Türen ohnehin nicht mehr schlossen. Und in einen hatte schon mal jemand mit der Axt ein Loch gehauen.

Als unser Schiff am Kai anlegte, nachdem es zuvor auf der Reede einen anderen Frachter gerammt hatte, schoß sich vor unseren Augen gerade ein Mann seinen Weg frei. Die Menge suchte Deckung hinter Kisten und Ballen, so gut es ging, und auch wir gingen kurz zu Boden, weil uns Querschläger um die Ohren pfiffen.

Nachdem der Mann entkommen war, verteilte sich die Menge wieder auf die Plätze und blickte erwartungsfroh auf die Gangway und auf die Ladeluken unseres Schiffes, denn es winkte Beute!

Da traut man sich gar nicht runter vom Schiff, Sie dürfen es mir glauben. Ein Polizist ist nirgends zu sehen. Und man geht da sofort in einer Menschentraube unter, die weiter nichts im Sinn hat, als den Fremden zu fleddern, tot oder lebendig. Vor welcher Dienststelle der Hafen- und Zollbehörde wir auch unsere Autos abstellten, um drinnen einen gewaltigen Papierkrieg zu führen, der nur unter Einsatz schwerster Bestechungsgelder zu gewinnen war, wir mußten Wächter engagieren, die, mit Knüppeln bewaffnet, bei unserer Habe blieben. Sie verlangten dafür so viel Geld, und sie sahen so wenig vertrauenserweckend aus, daß man zunächst überlegt, ob es nicht billiger wäre, sich bestehlen zu lassen.

*

Also, der Tip des Jahres: Im Urlaub nicht nach Buenaventura!
Nächstes Ziel: Die Insel Gorgona, 90 Meilen südlich von Buenaventura, 20 Meilen vor der kolumbianischen Küste. Ich konnte zwar einige Gebäude ausmachen, hielt aber auf eine kleine palmenbewachsene Bucht weiter nördlich zu, dort würde besserer Schutz gegen den zumeist südlichen Wind gegeben sein. Meine erste Aktion war das Runterholen einer Kokosnuß. Ich hatte diesen Sport in der Karibik einigermaßen erlernt und tat mich ziemlich leicht, weil ich völlig schwindelfrei bin. Ich verwendete jene Technik, bei der man den Baum nur mit den Fußsohlen und den Händen berührt. Die zweite Art, die ich bei Einheimischen gesehen habe, erfordert ein Stück Hanf, das man mit einem derartigen Spielraum um beide Beine schlingt, daß man die Palme mit den Füßen noch umfassen kann. Der Hanf verklemmt sich recht gut, die Beine sind fixiert und man muß keine Kraft aufwenden, um die Beine gegen den Stamm zu klemmen.

Galápagos: ». . . nie wieder habe ich Unwirtlichkeit so schön empfunden. Warum gerade hier die Aschenhügel von Vulkanen ergreifend wirken? Ich weiß nicht. Vielleicht könnte man sagen: Trostlosigkeit mit Stil.«

Linke Seite: Von allen Haien, mit denen ich ernsthaft zu tun hatte, war dieser der größte: Ein 3,73 Meter langer Tigerhai, den ich im Golf von Panama erlegte.

Gewinnung von Kokosöl auf Anuta: Mit Hilfe von heißen Steinen in hölzernen Trögen wird geraspeltes Kokosnußfleisch mit Wasser zum Kochen gebracht.

Romantisch, aber als Insel der Träume ein bißchen zu knapp geraten: Pazifik-Oase im Bereich der Santa-Cruz-Inseln.

ASTRONOTUS kam ein paar Stunden später, wir gingen sofort tauchen. Rotbarsche und Gabelmakrelen schwammen in Massen herum, aber auch Haie, denn kaum hatte ich einen Fisch harpuniert, war auch schon einer von den Räubern da. Knapp vor dem Dunkelwerden kam ein Einbaum mit Außenborder angepflügt. Befehl des Majors: Wir dürften hier nicht ankern, sondern nur in Sichtweite der Polizeistation. Widerwillig leisteten wir Folge. Die kleine Ansiedlung sah recht militärisch aus: Niedere Baracken und ein Wachturm verunstalteten den Strand. Fast alle Leute trugen Schußwaffen, einige liefen sogar mit umgehängter Maschinenpistole umher. Wir erfuhren, daß sich gleich um die nächste Ecke ein Strafgefangenenlager mit mehreren hundert Insassen befand.

Am nächsten Morgen suchte ich den Major auf, anscheinend die Hauptfigur dieser Insel. Er beaufsichtigte gerade, wie das angekommene Verpflegungsschiff ausgeladen wurde. In langen Kolonnen schleppten die Sträflinge die Kisten und Säcke über den Pier. Nach einem Palaver erreichte ich endlich, daß wir wieder in unserer Bucht ankern durften, die wesentlich ruhiger war. Auch die Tauchgründe waren besser. Einen Weißhai, der sich zu sehr für meinen Fang interessierte, schoß ich mit der Harpune. Dieser Bursche von zwei Meter Länge wird auch Menschenhai genannt, weil von dieser Art am ehesten Angriffe auf Menschen zu erwarten sind.

Ich war gerade beim Abendessen, natürlich Fisch, als wieder jener Einbaum daherkam. Ohne viel Umstände wurde je ein Polizist auf ASTRONOTUS und TABOO deponiert. Zurück zu dem Ankerplatz vor der Station, hieß das schroffe Kommando. Ich spielte erst einmal auf cool, aß in aller Ruhe zu Ende und spülte dann die letzten Krümel mit einer Tasse kolumbianischen Kaffees hinunter, eines der wenigen brauchbaren Dinge in diesem tristen Land. Als mir der Gedanke kam, knapp bei der Ansiedlung vorbeizufahren, den Kerl über die Kante zu kippen und dann einfach in die Sicherheit der Nacht hinauszusegeln, mußte ich hellauf lachen. Diese Heiterkeit wurde von meinem Gast, der im Cockpit herumstand, nicht geteilt. Mißtrauisch beobachtete er mich und gestikulierte unfreundlich. Geduld schien nicht seine hervorragende Eigenschaft zu sein.

Als ich etwas später vor der Station ankerte, war es bereits stockdunkel. Ich ruderte zum Strand, um meinen Begleiter abzusetzen, und wurde gleich von einem Maschinenpistolenträger empfangen, der mir den Weg zum Polizeiquartier wies. Dort saßen bereits Otto und Helmut auf einer Bank vor der Baracke, unter Bewachung natürlich. Dieser ganze Aufwand wurde nur deshalb getrieben, weil der Major eine Aussprache wünschte. In Kolumbien darf man sich nicht sofort aus der Ruhe bringen lassen. Fast eine Stunde lang saßen wir auf der Bank und malten uns den kommenden Auftritt aus, dann flaute die Unterhaltung ab. Otto waren die Zigaretten ausgegangen und mir die Geduld.

Meine Frage, ob der Major überhaupt käme, wurde bejaht, über den Zeitpunkt redete man nicht. Das ging eine Weile hin und her, bis ich den Major zu sprechen verlangte. Das sei nicht möglich: Er schläft, hieß es. Wenn der Major schläft, können wir dasselbe tun, meinte ich. Wir kamen nur einige Schritte weit, der wachhabende Sergeant hetzte uns brüllend nach, packte mich an der Schulter und fuchtelte mit der Maschinenpistole vor meiner Nase herum. Eine groteske Figur, die rechte Gesichtshälfte des Mestizen zuckte unaufhörlich, und ich dachte, wenn er das Zucken auch im Finger bekäme, den er am Abzug liegen hatte, würde ich lieber hinter ihm stehen. Den Abschluß dieser Komödie bildete unser Abmarsch in die Zellen, nachdem man gedroht hatte, uns Handschellen anzulegen.

Auf einer harten Holzpritsche, Tummelplatz von Kakerlaken und Spinnen, hatte ich Zeit, die Lage zu überdenken. Die eigene Unbequemlichkeit war leicht zu ertragen, aber die meisten Sorgen bereitete mir mein Boot, das jetzt ohne jede Aufsicht war. Ein plötzlich auffrischender Wind bei dem schlechten Ankergrund, was dann?

Am nächsten Morgen um acht kam der Major. Er war auf dem Weg zum Angeln und konnte es einrichten, bei uns vorbeizusehen. Jovial erklärte er, für unsere eigene Sicherheit sei es nötig, die Boote hier am Strand zu ankern. Es sei einmal vorgekommen, daß entsprungene Häftlinge der Besatzung einer Motoryacht die Kehlen durchgeschnitten hätten und dann mit dem Boot geflüchtet wären. Ob dieses Schauermärchen stimmte, oder ob es nur zu unserer Unterhaltung dienen sollte, war nicht auf Anhieb zu eruieren. Der Major erlaubte uns gnädig, wieder unserer Wege zu gehen.

Es wäre naheliegend gewesen, den verdammten Platz zu verlassen, aber die Tauchgründe waren gut und das Wasser klar, also wollten wir nichts überstürzen. Fürs erste hatten wir Hunger und wollten einen Fisch in der Pfanne sehen. Otto und ich packten unsere Harpunen und gingen sogleich tauchen. Das Wasser unter dem Pier, von dem aus der Major angelte, schien uns ein besonders guter Platz zu sein. Wir wurden nicht enttäuscht, denn zwischen den morschen Dalben tummelten sich feiste Zackenbarsche und Makrelen. In kurzer Zeit hatten wir den Fischbestand um die besten Stücke gelichtet, verschenkten an arme Einheimische, was wir zuviel hatten und kehrten mit dem Rest unserer Beute zurück. Der Major, der uns beobachtet hatte, gab für diesen Tag das Angeln auf und zog verdrossen ab.

Am späten Abend heulte plötzlich heftiger Wind von den Hügeln herunter. Kurz darauf sah ich ein Licht vorbeiziehen. Es war die Ankerlaterne von ASTRONOTUS, das Boot selbst war in der stockdunklen Nacht kaum zu erkennen. Vermutlich hatte der Anker geschliert und konnte jetzt in dem steil abfallenden Grund nicht mehr fassen. Rasch machte ich mein Beiboot klar und ruderte dem Licht nach, um die schlafende Besatzung zu alarmieren. Nachdem Otto seinen Diesel angeworfen hatte, tastete er sich in der Finsternis wieder heran und ankerte dicht hinter TABOO. Zwei Stunden später war es mein Boot, das plötzlich an ASTRONOTUS vorbeitrieb. Da jetzt der Wind parallel zur Küste blies, steckte ich rasch mehr Nylontrosse, und der Pflugscharanker kam wieder zum Tragen. Obwohl wir am nächsten Tag erst zu Mittag absegelten, waren wir vorsichtigerweise jederzeit bereit, den Anker blitzschnell zu lichten, falls unser Freund merkwürdige Einfälle bekommen sollte.

War die Küste Kolumbiens bis jetzt grün gewesen, mit dem Urwald bis ans Meer hinunter, so änderte sich das langsam, als ich gegen Süden segelte. Die üppige Vegetation wich kahlen Hügeln mit sonnverbranntem Gras. Auf der Höhe des Äquators, bereits vor Ecuador, hatte die Küste ein fast wüstenhaftes Aussehen. Auch die täglichen Gewitter und Platzregen blieben aus. Seit Panama war es feucht und schwül gewesen, doch jetzt wurde es trocken und kühl. Diese klimatischen Veränderungen sind durch den Humboldtstrom zu erklären, der seine kalten Wassermassen von der Antarktis an der Westküste Südamerikas bis zum Äquator hochschiebt. Reich an Plankton, lockt er auch viele Fische jeglicher Art an. Auch Wale sah ich jetzt fast täglich. Riesige Mantas von mehreren Metern Spannweite schossen hoch aus dem Wasser heraus und ließen sich donnernd zurückfallen. Thunfischschwärme jagten die kleinen planktonfressenden Fische. Delphine und Tümmler zogen immer in großer Gesellschaft vorbei, während nur einzelne Haie ihre Rücken- oder Schwanzflossen sehen ließen.

Fünf Tage lang kreuzte TABOO gegen Strömung und Wind an, bis in Manta (Ecuador) die Ankerkette über den Bug lief. Das kleine, staubige Städtchen lag in einer großen Bucht und besaß einen bestens geschützten Fischerhafen. Hier traf ich ASTRONOTUS wieder, nachdem wir uns schon wenige Stunden nach unserer Abfahrt von Gorgona aus den Augen verloren hatten. Otto und ich wollten auf die Berge klettern, hier war eine günstige Gelegenheit, die beiden Boote im sicheren Hafen unter der Aufsicht von Helmut zurückzulassen.

Landausflug in Ekuador: Otto und ich hatten den Yaguarcocha-See in den Bergen nahe der kolumbianischen Grenze besucht, hatten ihn im Laufe eines Tages umwandert, hatten aus purem Aberwitz in dem saukalten Wasser gebadet und marschierten dann zu einem nahe liegenden Dorf, denn wir hatten auch zuvor meist Quartier bei Indios gefunden. Eine Hütte fiel uns besonders auf. Sie bestand nur aus einem riesigen Dach aus Binsengras, das vom First bis zum Boden reichte. Beide Enden war offen, aus einem qualmte es ganz mächtig. Es handelte sich um eine kleine Rohzuckerfabrik in vollem Betrieb. Ein kleiner Dieselmotor trieb die Presse an, in der das Zuckerrohr zwischen zwei Walzen ausgequetscht wurde. Der Saft wurde von einem gespaltenen Bambusrohr aufgefangen und in die Hütte

weitergeleitet, wo er in den ersten von drei hintereinanderstehenden Kesseln rann. In denen wurde er durch ständiges Kochen verdickt, abgekühlt und in hölzerne Formen gegossen. Zwei Indios waren eifrig beim Rühren und schöpften den brodelnden Sirup von einem Behälter in den nächsten, der Dritte stapelte fertige Zuckerziegel auf einen Haufen. Alle Drei trugen das schwarze Haar in einem Zopf fast bis an den Gürtel. Der Besitzer der Fabrik lud uns zu einem Glas Zuckerrohrsaft ein. Dann mußten wir uns durch mehrere Säfte durchkosten; einer roh, der andere gekocht, der nächste wiederum schaumig und einer etwas vergoren. Dazwischen wurde Rohzucker geknabbert. Zu dem Qualm in der Hütte kam noch der Rauch der Zigarren, die wir aus unseren Rucksäcken hervorgeholt und jedermann angeboten hatten.
Mittlerweile war die Sonne hinter einem schneebedecktem Gipfel verschwunden. Wir waren nur einige Kilometer nördlich des Äquators und in kurzer Zeit war es dunkel. Wir wollten aufbrechen, aber der Zuckerfabrikant forderte uns auf, dem Beispiel der anderen zu folgen, die sich ihr Nachtlager im ausgequetschten Zuckerrohr zubereiteten, das zwei Drittel der Hütte ausfüllte und gleichzeitig auch als Brennmaterial diente. Wir wühlten uns eine Grube in das süßlich riechende Zeug, krochen in die Schlafsäcke und schliefen sofort ein.
Etwa um Mitternacht wachte ich mit einem beklemmenden Gefühl auf. Mir war, als hätte ich einen Luftballon verschluckt. Als ich rülpsen mußte, war alles klar: Die vielen Säfte, die ich getrunken hatte, waren in voller Gärung, bald gärte es bei mir oben und unten. Hastig wurstelte ich mich aus dem Schlafsack, stolperte über zwei Indios und schaffte gerade noch den Ausgang. Während der restlichen Nacht hatte ich noch häufig Gelegenheit, auf dem klaren Sternenhimmel alte Bekannte zu suchen. Als wir uns zeitig auf den Weg machten, mußte ich den Abschiedstrunk leider verweigern.
Unter anderem besuchten Otto und ich den San-Pablo-See und badeten in der heißen Schwefelquelle von Manos. Wir stießen bis ins Tal des Rio Pastazas vor, eines der größten Quellflüsse des Amazonas. Das war bereits jenseits der Anden, wo wieder der grüne, dampfende Urwald alles verschlingt. Das stärkste Erlebnis war unsere Bergtour auf den Chimborazo, mit 6267 m der dritthöchste Berg der Anden.
Wir hatten in der Nähe des Berges übernachtet und waren dann zeitlich am Morgen mit unseren Rucksäcken weitergewandert, bis wir in ungefähr 4000 m Höhe auf einige von Indianern bewohnte Grashütten stießen. Die freundlichen Leute bewirteten uns. Wir ließen dann unser ganzes Gepäck bei ihnen und packten nur die notwendigsten Sachen in einen Rucksack, den wir abwechselnd tragen wollten. Die ersten zwei Stunden stapften wir ohne Pause durch

Binsengras bergauf. Weiter oben war der Berghang mit Moos und Flechten bewachsen, wir sahen einige Hasen in ihren Bau zurückspringen. Dann wurde das Gelände kahl und steinig, Felsabbrüche versperrten den Weg und mußten umgangen werden. Bis jetzt hatten wir den Gipfel noch nicht gesehen, da er von Wolken verhangen war. Wir hatten die Absicht gehabt, spätestens bei Einbruch der Dunkelheit wieder bei den Indianerhütten zu sein. Aber je höher wir kamen, desto mehr rückte diese vernünftige Überlegung in den Hintergrund. Später konnte ich dieses Verhalten nur durch einen Anflug von Höhenrausch erklären. Der Zeitpunkt, zu dem wir umkehren hätten sollen, war längst überschritten – wir wußten es. Ein sportlicher Fanatismus trieb uns weiter. Langsam, häufig auf allen vieren, krochen wir den Steilhang hoch. Die Lunge arbeitete in der dünnen Luft auf Hochtouren, der Puls dröhnte in den Schläfen, und der scharfe, eisige Wind trieb einem das Wasser in die Augen. Ein kurzes Schneetreiben hielt uns kaum auf, da wir ohnedies alle paar Schritte rasten mußten, die Beine wollten einfach nicht mehr. Der Rucksack, den ich seit über einer Stunde trug, drückte mich immer tiefer, bis ich endlich im Schnee lag. Weiter ging es beim besten Willen nicht mehr, an ein längeres Ausruhen war aber wegen der Kälte auch nicht zu denken. Unsere Tennisschuhe und Jeans waren längst durchnäßt, meine Finger so steif, daß ich nicht einmal am Fotoapparat fummeln konnte.

Wir blieben 20 Minuten auf einem windigen Plateau und bekamen einmal kurz den Gipfel zu sehen, vielleicht 300 Meter über uns. Die weiße Bergspitze faszinierte uns, wir starrten hypnotisiert hinauf, bis der Wolkenvorhang wieder zugezogen wurde. Innerlich erhob ich diesen Moment zum Ziel dieses Tages, vorher hatten wir ja gar nicht genau gewußt, was wir wollten, wir waren einfach wie die Verrückten hinaufgestürmt. Bergsteigerisch war unsere Leistung natürlich Null, erst die letzten 300 Meter wären schwierig geworden, mit sehr steilen Hängen und riesigen Schneewächten. Wir waren eben Bergläufer, Neugierige in einem fremden Metier.

Der Abstieg wurde noch spannender als das Hinaufrennen, denn wir konnten nur noch mit zwei Stunden Tageslicht rechnen und waren derart dilettantisch ausgerüstet, daß eine Übernachtung in dieser Kälte echte Probleme ergeben würde. Wichtig war vor allem, vor Sonnenuntergang aus der Region der Erdspalten rauszukommen. Die Spalten waren oft nur einen Meter breit, aber mehrere Meter tief und manchmal so überwachsen, daß sie selbst bei Tag schwer zu sehen waren. Wir fielen zwar in keine Spalte, aber Otto stolperte in einen Hasenbau, verknackste seinen Knöchel und wollte nicht mehr weiter. Ich gab aber nicht nach, auf ein Biwak wollte ich mich wegen der Kälte und möglicher Pumas nicht einlassen.

Als wir kurz nach Einbruch der Dunkelheit wieder in das hüfthohe Binsengras kamen, konnten wir verschnaufen und uns dann Schritt für Schritt vorantappen. Der Mond war ganz mager, außerdem gab's Wolken, wir stolperten also wie die Blinden herum und stießen nur durch einen Riesenzufall auf einige niedrige Grashütten, die wir erst für Felsbrocken hielten. Kein Licht, kein Geräusch außer dem Kläffen eines Köters. Erst nach ein paar Minuten kamen einige Indios hervorgekrochen und leuchteten uns mit Petroleumfackeln in die Gesichter. Nach kurzem Palaver entschieden sie offensichtlich, daß wir keine Wegelagerer seien und machten freundliche Nasenlöcher. Zwei Frauen richteten uns über einer offenen Feuerstelle in einer Hütte eine Mahlzeit. Das Brennmaterial war getrocknetes Binsengras, das auch zum Hüttenbau und als Matratzenersatz verwendet wurde, später deckten wir uns auch damit zu.

Höchst zufrieden mit uns selbst, saßen wir beim warmen Feuer und schlangen die gekochten Kartoffel und Bohnen hinunter, während draußen ein kalter Wind um die Hütten heulte. Gegessen wurde nur mit den Fingern aus den beiden Töpfen. Kaum war der Magen voll, kippten wir ohne viel Umstände hinüber und waren fast augenblicklich eingeschlafen.

Am Morgen wachte ich auf, als die junge Frau wieder das Feuer anfachte. Der beißende Rauch trieb mir die Tränen in die Augen. Die Hütte hatte keinen Abzug, einzige Öffnung war eine niedere Türe. Nach dem Frühstück aus gekochten Kartoffeln, stiegen wir weiter ab, um die Hütten zu finden, in denen wir unser Gepäck gelassen hatten. Von da mußten wir noch einmal zurück nach Quito, weil es keine direkte Busverbindung nach Manta gab.

Zurück nach Manta, Helmut hatte inzwischen auf die Boote aufgepaßt. Otto wollte versuchen, die Segeleigenschaften seiner selbstgebauten Polyesteryacht eventuell durch einen kleinen Umbau zu verbessern. Das Problem war, daß ASTRONOTUS sofort in den Wind schoß, wenn man die Pinne ausließ. Befragt, was ich tun würde, sagte ich, daß ich am Unterwasserschiff eine Platte montieren würde, um die Kursstabilität des Boots zu erhöhen.

Otto Zimmermann ging sofort ans Werk, ließ in der Stadt eine Platte zuschneiden, begann dann unter Wasser zu bohren und setzte das Ding an. Am nächsten Morgen legten wir ab. Ich hatte schon den Anker eingeholt, um als stiller Genießer die ASTRONOTUS-Show erleben zu können. Eines mußte man den beiden lassen: Sie hielten was auf seglerische Tradition, auf schulisch korrekt Abläufe der jeweiligen Manöver und natürlich auch auf seemännische Sprache. Ich war ja so etwas wie ein Gesetzloser in der Segel-Society, ein Außenseiter, ohne die Wurzeln einer seglerischen Erziehung, ein selfmade-Sailor, der nie gelernt hatte, daß man an Bord nur weiß oder blau trägt, der die Seglersprache (nicht die Yacht-Club-, sondern die seglerische Umgangssprache) nur in Australien erlernt hatte, somit nicht einmal die einfachsten Ausdrücke auf deutsch wußte

- für mich also war jedes Manöver an Bord der ASTRONOTUS ein klassischer Einakter. Beim Ablegen pflegte Otto an der riesigen 18-PS-Dieselmaschine zu stehen, die fast die ganze Kabine blockierte. Um den Lärm des luftgekühlten Zweitakters zu übertönen, mußten die beiden richtig brüllen, dadurch wurde ihre Sprache noch deutscher, noch zackiger. Otto brüllte: KLAR ZUM ANKER LICHTEN, Helmut dröhnte IST KLAR zurück, dann kam das Kommando ANKER KURZSTAG HOLEN, dann die Rückmeldung, dann schallte der Kriegsschrei ANKER AUF durch den Hafen, wieder kam das entsprechende Echo von Helmut, dann legte Otto den Gang ein und fuhr los. Nach fünf Metern kam völlig unerwartetes Gebrüll, offensichtlich spielte man ein neues Stück: ANKER FALLEN. Helmut reagierte nicht schnell genug, erlaubte sich ein völlig unseemännisches WASISLOS, da brüllte der Skipper noch einmal ANKER FALLEN, ANKER FALLEN! Die Pointe der Story: Die neu montierte Platte stand über das Ruder, das sich nach einer Seite gar nicht bewegen ließ.

Wenn ich die Herren Otto Zimmermann und Helmut Fiedler auf diese Art verewige, so im Rahmen jenes Maßes an Schadenfreude, das auch unter Freunden erlaubt ist. Denn gerade in jenen Tagen geriet ich in die Dankesschuld der beiden, als ich auf der Insel La Plata (noch zu Ekuador gehörend) schwer erkrankte. Auf eine mir völlig rätselhafte Art holte ich mir die Amöbenruhr. Rätselhaft deshalb, weil ich auf der Insel kein Wasser getrunken hatte und vorerst nur von der Bordverpflegung gelebt hatte. Es dauerte zwei Tage bei 40 Grad Fieber, bis ich überhaupt erkannte, daß ich Amöbenruhr hatte. Otto hatte ein einfaches Mikroskop, untersuchte mit sehr viel Ernst meinen Stuhl, der nur aus Wasser und Blut bestand und gab ebenfalls die Expertise ab: Amöbenruhr. Monate später kam ich durch Zufall dahinter, daß Otto mit seinem kleinen Mikroskop gar nicht in der Lage gewesen sein konnte, irgend etwas Brauchbares zu erkennen – was soll's, damals hatten wir eine klare Diagnose und wußten, welche Pulver zu verwenden waren. Das starke Präparat half innerhalb eines Tages, zwei weitere Tage später päppelten Otto und Helmut mich auf. Ohne entsprechende Medizin ist Amöbenruhr eine der gefährlichsten Krankheiten, die man beim Trampen um die Welt erwischen kann: Leber und Lunge werden rasch geschädigt, letzten Endes hat man gute Chancen, daran zu sterben. Breitband-Darm-Antibiotika sind daher von vornherein ein Bestandteil der Apotheke jedes vernünftigen Weltreisenden, der die Absicht hat, sich manchmal von der Zivilisation zu entfernen.

Die Insel Solango und die Stadt Salinas waren weitere gemeinsame Stationen, bis wir getrennt zur Fahrt nach den Galápagos-Inseln aufbrachen.

Galápagos

Galápagos, für mich einer der faszinierendsten Punkte der Welt – man kann es an der Aufenthaltsdauer in Relation zu anderen Orten ablesen: Ich verbrachte fast ein halbes Jahr auf diesen Inseln. Daß Faszination dahinterstecken muß, eine ganz eigene Ausstrahlung, ist klar. Wenn ich versuche, die verschiedenen Faktoren zu trennen, glaube ich, daß die wesentlichste Faszination von der Szenerie ausgeht: Nie wieder habe ich Unwirtlichkeit so schön empfunden. Warum gerade hier die Aschenhügel von Vulkanen ergreifend wirken? Ich weiß nicht. Vielleicht könnte man sagen: Trostlosigkeit mit Stil. Im unfaßbaren Gegensatz dazu steht die Vielfalt an Leben, von den Robben bis zu den Elefanten-Schildkröten. Dazu die fischreichsten Gewässer, die ich je irgendwo erlebt habe. Für mich erhöhte sich der Zauber dieser Inseln durch den Kontakt mit Menschen, mit seltsamen Menschen und ihren eigenartigen Schicksalen. Ich traf Leute, denen der Inselkoller aus den Augen schaute. Manche sind mit ihrem letzten Geld hingekommen, konnten sich gerade noch knappen Lebensunterhalt erwirtschaften, erkannten aber irgendwann, daß sie nie zusätzliches Geld ersparen würden, um von dieser Insel wieder wegzukommen. Da gab es beispielsweise eine belgische Familie, die seit fünf, sechs Jahren an einem Boot baute, aber kaum weiterkam.

Man kann natürlich auch glücklich sein auf den Galápagos und nie wieder wegwollen. Wie etwa die Angermeiers, drei Brüder, die als junge Burschen auf die Galápagos gekommen waren und heute an die 60 sind. Gusch hatte eine Indianerin geheiratet und mit ihr vier Kinder, die jetzt schon erwachsen sind. Die drei Söhne tun genau das, wovor der Vater vor 40 Jahren geflüchtet war: Sie arbeiten in irgendwelchen Massen-Jobs, einer ist Taxifahrer in Los Angeles. Karl Angermeier malt grausig-kitschige Bilder und verkauft sie an Touristen. Er lebt überhaupt hauptsächlich von den (wenigen) Touristen: Als Fremdenführer, als Charter-Skipper. Mit einfachen Mitteln hat er ein paar Leguane so weit gebracht, auf gewisse Lautzeichen zu reagieren – somit kann er seinen Kunden die Attraktion bieten, daß nach ein paar Angermeier-Jodlern ein paar Leguane um die Ecke biegen. Fritz, der dritte Angermeier, verkriecht sich, er haßt jene Art von Inselmenschen-Publicity, die vor allem Karl sucht.

Mit den Touristen war es zumindest zur Zeit meines Aufenthalts (Herbst 1971 bis Frühjahr 1972) noch nicht arg: Nie gab es insgesamt mehr als 4 oder 5 Touristen und es existierte nur ein einziges schäbiges Hotel, das von einem verrückten Amerikaner geführt wurde. Zum Dinner knallte er den Leuten eine Dose Thunfisch hin, obwohl man nirgendwo auf der Welt so leicht zu frischem Fisch kommen kann wie auf den Galápagos.

Ich will versuchen, aus jenen unglaublich abwechslungsreichen sechs Monaten Beispiele für jene Eindrücke zu geben, die das Archipel der Galápagos-Inseln zu einem besonderen Platz in meinem Weltbild erhoben haben.

Die Anreise von der südamerikanischen Küste zum fast tausend Kilometer entfernten Archipel war vergnüglich gewesen: Der gleiche Südwind, der mich in den vergangenen Wochen so oft zum Ankreuzen gezwungen und mein Fortkommen verlangsamt hatte, trieb mich nun in raschem Tempo zu den »verzauberten Inseln«. Diesen Beinamen kannte ich natürlich schon aus der Literatur und war dementsprechend gewarnt. Er stammt noch aus der Zeit der frühen spanischen Seeleute, die beim Anlaufen der Inseln größte Schwierigkeiten hatten. Tatsächlich muß es schwierig gewesen sein, ohne die heutigen genauen Navigationsmöglichkeiten die Inseln zu finden. Oft passierte es auch, daß man abends eine der Inseln sichtete, während der Nacht darauf zuhielt und am Morgen nur den blanken Horizont sah. Die Erklärung des »Wunders« liegt in handfesten natürlichen Gegebenheiten: Starke, unregelmäßige Meeresströmungen und schlechte Sichtverhältnisse – eine Art von »Schönwetterdunst« selbst bei blauem Himmel.

Meine normalen Navigationsmöglichkeiten (zwei oder mehrere Sonnen- oder Sternenbeobachtungen mit dem Sextanten) erlaubten Standortbestimmungen bis auf eine Seemeile genau. Schwierig wird es nur, wenn der Himmel längere Zeit hindurch völlig bedeckt ist. So war es auf dieser Fahrt. Erst am dritten Tag konnte ich die Sonne schießen, als sie sich für wenige Augenblicke sehen ließ. Das Resultat war eine Linie auf der Seekarte. Irgendwo auf dieser Linie mußte ich mich befinden. Wohl kreuzte sie meinen Kurs, aber es hing allein von Stärke und Richtung der Strömung ab, ob ich mich weiter nördlich oder südlich von diesem theoretischen Schnittpunkt befand. Am nächsten Vormittag sah ich die grauen Umrisse einer Insel am Backbordbug aus dem Dunst aufsteigen. Eine Standlinie schaffte Klarheit, es war die Insel Española im Südwesten des Galápagos-Archipels. Eigentlich wollte ich ja nach Wreck Bay, dem offiziellen Einklarierungshafen auf San Cristóbal (weiter nördlich), doch habe ich es zumeist so gehalten, Zufälle auszunützen. Außerdem gab es auch einen finanziellen Aspekt: Ich würde kaum vor Mitternacht in Wreck Bay ankommen, was mich empfindliche Überstundengebühren des dortigen Hafenkapitäns kosten würde.

Sobald ich mein Boot in einer Bucht im Norden der unbewohnten Insel verankert hatte, ruderte ich an den Strand, wo Dutzende Robben neben- und übereinander lagen. Ich konnte zwischen ihnen herumstapfen, ohne sie zu verscheuchen – das Gefahrenerlebnis am Strand ist ihnen fremd, daher ihr Zutrauen. Ein junges Tier, das neben seiner schlafenden Mutter lag, streckte mir neugierig den Kopf entgegen. Nachdem es an meiner Hand geschnuppert hatte, durfte ich ihm das seidige Fell streicheln, bis ein alter Bulle zornig den Strand heraufgehopst kam und gegen diese Intimitäten protestierte.

Nach einem Streifzug über den leuchtend weißen Strand kehrte ich zu TABOO zurück. Ein junger Seelöwe folgte mir und spielte dann länger als eine Stunde mit dem Beiboot, indem er es hin und her schubste oder am Festmacher herumzog.

Am nächsten Morgen ging ich mit meinem alten australischen Militärgewehr auf Ziegenjagd. Noch nie waren mir so zutrauliche Vögel untergekommen. Mehrere Spottdrosseln begleiteten mich, eine hüpfte dauernd zwischen meinen Beinen herum, so daß ich mehr auf sie als auf Kakteendornen und Lavabrocken achtgeben mußte. Im Schatten eines Felsen rastete ich und hatte meinen Schießprügel über den Knien liegen. Sofort kam ein Fink angeflogen und hüpfte auf dem Lauf herum. Etwas später, als ich ein Zicklein ausweidete, hockte ein Bussard nur wenige Schritte abseits und wartete geduldig auf Abfälle.

Am Rückweg wanderte ich entlang der felsigen Küste an der Nordwestseite der Insel. Schwarzrot gefleckte Meerechsen, etwa einen Viertelmeter lang, lagen wie versteinert auf den Felsen; erst als ich sie fast anfaßte, glitten sie mit einem schabenden Geräusch in ihren Unterschlupf.

Das Zicklein bereitete ich als Rostbraten zu, mit Zwiebel und Kartoffel, eine kulinarische Sensation. Den Nachmittag verbrachte ich am Strand zwischen den Seelöwen und suchte dann nach Muscheln.

Kurz nach Sonnenuntergang lichtete ich Anker und segelte aus der Bucht. Nur unter gerefftem Großsegel machte TABOO langsame Fahrt, denn ich wollte nicht vor dem nächsten Morgen in Wreck Bay ankommen. Um die nordwestliche Strömung zu kompensieren, wählte ich einen Kurs nach Nordost statt Nord. Die Rechnung ging auf; bei Tagesanbruch war ich nur wenige Meilen südlich von Punta Wreck, der westlichen Spitze San Cristóbals. Im Regen und bei steifen Windböen, die von den Hügeln herabpfiffen, suchte ich die Einfahrt zwischen den Riffen und ankerte in Nähe des Hafengebäudes, das sich imposant von den Bruchbuden und Wellblechhütten des Dorfs abhob. Nach dem Besuch des Hafenkapitäns ging ich an Land, um meine Post abzuholen.

Obwohl die Inseln am Äquator liegen, war das Klima im September angenehm kühl, wenn man will sogar kalt. Erst wenn im Dezember der eisige Humboldtstrom durch wärmere Meeresströmungen verdrängt wird, steigt auch wieder die Lufttemperatur. Zwanzig Minuten verbrachte ich im Wasser, um zwei Langusten herauszuholen. Dann war es höchste Zeit rauszukommen, ich war schon am Blauwerden und brauchte mehr als eine Stunde, um mich im Windschatten eines Lavabrockens aufzuwärmen.

Am nächsten Morgen wanderte ich nach Hacienda El Progreso, einem Dorf, das sieben Kilometer von Wreck Bay entfernt und 300 Meter hoch in den Hügeln liegt. Schon dieser geringe Höhenunterschied bewirkt einen gewaltigen Klimawechsel: Oben regnet es oft, die Vegetation ist üppig (mit Dutzenden Orangenbäumen am Straßenrand) – welch ein Gegensatz zu den kümmerlichen Büschen und Kakteen inmitten der Lava der Küstenregion.

San Cristóbal ist eine der wenigen Inseln der Galápagos, die nicht unter Naturschutz stehen, ich verlor deshalb keine Zeit, nach interessanteren Plätzen weiterzusegeln. Die kleine Insel Santa Fé, auf dem Weg nach Santa Cruz, war meine nächste Station. Als ich zu einem kleinen Sandstrand ruderte, stöberte ich einige Haie auf, die im flachen Wasser kreisten.

Am Strand lagen faule Seelöwen, dahinter gebleichte Ziegenknochen. Die dazugehörige Story erzählte man mir später. Vor etlichen Jahren waren alle Ziegen der Insel im Verlauf einer Trockenperiode gestorben. Bewohner benachbarter Inseln setzten wieder Ziegen auf Santa Fé aus, um jagdbares Wild heranzuziehen. Eine darauffolgende Treibjagd im Auftrag des Darwin-Instituts rottete die Tiere wieder aus, die Eingeborenen konterten mit neuen Züchtungsversuchen und so weiter. Das Darwin-Institut hatte deshalb derartiges Interesse am Fernhalten von verwilderten Haustieren, weil sie den vom Aussterben bedrohten Riesenschildkröten das ohnedies allzu knappe Futter wegfressen. Im Moment jedenfalls hatten die Darwin-Leute (und damit die Schildkröten) oberhand: Auf Santa Fé herrschte die ziegenlose Periode.

Am nächsten Morgen sah ich mehrere größere gefleckte Stachelrochen langsam durch die Bucht gleiten. Geschmacklich würde ich die Rochen zwar eher am unteren Ende des Meeres-Menüs einordnen, aber immerhin noch deutlich über Haifischfleisch. Gefährlich sind sie vor allem dann, wenn man in seichtem Wasser watet und durch Zufall auf den Stachel tritt (mit oder ohne Aktion des Rochens). Man bekommt eine sehr schmerzhafte Vergiftung, die allerdings nicht tödlich ist. Bei größeren Rochen ist der Stachel fast ungefährlicher als der harte, dünne Schwanz, der mit viel Kraft hin und her gepeitscht wird und häßliche Schnittwunden verursachen kann. Jedenfalls nahm ich die Herausforderung der Wasser-Fle-

dermäuse an, schnappte die Harpune, sprang ins Dinghy und ruderte hinterdrein. Es sah einfach, fast unsportlich, aus: Ich schoß den Pfeil vom Beiboot aus ab, ich hatte so genau ins Gehirn gezielt, daß ich geistig bereits frühstückte. Im Gegenteil, ich ging baden: Der Rochen ging mitsamt seinem Pfeil ab wie ein U-Boot. Da ich die Harpune fest umklammert hielt, wurde ich aus dem Dinghy gehechtet, hielt mich aber mit der freien Hand noch am Bootsrand fest. Mit gut drei Knoten kreisten wir in geschlossenem Konvoi durch die Bucht, während der Rochen mit seinem Schwanz auf recht dramatische Art das Wasser peitschte und meine Arme immer länger wurden. Eine relativ sinnlose Strapaz meinerseits, denn ich hätte auch billigeres Frühstück gefunden, aber das Erledigen solcher Situationen war wohl eine Disziplin meines sportlichen Mehrkampfs, der mit dem schieren Segeln anfängt und beim Umgang mit korrupten Polizeichefs aufhört. Nach einer Zeit, die ich ernsthaft auf fünf Minuten schätzen würde, obwohl mir klar ist, wie irrsinnig lang das ist, war der Rochen müde, er machte Halbzeit, ich band die Harpune am Festmacher an und kletterte ins Dinghy. Langsam holte ich die Leine ein, doch plötzlich wurde das Tier noch einmal aufmüpfig, diesmal wurde er den Pfeil sogar los und schoß davon. Ein Widerhaken war abgebrochen, der zweite verbogen. So wie andere Leute auf frische Semmel fixiert sind, war ich an diesem Morgen zum Frühstück auf frische Meerestiere ausgerichtet. Der Rochen – nicht nur mein spezieller Gegner, sondern die ganze Truppe – hatte sich verabschiedet, als Ersatzgegner sah ich einen Hai. Also zurück zu TABOO, Tauchsachen ins Dinghy, neuer Pfeil in die Harpune gespannt, Abgang ins Wasser. Der Hai war etwa zwei Meter lang, also gerade noch in einer Größe, die ohne Sprengaufsatz zu bekämpfen war. Er schwamm rund um einen mehrere Meter breiten Korallenstock. Ich nahm die andere Richtung, überraschte ihn und jagte ihm den Pfeil schräg von unten durch den Leib. Der Schuß saß ordentlich, der Fall war aber keineswegs ausgestanden, denn der Hai schoß wild in der Gegend herum, zwischendurch sah ich, daß der Pfeil an der Einschußstelle fast schon rechtwinkelig verbogen war. Plötzlich begann das Tier wie irrsinnig zu rotieren, und zwar im Uhrzeigersinn. Nicht, daß mir die Richtung der Drehung sonderlich aufgefallen wäre, aber als ich wenige Augenblicke später nur noch einen verbogenen Pfeil ohne Spitze in der Hand hielt, wurde mir der Zusammenhang langsam klar. Durch die Drehbewegung hatte der Hai die Spitze glatt abgeschraubt und war damit entflohen. Der Pfeil hatte sich deshalb nicht mitdrehen können, weil er verbogen gewesen war und ich die Leine straff gehalten hatte.
Rasch ruderte ich zurück zum Boot, holte einen neuen Harpunenpfeil und ankerte das Ding wieder nicht weit vom Korallenkopf. Er war wie ein großer Pilz gebaut, breit und ausladend, mit dunklen Höhlen darunter. In einer schien sich

etwas zu bewegen und im nächsten Moment hatte ich schon instinktiv die Harpune abgeschossen, bevor ich mich zur Seite drückte. Vorbei schoß ein Hai, der Pfeil ragte zu beiden Seiten des Körpers heraus. Diesmal habe ich dich, doch er riß mit derartiger Gewalt gegen die Leine, daß beide Widerhaken abknickten und der Hai wieder frei war, um später zu sterben, wahrscheinlich mit Hilfe seiner Artgenossen.
Damit waren zunächst einmal alle meine Pfeile unbrauchbar geworden und ich trat den Rückzug an. Auf dem Kajütendach der TABOO liegt immer griffbereit ein Wurfspeer aus Hartholz mit einer Eisenspitze. Den packte ich jetzt und ruderte an den Strand. Dort, wo sich die Wellen brechen, sind oft kleine Stachelrochen zu finden. Aber noch bevor ich dort war, sah ich schon einen über den Sandgrund schweben. Sofort war er aufgespießt und ins Beiboot gezogen. Rasch in die Bratpfanne damit, denn die ganze Aktivität vor dem Frühstück hatte meinen Appetit enorm angeregt.
Ich blieb noch den ganzen Tag auf der Insel und wanderte stundenlang herum. Nettes Detail: Ich sah einen Darwinsfink beim Werkzeuggebrauch. Mit einem Kaktusstachel stocherte er in der Borke eines umgestürzten Baums und suchte nach Larven oder Käfern.
Am nächsten Morgen segelte ich die restlichen 17 Seemeilen nach Santa Cruz, der zweitgrößten Insel des Archipels. In der Academy Bay ist die wesentlichste Ansiedlung der Galápagos, mit einigen Europäern und dem Darwin-Forschungsinstitut.
Großes Hallo, als ich zwei Bekannte von der netten Sorte wiedersah: Das belgische Paar Charles und Lily Decorte, beide etwa in meinem Alter. Ich hatte sie das letzte Mal vor drei Jahren in der Karibik getroffen, inzwischen hatten die beiden eine abenteuerliche Story erlebt. Mit ihrer 10-Meter-Ketch LOUMARAN waren sie von Gouadaloupe nach Avis Island gesegelt. Das ist eine kleine sandige Insel, mit Korallen und etwas Gras, aber ohne den kleinsten Baum oder Strauch. An keiner Stelle ragt sie höher als drei Meter über das Wasser. Für Tauch-Trips war die Insel aber eine gute Basis, also errichteten sie ein kleines Lager und kampierten. In der zweiten Nacht wurden sie von einem Wirbelsturm überrascht, der das Zelt einfach wegblies. Die Brandung war derartig stark, daß es unmöglich war, mit dem Beiboot zurück zur Yacht zu rudern. Am Morgen sah Charles, wie die LOUMARAN langsam abtrieb – die Ankerkette war gerissen und die Yacht wurde stark überliegend bald außer Sicht geblasen. Das war der Moment, an dem die beiden mit den Nerven fertig waren.
Als sie wieder anfingen, klar zu denken, bauten sie zuerst einen Unterschlupf. Am nächsten Tag fing Charles eine Schildkröte und bereitete einen Teil davon zu (Kochgeschirr hatten sie ja an Land genommen, das Wasser allerdings ging zur

Neige). Mit einer Blechdose und einem Rohr begannen sie, Wasser zu destillieren (Brennmaterial war Treibholz). Damit war die erste Gefahr des Verdurstens gebannt, dennoch hatte Lily noch immer Angst zu sterben. Am nächsten Tag produzierte Charles morgens und nachmittags je eine Flasche Wasser. Einige Vogeleier und angeschwemmte Kokosnüsse bereicherten das Angebot. In den Sand zeichnete er ein großes SOS. Um 17.00 Uhr sah er ein Schiff auf die Insel zufahren. Eine Stunde später war es bereits dunkel, er gab Signale mit der Taschenlampe, die nach einiger Zeit beantwortet wurden. Da das Schiff nur noch wenige Meilen entfernt sein konnte, sprangen sie ins Beiboot (mit kleinem Außenborder) und fuhren entgegen. Nach einer Weile sah es so aus, als ob das Schiff vorbeifahren würde. So kehrten sie um und fuhren wieder zur Insel zurück, hatten sie aber in der Finsternis bereits verloren (kein Mond, keine Sicht). In Panik drehten sie zum Schiff zurück, aber das war schon weg. Zu diesem Zeitpunkt gab Lily die Nerven völlig ab – auf einmal sahen sie das Schiff wieder auf sich zukommen. Diesmal klappte alles, Lily wurde zuerst an Deck geholt, sah die LOUMARAN im Schlepptau des Frachters und rief es Charles zu, aber der bekam schon gar nichts mehr mit. Die Yacht hatte etliche Beschädigungen und bekam im Schlepptau des Schiffs noch einige dazu, aber auf jeden Fall erreichten die Belgier Trinidad, segelten dann behelfsmäßig nach Martinique und reparierten dort sechs Monate lang ihr Boot. Jetzt waren sie allesamt wieder bestens in Schuß und auf großer Pazifik-Tour, das Schockerlebnis hat sie nachträglich aufgebaut. Später hörte ich, daß sie in Chile das Boot verkauft hatten.
Aber zurück zu TABOO und ihrem Skipper in Academy Bay. Fürs erste wollte ich möglichst viel über die Galápagos lernen, denn die Fremdheit des Archipels hatte mich nicht genügend vorbereitet getroffen, für zu viele Natureindrücke fehlten mir die theoretischen Erklärungen.
In den nächsten fünf Monaten war ich neugieriger Wanderer, Jäger, Muscheltaucher und Charter-Unternehmer. Ich mußte versuchen, etwas Geld zu verdienen. Recht günstig verkaufte ich Hai-Gebisse (rund 20 Dollar das Stück für mittlere Exemplare) und seltene Muscheln, für Charterfahrten (natürlich schwarz, denn ich hatte ja keine Lizenz) verlangte ich zwischen 20 und 50 Dollar pro Tag, je nach der Kasse der Touristen. Da keine der Fahrten länger als drei Tage dauerte und die Touristen zumeist von der »ehrlich neugierigen«, nicht von der geldstinkendroutiniert-Selbstgefälligen Sorte waren, waren mir solche fallweisen Jobs recht. Die Touristen-Auslese war – 1971, hoffentlich hat sich nichts geändert – schon dadurch gegeben, daß es mühsam war, die Galápagos zu erreichen, man mußte entweder auf einem ekuadorianischen Versorgungsschiff ranzuckeln oder in Quito warten, bis in irgendeinem obskuren Flugzeug, das fürs Militär bestimmt war, durch Zufall ein Platz frei war.

Außer den winzigsten besuchte ich alle Inseln der Gruppe, zerschnitt mir meine Schuhe auf glasharten Lavafeldern und erlebte fasziniert eine unglaubliche Vielfalt von Tieren, mit deutlichen Unterschieden von Inselchen zu Inselchen – schlag nach bei Darwin.

Rot-schwarze Iguanos und Galápagos-Albatrosse sah ich nur auf Hood, auf San Salvador flugunfähige Kormorane und die größten Ansammlungen von Meerechsen. In der Elisabeth Bay von Isla Isabela war eine winzige Insel von Hunderten Pinguinen, blaufüßigen Tölpeln und Fregattvögeln bevölkert. Die nicht allzu häufigen Landechsen sah ich zu Dutzenden auf den Plaza-Inseln, vor der Ostküste Santa Cruz', sie fraßen aus der Hand. Um eine Elefantenschildkröte auf freier Wildbahn zu überraschen, muß man schon sehr viel Glück haben oder von einem Wissenschaftler geführt werden, denn diese Tiere haben ihre eigenen Stammplätze und kriechen nicht kreuz und quer über die Inseln. Auf der Insel James schoß ich mehrere Ziegen und einen Esel nahe einem kleinen Kratersee, an dessen Ufer fünf Flamingos herumstolzierten. Das Fleisch räucherte ich zwei Tage lang in einem improvisierten Ofen am Strand. Das war schon als Vorrat bestimmt, denn an Ort und Stelle gab es Überfluß an Fischen. Neben den Langusten und Zackenbarschen, die ich beim Tauchen fing, bissen häufig Thunfische, Barracudas, Petos und Königsmakrelen an der Schleppangel.

In diesen Monaten beschäftigte ich mich näher mit einer früher beiläufig ausgeübten Disziplin, die nun langsam zu einer Leidenschaft wurde, die sich später enorm ausweitete: dem Tauchen nach Schnecken und Muscheln. (Wenn ich manchmal der Einfachheit halber von »Muscheln« rede, sind zumeist Schnecken und Muscheln gemeint, wobei die Schnecken zahlenmäßig weit überwogen.) Abgesehen von der Jagd nach seltenen und damit teuren Exemplaren, übernahm ich das Routine-Einsammeln von Conus-Schnecken im Auftrag eines deutschen Wissenschaftlers. Diese Coniden-Funde mußten genau katalogisiert werden (Fundort, Datum, Wassertiefe, Bodenbeschaffenheit, ob bei Tag oder Nacht gefunden etc.) und in Alkohol aufbewahrt werden.

Nach einem halben Jahr tiefster Eindrücke, an denen ich noch jahrelang wiederkäute, malte ich mir eine längere Zeit der Einsamkeit auf TABOO als eine Art von Genuß aus, der die Erinnerung an Galápagos großartig abrunden würde. Ich würde Zeit haben, um in jenen ruhigen Rhythmus zu kommen, wie er meinem nächsten Ziel entsprechen würde: Rapa Nui, die Osterinsel.

Spirit of Rapa Nui

Als ich am Mittag des 6. März 1972 aus der Academy Bay segelte, stand eine frische Brise aus dem Osten in die Bucht, ein guter Beginn, denn solcherart würde ich rasch in den Bereich des Südost-Passats kommen. Das freundliche Blasen wurde aber immer schwächer und in der Nacht war ich froh, wenn die Segel gerade noch voll standen. Es spielte mir keine Rolle, meinetwegen auch zwei Monate auf See zu sein, aber trödeln konnte ich nicht. Mein Phantomgegner motivierte mich immer zu voller Leistung, und wenn trotzdem nichts weiterging, wurde ich unruhig. Unendlichkeit, Einsamkeit, Ruhe, Friede: okay, wunderbar, aber ich werde mich dabei immer als Reisender sehen, auf dem Weg zu einem ganz bestimmten Ziel, das einen Namen hat, unter dem ich mir was vorstelle. Und dieses Ziel wollte ich immer möglichst rasch erreichen, um nichts langsamer als wäre ich in einer Regatta. Das galt natürlich für die längeren Strecken; in Küstennähe war ich jederzeit bereit, mir »neutralisierte« Zeit zu nehmen, da gab es keinen Zeitplan, da durften Tage, Wochen oder Monate ungeplant verrinnen. Sechs Monate Galápagos, da war nichts geplant gewesen, das hatte sich einfach ergeben.

Von den Galápagos war ich nun langsam in jene Breiten gekommen, in denen es theoretisch eine mäßige, aber stetige Brise geben sollte, in der Praxis blies es jedoch manchmal aus dem Osten, dann aus dem Westen, mit Flauten dazwischen und Gewitter mit Platzregen an jedem Nachmittag, als wäre ich am Äquator. Als ich einmal bei Sonnenuntergang vor einer dunklen Wolkenbank dahinsegelte, bildeten sich an deren einem Ende zwei Wasserhosen. Als sie wie dunkle Finger vor dem leuchtenden Abendrot zu mir herüberwinkten, hielten sich bei mir ein leichtes Angstgefühl und stille Mitgerissenheit die Waage. Ich hatte keine Lust, eine mögliche Situation – TABOO im Zentrum einer Wasserhose – durchzudenken, man soll sich nicht unnötig aufregen.

Am dritten Tag war die Deklination der Sonne die gleiche wie meine Breite, nämlich vier Grad südlich des Äquators. Die Sonne war auf dem Weg nach Norden, während ich in die entgegengesetzte Richtung trödelte.*
Ich war fast in festlicher Stimmung, empfand ein Gefühl einer bemerkenswerten Begegnung, wie zwischen Partnern, die zwar dauernd miteinander zu tun haben, einander aber nur alle heiligen Zeiten über den Weg laufen. Bis jetzt hatte ich die Sonne durch das Fernglas meines Sextanten im Süden suchen müssen, ab sofort mußte ich eine Kehrtwendung machen, um die Höhe für eine Standlinie zu messen.
Es war am gleichen Tag, es dämmerte bereits, als mich ein Getöse zusammenzukken ließ. Ein riesiger Wal war etwa 20 m neben TABOO aufgetaucht und blies nun mit ungenierter Lautstärke seine Fontäne hoch. Ich hatte gegenüber diesen Riesen, die sich planktonfressenderweise durch die Meere schieben, früher nur Neugier empfunden, das hatte sich im Lauf der Jahre langsam zu einer Art berechnender Sorge verschoben: Diese Tiere waren eine echte Gefahr für eine Yacht von der Größe TABOOs, Beispiele dafür gibt es genug.
Erstens bin ich der festen Meinung, daß die meisten »geheimnisvollen Untergänge« vieler Schiffe in früheren Zeiten auf auftauchende Wale zurückzuführen sind – man hat nur deshalb nichts davon erfahren, weil es keine Überlebenden gab. Nun gibt es seit zehn, 15 Jahren wesentlich bessere Überlebenschancen (bessere Schlauchboote, vor allem aber »Rettungsinseln«). Seither hört man auch eine ganze Menge über Kollisionen von Schiffen mit Walen. Zuletzt hatte ich davon gehört, bevor TABOO durch den Panamakanal geschleust worden war – dort hatte ich drei schiffbrüchige Deutsche getroffen, die buchstäblich nur in kurzer Hose angekommen waren. Ihr Boot war auf dem Weg von den Galápagos zu den Marquesas von einem Wal gerammt worden, innerhalb weniger Minuten war es gesunken. Die Männer waren dann 24 Tage in ihrem Schlauchboot getrieben, bis sie von einem russischen Frachter aufgenommen worden waren.
Später hörte ich aus erster Hand die Geschichte des Thomas Robertson. Neben dem Skipper waren auf dem Schoner LUCETTE noch die Frau des Eigners, deren 18jähriger Sohn und zwölfjährige Zwillingssöhne und eine Mannschaft gewesen. Im Juni 1972, zwei Tage nach der Abfahrt von den Galápagos, wurde das Boot

---

* Die Deklination ist die »Breite« der Sonne. Weil die Sonne genau von Ost nach West zieht, läuft sie bei einer Deklination von 4° Süd genau senkrecht über dem vierten südlichen Breitengrad entlang. Diese Breite ändert sich je nach Jahreszeit. Im Winter ist sie mehr als 23° Süd, im Sommer kommt sie langsam höher in unsere Breiten. Da ich im Frühling (Sonne kreist auf einer Breite, die sich täglich weiter nach Nord verlagert) auf dem Weg in den Süden war, »begegnete« ich der Sonne. Tags zuvor mußte ich zur Mittagszeit nach Süden messen, am erwähnten Tag war sie zur Mittagszeit genau über mir (ein senkrecht stehender Stab hätte keinen Schatten geworfen) und einen Tag später sah ich die Sonne im Norden.

von Mörderwalen attackiert. Wahrscheinlich hielten die Tiere die LUCETTE für einen Wal, sie rammten den Bug und rissen dort die Planken aus dem Schiff, das innerhalb weniger Minuten sank. Alle sechs Menschen wurden 37 Tage später von einem japanischen Thunfischfänger geborgen und nach Balboa gebracht, alle überlebten, aber sie sahen wohl den Rest ihres Lebens aus anderen Augen.
Mörderwale sind eine ganz eigene Art, haben das Maul voller großer dreieckiger Zähne, werden in der Regel nur fünf bis sieben Meter lang und sind erkennbar an ihrer säbelartigen Rückenflosse. Sie greifen im Rudel auch andere Wale an – von der planktonfressenden Art, sie sind praktisch wehrlos –, wobei es vorkommen soll, daß einige Mörderwale dem Gegner das Maul aufreißen und die anderen dessen Zunge stückweise herausbeißen. Man soll auch schon beobachtet haben, wie Mörderwale ein ganzes Rudel von Seehunden zerfleischt haben.
Erzählungen aus erster Hand über Walunfälle hörte ich später in Tahiti, darunter die des Untergangs der neuseeländischen Yacht Bo-Pea, die ebenfalls in der Nähe von Galápagos von Walen gerammt und versenkt worden war, die Besatzung wurde drei Tage später von einem Fischerboot gerettet. Selbst von Hochsee-Regatten sind Walzwischenfälle bekannt, unter anderem hatte es einen derartigen Unfall im Kapstadt-Rio-Rennen gegeben.
Mein Wal kam allerdings auf keine dummen Gedanken, blieb wenige Meter neben TABOO, folgte auch kleineren Kursänderungen und ließ in Abständen Dampf ab. Es dauerte etwa zehn Minuten, bis er auf Tauchstation ging; ich hörte und sah nichts mehr von ihm.
Erst nach einer Woche brach der Passat durch, blies die Gewitter weg und überzog den Himmel mit den typischen Passatwolken: regelmäßig verteilte Wattebauschen. Jetzt machte das Segeln wieder Spaß, die Brise war stetig, zum Steuern des Boots genügte das Belegen der Pinne. TABOO war auf dem besten Weg, Versäumtes nachzuholen. Ich hatte Zeit, einige Arbeiten an Bord zu tun, hatte aber jeweils nachmittags meine faulen Stunden, da lag ich in der Hängematte, vertäut zwischen Vorstag und Mast, schaute in die Segel oder las oder träumte.
Langsam wurde die Größenordnung des Pazifik klar: Die Strecke Galápagos–Osterinsel entsprach einer ganzen Atlantiküberquerung. Als ich am 18. Tag meinen Standort auf der Seekarte markierte, fand ich mich 42 Seemeilen nördlich der Osterinsel. Die Sicht nach Süden war vorerst durch Regen versperrt, dann klarte es auf, ich sah zwei Vulkankegel gerade voraus, der Rest der Insel lag noch hinter dem Horizont. Langsam wurde das Land höher und breiter. Bei Sonnenuntergang hatte der Wind stark nachgelassen, schließlich war es zehn Uhr Abend, als ich vor Hango Roa, der einzigen Ansiedlung der Insel, war. Somit hatte diese Fahrt nur zwei Stunden kürzer gedauert als meine Atlantiküberque-

rung, aber an ein Ankern war nicht zu denken, da die Seekarte gefährliche Riffe und Untiefen zeigte, mit denen ich mich nur bei Tageslicht auseinandersetzen wollte.
Also segelte ich während der Nacht langsam die Westküste hoch und war am Morgen wieder vor Hanga Roa. Etwas südlich davon befindet sich ein winziges Hafenbecken – geschützt durch zwei Riffe – mit einer für mein Boot gerade ausreichenden Wassertiefe. Auf der Seekarte schien mir das ein ausgezeichneter Platz zu sein, um TABOO sicher unterzubringen. Die Wirklichkeit sah anders aus: Eine schwere Dünung rollte aus dem Süden direkt auf die Küste zu, bäumte sich drei bis vier Meter hoch auf und brach in regelmäßigen Abständen quer über die Einfahrt, die etwa 70 m weiter hinten den Blick in das Becken freigab.
So segelte ich wieder zurück, um vor dem Dorf zu ankern. Ein alter Fischer, der gerade seine Langustenkörbe inspizierte, winkte mir freundlich zu und zeigte mir einen geeigneten Ankerplatz mit Sandgrund, der, obwohl das Wasser hier 25 m tief war, noch vom Deck zu sehen war. Ich lag jetzt zwar 600 m vor der Küste, mit entsprechend langen Ruderpartien dazwischen, aber diese Entfernung gab mir ein beruhigendes Gefühl. In diesen Breiten ist ein plötzlicher Wetterumschwung keine Seltenheit, und bei auflandigem Wind wäre es noch möglich gewesen, aus der Bucht herauszukreuzen und die Sicherheit des offenen Meeres zu gewinnen.
Etwas später kam der Hafenkapitän mit Kind und Kegel an. Offenbar verband er die Arbeit mit einem Ausflug für seine Familie. Nicht viele Schiffe oder Yachten werden in diese einsame Gegend der Welt verschlagen. Im Gegensatz zu anderen südamerikanischen Ländern (die Osterinsel gehört zu Chile) war der Papierkram in Kürze erledigt, der Beamte wünschte mir angenehmen Aufenthalt und empfahl sich mit freundlichem Handschlag.
Als ich an Land ruderte, begrüßte mich mein alter Fischer, band fürsorglich mein Beiboot an und überreichte mir zwei zappelnde Langusten. Er sagte, daß ich jederzeit in seinem Haus willkommen sei und auch dort schlafen könne. Danke, sagte ich, ich schlafe wegen der Sicherheit des Bootes lieber in der eigenen Koje. Große Reden, denn schon die erste Nacht verbrachte ich auf der Insel. Am Abend gab es großen Tanz in der Dorfschule. Gut aufgelegtes Volk, polynesische Musik und chilenischer Flaschenwein, da wird auch ein fremder Skipper rasch integriert. Ich lernte drei junge Schwestern aus der ziemlich bekannten Pakarati-Familie kennen (gehört zu den Alteingesessenen, wurde schon von Heyerdahl erwähnt) und war dabei noch knapp bedient, denn insgesamt gab es elf Pakarati-Töchter, drei oder vier davon aber schon außer Landes. TABOO blieb jedenfalls tabu, ich versandete in jener Nacht mit Isabel, einem der Pakarati-Mädchen.
Nachdem wir alle Lunch gehabt hatten, wollten die Schwestern, momentan in

Fünferriege, TABOO besichtigen. Der alte Fischer hielt als Fährmann her, denn mein Dinghy war im besten Fall eine Drei-Personen-Angelegenheit. Wir waren gerade beim Kaffeetrinken, mit Geklimper und Gesang, als zwei meiner Gäste plötzlich den Appetit verloren und an Deck trippelten. Das Meer war ruhig, der Wind wehte vom Land her, aber TABOO hob und senkte sich langsam in der Dünung. Eine durchaus angenehme Bewegung, die mich in der Koje sofort einschlafen läßt, aber nicht jeder weiß sie zu schätzen.
Am nächsten Vormittag erschien ich beim Gouverneur zu einem Antrittsbesuch. Als ich in sein Büro trat, die Tür war offen, hantierte er gerade mit einem verchromten Trommelrevolver. Er bat mich, Platz zu nehmen und klopfte dann wieder das Schießeisen gegen die Tischkante. Es galt, die Kammern zu entleeren. Ah, endlich geschafft. Der Gouverneur warf die Patronen wie eine Handvoll Erbsen in die Schublade seines Schreibtisches und überreichte die Waffe einem Untergebenen, den er wortreich auf eine Dienstmission schickte. Daraufhin wandte sich dieser Menschenkenner mir zu. Ich stellte im Laufe des Gesprächs fest, daß ich eine äußerst freundliche und hilfsbereite Person vor mir hatte. Sudy M. Castro war General i. R. der chilenischen Polizei und erst seit drei Monaten auf der Osterinsel. Ob ich irgendwelche Wünsche hätte? Nein, ich wollte nur zunächst einige Kleinigkeiten einkaufen und dann bei der Wetterstation vorbeischauen. Er bot sich sofort als Begleiter an, und ab ging es in der von einem Chauffeur gesteuerten Limousine. Wenn ein Auto mit Chauffeur irgendwo auf der Welt ein Luxus ist, dann hier – bei einem Straßennetz von etwa 30 km.
Der Gouverneur steigerte sich zu immer besserer Form: Er lud mich zum Essen und war derartig begeistert von der Größe der Portionen, die ich wegputzte, daß er mich immer wieder einlud, in der Meinung, mich aufpäppeln zu müssen. Die automatische Regelung des Körperhaushalts klappt bei meiner Lebensart bestens: Ich esse und trinke, wie sich's ergibt ..., und da sich zumeist die knappe, aber vernünftige Bordkost ergibt, kann ich mich bei gegebener Gelegenheit bedenkenlos anfüllen – als reiner Lustgewinn, so wie der andere ins Kino geht. Das gilt auch für Alkohol: Richtig besoffen kann ich zwar nie werden, weil mich die Möglichkeit eventueller Handlungsunfähigkeit erschreckt, aber ich habe keine Prinzipien in Richtung Abstinenz. Unter Umständen trinke ich an einem Abend soviel wie sonst in zwei Monaten – sagen wir fünf Whiskies.
Jedenfalls führte ich ein Superleben: Da war Isabel samt ihren Schwestern, da gab's Reiten, Höhlen- und Felsen-und-Figuren-Besichtigen, Klettern, Tauchen und zwischendurch immer eine gepflegte Völlerei beim Gouverneur. Zum Glück habe ich einen inneren Wecker, der mich vor dem Vergammeln warnt, vor dem Eingelullt-Werden, wohl auch vor der Seßhaftigkeit und dem Heiraten. Die Osterinsel war einer der Plätze, wo die Gefahr eines längeren Gastspiels gegeben

war, da bist du auf einmal ein bequemer Pinkel, der womöglich irgendeinen braven Job sucht, dann bist du plötzlich verheiratet, suchst womöglich um die chilenische Staatsbürgerschaft an. Als ich ins süße Leben als Hahn im Osterinsel-Korb eingetaucht war, hatte ich von vornherein ein ziemlich frühes Abreisedatum festgelegt, zwei Wochen gab ich mir.
Die berühmten Steinfiguren der Osterinsel haben natürlich auch mich berührt; man kann gar nicht genug über sie gelesen, genug an wissenschaftlichen Abhandlungen in sich hineingepaukt haben, als daß man letzten Endes nicht doch in einer Art Respekt davor stünde. Du ertappst dich dabei, Forschungserkenntnisse in geistige Bilder aufzulösen, wie haben diese Menschen an den gigantischen Figuren – Moais genannt – gearbeitet, was ist Ende des 17. Jahrhunderts wirklich passiert, wie mag der Krieg zwischen Lang- und Kurzohren ausgesehen haben? Und dann die weitere Geschichte, die Entdeckung der Insel durch das Holländer-Schiff »De Afrikaansche Galei« am Ostersonntag (daher der Name) 1722, der Kampf mit den Eingeborenen (12 tote Holländer blieben zurück), später das skrupellose Wüten von Seeräubern und Sklavenhändlern. Osterinsel: Ein Platz zum Sitzen, Denken, Geschichte-Träumen.
Die mehr als tausend Bewohner waren bis vor einigen Jahren nur durch den jährlichen Besuch eines Versorgungsschiffes aus Valparaiso mit der Außenwelt verbunden. Nun macht die chilenische Fluglinie wöchentlich einmal auf der Strecke Santiago – Papeete Zwischenlandung auf Rapa Nui, wie die Osterinsel bei den Einheimischen nach wie vor heißt. Ein Großteil der Bevölkerung kommt zu dieser Zwischenlandung – sie ist schließlich der Hit der Woche im Veranstaltungskalender. Die Touristen haben dann zwei Stunden lang die großartige Chance, schon vor den Pflichtübungen auf Tahiti die ersten Sehenswürdigkeiten zu konsumieren, leichtgemacht durch jede Menge hungriger Taxis, da kann man dann die Moais fotografieren, mit Onkel Karl und Tante Betty, dann eine holzgeschnitzte Figur und eine Muschelkette kaufen (schon wieder am Flugplatz), dann rasch den Paß abstempeln lassen (Sonderstempel Osterinsel), ein kaltes Bier runterkippen, dann bricht der Schweiß erst so richtig aus, dann die Treppe zum Flugzeug raufstolpern. Dann das Getöse eines DC-8-Starts, dann geht die Uhr wieder langsam. Eine Woche später wird die Osterinsel wieder für zwei Stunden in die Welt integriert.
Im Dorf gibt's elektrisches Licht, eine Spende der Amerikaner, denen es hier auf die übliche Art erging: Erst bauten sie eine Wetterstation, brachten die Elektrizität, dann kickte man sie raus – minus E-Netz, das blieb.
Als Dank für die Gastfreundschaft führte ich TABOO wie einen dressierten Königstiger vor. Für mich faszinierend: Daß es Leute auf dieser Insel gibt, die überhaupt keine Beziehung zum Meer haben, die sich vor Wasser fürchten, die

Kraft von Wellen nicht kennen, das Wetter nicht zu deuten vermögen. Nirgendwo lebt man mehr inmitten des Ozeans als auf der Osterinsel. Die Fahrt mit dem Gouverneur war kurz. Windstärke 6 aus dem Osten – eine feine Sache, solange TABOO im Lee der Insel das glatte Wasser zerschnitt. Nur die kleine Fock war angeschlagen, das Groß bereits gerefft. Im Moment, als wir die steilen Klippen backbord zurückließen, blies der Wind eine höhere Oktave in den Wanten, TABOO nahm Fahrt auf, versank in einem Wellental, krachte in eine brechende See, der Gouverneur kippte aus dem Liegestuhl, alle wurden waschelnaß, hörten sofort zu reden auf. Ich machte es kurz, man war dankbar dafür.

Nach zwei Wochen stand Hausners Abgang auf dem Programm. Warum?, wollten sie wissen. Ob ich Termine, Verpflichtungen hätte, ob mir irgendwas an der Behandlung auf der Insel nicht gefallen habe. Schwer zu erklären, daß man deshalb rasch weg muß, weil alles so super ist: Die Mädchen, die Menschen, die Insel, die Moais. Und das Essen beim Gouverneur.

Zum Abschied gab's Tanz, Sekt, ein Schaf am Spieß vor dem Pakarati-Haus, einen nächtlichen Geleitzug zum Strand, Geschenke, die mich rührten, nicht in der Werkzeugkammer verschwanden, sondern prominente Plätze auf TABOO bekamen: The Spirit of Rapa Nui.

Tahiti

Mein nächstes Ziel war Pitcairn, knapp 2000 km westlich der Osterinsel. Pitcairn, ein Fixpunkt der Südseeromantik, seit sich die Meuterer der Bounty dort niedergelassen (1789), ihr gekapertes Schiff verbrannt und sich dann bis auf einen Mann und vier Frauen niederzumetzeln begonnen hatten.
Auf der Fahrt dorthin wurde in einem ziemlich argen Sturm wieder einmal die Aufhängung einer Ruderanlage beschädigt. Ich montierte das Zeug sofort ab und behalf mich mit dem verbleibenden Ruder, bei leicht eingeschränkter Manövrierbarkeit.
Wie auf der Osterinsel gab es auch auf Pitcairn keine geschützten Buchten. Eine steife Brise stand in die Bounty Bay, dem einzigen Ankerplatz. Weiße Brecher rollten gegen schwarze Klippen, etwas oberhalb, im Urwald, erkannte ich einige Häuser. Ich hätte zwar im Lee der Insel besseres Wetter abwarten können, aber das hätte Tage dauern können, außerdem war nicht anzunehmen, daß man hier den Ruderbeschlag reparieren könne. So ließ ich Pitcairn fahren, TABOO jagte arrogant an der steil aufragenden Insel vorbei, die zwei Stunden später im Regen verschwunden war.
Dann suchte ich in aller Ruhe die Seekarte ab und entschloß mich für das Gambier-Atoll. Es war zwar Sperrgebiet für Schiffe und Yachten wegen der französischen Atombombenversuche im Mururoa-Atoll, aber ich konnte ja eine Notsituation vorweisen – mein kaputtes Ruder. Sechs Tage später suchte ich die Einfahrt durch das Riff, das wie ein breiter Gürtel eine große Lagune mit mehreren Inseln umschließt. Ich hatte keine detaillierte Seekarte, konnte mir in dem klaren Wasser aber helfen: Von meinem Ausguck (auf halber Masthöhe) erkannte ich an der Farbe des Wassers die Tiefe. Die Farben gehen von Dunkelblau über Hellgrün bis Braun, aber bei Braun ist es schon zu spät, da kracht's.

Französisch-Polynesien, Gambier-Atoll, Insel Mangareva, Hauptort Rikitea: Ich zwängte mich durch einen engen und gewundenen Kanal in ein geschütztes Becken. Ich hatte noch nicht einmal geankert, als auch schon ein Gendarm ankam, der sich mächtig aufpudelte – ich hatte nicht einmal ein Visum für das französische Territorium. Ich erklärte die Sache mit dem Ruder, das half ganz wesentlich, denn mein Gendarm schleppte sogar den Kommandanten der hier stationierten Fremdenlegionäre an, der noch dazu Deutscher war und mir zusagte, sein Schweißer werde am nächsten Tag vorbeikommen und den Beschlag zur Reparatur abholen.

Am Abend spazierte ich umher, nach 18 Tagen auf See hatte ich ein Bedürfnis dazu. Es gab kein Licht, so tapste ich vorsichtig einen Pfad entlang durch das Dorf. Die einzigen Geräusche waren hin und wieder Musikfetzen und das Geräusch fallender Kokosnüsse. Am Ende des Weges stieß ich auf ein riesiges fensterloses Gebäude. Wozu ein solch riesiger Lagerschuppen auf der Zwergeninsel? Die Erklärung bekam ich später von einem deutschen Fremdenlegionär: Es war ein Atombunker, in den die gesamte Inselbevölkerung – 700 Mann – bei jedem Mururoa-Bombentest einquartiert wurde. Die Schutzhaft vor Atommüll dauerte zwei bis bis drei Tage, während der das Gebäude ununterbrochen berieselt wurde. Um die Haustiere, Obst- und Kokosbäume, um die Kaffeeplantagen und Fische machte man sich weniger Sorgen. Laut Erzählung des Legionärs soll es ein Jahr zuvor – also 1971 – zu einem geheimgehaltenen Zwischenfall gekommen sein: Man habe die Wirkung einer Bombe unterschätzt, sämtliche Betonaufbauten auf Mururoa seien weggeblasen worden. Daß es bei *jedem* Versuch, also auch den planmäßig verlaufenen, jeweils Zigtausende gesottene Fische gegeben hat, ist ja ohnedies bekannt.

Ich blieb zehn Tage auf Mangareva, bekam aber weder den Kommandanten noch den Schweißer zu sehen. Ein junger französischer Leutnant – als Zahnarzt abkommandiert – war jedenfalls hilfsbereiter als der Kommandant und organisierte die Reparatur des Ruderbeschlags. Der Eindruck, den ich von Mangareva gewann, war der von bis zur Karikatur verzerrter Inselfaulheit: Singen, Trinken, Tanzen, 90-Stunden-Weekend. So sehr ich hier also das Südseeklischee des Europäers bestätigt fand: Verallgemeinerungen sind grober Unfug, auf anderen Inseln stieß ich später auf Angehörige irgendwelcher amerikanischer Sekten, die sogar Kaffee als unnötigen Lustgewinn mieden.

Bevor ich absegelte, schärfte mir der Gendarm ein, einen gewissen Abstand zu Mururoa zu halten, obwohl er mir den Zeitpunkt der nächsten Explosion nicht nennen könne. Keine Sorge, ich hatte mich schon vorher auf die winzige Insel Rapa als nächstes Ziel eingestellt, und das lag fernab von den Atomfreunden. Diese Routenwahl war äußerliches Zeichen meiner sich langsam ändernden

Einstellung. Das Weltumsegeln als pure sportliche Leistung hatte ich ja schon drei Jahre zuvor aus den Augen verloren – wenn ich irgendwann wieder nach Australien zurückkäme, würde ich ja automatisch die Erde umsegelt haben, aber das Schließen dieses Kreises hatte nicht mehr den geringsten Reiz für mich. Statt dessen suchte ich mir nun auf der Karte die abgelegensten Plätze aus, möglichst weit weg von den Kraftlinien der Zivilisation. Warum ich beispielsweise auf Rapa verfiel, weiß ich nicht – aber es gab ja schließlich keinen Grund, *nicht* nach Rapa zu gehen.
In der Nacht vor dem geplanten Auslaufen hörte ich Geräusche an Bord, am Morgen fand ich einige Dinge angeknabbert – ich hatte also eine Ratte an Bord. Wie kommt eine Ratte auf TABOO? Sie hatte nur eine einzige Möglichkeit gehabt: Sie mußte am Kai durch irgendeinen Zufall ins Beiboot abgestürzt sein, ich hatte sie nachts beim Zurückrudern nicht bemerkt, und dann zog ich sie wohl mitsamt dem Beiboot auf das Deck. Ich suchte den ganzen Tag, denn mit einer Ratte an Bord wollte ich nicht ablegen. Keine Spur von dem Vieh. In der Nacht ging's wieder los: knabberknabber. Nun machte ich organisiert Jagd, verschloß beide Kabinentüren, scheuchte die Ratte nach vorn ins wasserdichte Abteil. Ich schraubte die Spitze der Harpune runter und eröffnete das Feuer, dabei verfehlte ich das Tier um wenige Zentimeter. Das Mittel war aber nicht tauglich, denn trotz der fehlenden Spitze steckte der Pfeil drei Zentimeter tief im Holz. Dann befestigte ich ein Messer an einem langen Stab und stierte in den Hohlräumen herum, da schoß das Vieh an mir vorbei und wetzte nach hinten, in das andere wasserdichte Abteil. Es war drei Uhr nachts, ich war schon müde und legte Kampfpause ein, vorher verrammelte ich aber alles und machte mir ein Guckloch aus Plexiglas, um die Ratte unter Beobachtung halten zu können. Am Morgen schraubte ich den Ventilator des Entlüfters raus, steckte ein Kupferrohr an, dichtete das Loch mit Fetzen ab, schloß den Generator an, und nach drei Minuten starb der Feind an Abgasvergiftung. Tat mir leid, zu so unsportlichen Mitteln greifen zu müssen, die Ratte war ein toller Gegner gewesen. Eine große Ratte, das ist das schönste, was man über sie sagen kann.
Es war Mai, also Herbst auf der südlichen Halbkugel. In der Zone der Passatwinde ist das ohne Bedeutung, aber ich war jetzt südlicher, wo mit unbeständigem Wetter zu rechnen war. Jedenfalls in einer Gegend, in der man mit einiger Aufmerksamkeit jede Änderung der Windstärke und Windrichtung registriert und öfter als sonst aufs Barometer klopft.
Kurz vor Rapa war es dann wieder soweit. Der Wind nahm stark zu, das Barometer fiel dramatisch. Dann hetzten auch schon Sturmwolken im Tiefflug über den bleigrauen Himmel, die Szenerie war also wieder komplett. Trotz der mehreren schweren Stürme, die ich in den letzten Jahren mitgemacht hatte, mußte

ich mich immer wieder an den ganzen Zirkus gewöhnen, an das Gekreische in den Wanten, an die wilde Bewegung des Bootes, die Nässe, die Kälte, die schlaflosen Stunden in der Koje, an den Schrecken, der mich aufzucken ließ, wenn ich eingenickt war und eine schwere See auf das Cockpit brach und TABOO herumgeschleudert wurde. Ich folgte meiner üblichen Routine, bis Windstärke 8 beizudrehen. Nach 14 Stunden heulte der Wind aber erbärmlicher denn je, TABOO zitterte unter den Böen, ich brachte den Treibanker aus. Einen Tag später – kein Ende der Heulerei war abzusehen – begann ich mir wegen meiner Position Sorgen zu machen. Da Sonnen- oder Gestirnsbeobachtungen nicht möglich waren, gab's auch keine Standortbestimmung. Ich trieb zwar langsam in eine Richtung, aber Genaues ließ sich wegen der unregelmäßigen Strömungen nicht sagen. Ich mußte mich bereits in der Nähe der Insel befinden und baute mit der Zeit eine ganz jämmerliche Angst auf: Wenn du in der Nacht gegen die Klippen treibst, ist alles aus.

Untertags kletterte ich manchmal auf meinen Ausguck, eigentlich eine ziemlich waghalsige Sache bei diesem Seegang, und schaute rund um den Horizont oder zumindest dorthin, wo er sein sollte, denn alles, Wellenberge und Wolken, Gischt und Regen, flossen in kaum einer Meile Entfernung zu einem einzigen Grauschleier zusammen.

In der nächsten Nacht erreichte das Barometer seinen Tiefstand. Stundenlanger peitschender Regen ließ das Vorüberziehen der Kaltfront vermuten, richtig, denn um zwei Uhr früh ging das Barometer rauf. Vor Morgengrauen waren bereits wieder einige Sterne zu sehen. Dann lauerte ich mit dem Sextanten auf die Sonne. Endlich gelang mir ein Schuß, eine knappe Stunde später der nächste. Ich befand mich acht Meilen südöstlich von Rapa, war also im Begriff, daran vorbeizutreiben.

Ein rascher Blick nach Nordwest ergab nichts, erst nach minutenlangem Suchen mit dem Fernglas sah ich eine dunkle, fast senkrechte Linie in den Wolken. Offensichtlich Klippen, ich machte rasch eine Peilung, bevor sich der Strich als Vision auflösen würde. Die See war noch immer schwer, aber jetzt mußte ich Segel setzen, da half nichts. Ich bekam Rapa fünf Meilen später wieder zu sehen. Nebelschwaden, die nichts mit dem eigentlichen Wetter zu tun hatten, verhüllten fast dauernd das Steilufer, die Berge waren von niederen Wolken verhangen.

Ich tastete mich durch die vorgelagerten Riffe in die Bucht Ahurei und sah bald den Schaden, den der Sturm in den beiden letzten Tagen angerichtet hatte, Bäume waren entwurzelt, Hütten demoliert. Ich blieb nur vier Tage, denn der Ankerplatz war nicht gut und das Wetter absurd. Draußen am Meer schien inzwischen schon die Sonne, der Ostwind war mit fünf Windstärken auch recht verträglich, aber auf der Insel war es kalt und feucht, regnete es ununterbrochen. Fallböen

schossen die Schluchten herunter, TABOO zerrte wie verrückt an den Ankerketten.
Auch auf Rapa gab es französisches Militär und eine kleine Wetterstation. Man erzählte mir, daß dies das normale Wetter für die Jahreszeit sei. Es sei schon vorgekommen, daß Versorgungsschiffe die kleine Insel verfehlt hätten, weil sie selbst auf kürzeste Entfernung nicht zu sehen gewesen sei. Auf Rapa lebten rund 200 Menschen, kein Vergleich zu den Leuten von Mangareva: Hier waren sie schwermütig. Ich wurde es auch bald, denn mieses Wetter ohne Sonne deprimiert mich schrecklich. Also lichtete ich Anker und machte mich auf den Weg nach Tahiti. Die Fallböen fegten wieder von den Bergen, und es mußte natürlich in der schmalen, winkeligen Einfahrt passieren, daß mich eine dieser Böen zu fassen bekam und das Großsegel buchstäblich halbierte. Eine etwa fünf Meter lange Naht im unteren Drittel des Segels war über die ganze Länge geplatzt. Mein Außenborder lief zwar, aber der war bei höherem Wellengang ziemlich wirkungslos. Mit Mühe und viel Glück segelte ich TABOO nur unter der Fock von den Brechern frei, die Teile des Großsegels hatte ich mittlerweile notdürftig festgezurrt.
Nach den elenden Böen in der Bucht hatte ich draußen bessere Bedingungen erwartet, aber bald war mir klar, daß sich bereits der nächste Sturm anmeldete. Böen fielen mit unglaublicher Wucht von den Klippen, prallten sichtbar auf die Wasseroberfläche, sichtbar deshalb, weil sie Wirbel in die Oberfläche rissen und meterhohe Säulen von Wasserstaub vor sich her bliesen. Ich wickelte die Teile des Großsegels mit Hilfe des Rollreffers um den Baum, so konnte ich wenigstens die obere Hälfte benutzen.
Mein nächstes Ziel war Raevavae in der Gruppe der Tubuai-Inseln, aber an ein Segeln war nicht zu denken. Ich drehte bei, hoffte, nicht allzusehr abzutreiben und konnte nur warten. Rapa lag nur wenige Meilen entfernt auf meiner Steuerbordseite, hatte sich aber unsichtbar gemacht, wie immer.
Es war um Mitternacht, als plötzlich irrsinnige Böen zupackten. TABOO wurde brutal geschüttelt, zugleich hörte ich auch ein häßliches Geräusch: Das Großsegel war endgültig desertiert. Nach sieben Jahren treuer Dienste knatterten jetzt die Reste steif im Sturm wie eine zerfetzte Fahne. Ich barg die Reste. Später schlug ich dann ein kleines Trysegel an. Zu einem neuen Groß würde ich erst in Tahiti kommen, das bedeutete, daß die nächsten tausend Seemeilen mühselig werden würden, denn ohne Groß war ich vor allem am Wind stark beeinträchtigt.
Die Einheimischen auf Raevavae und Tubuai waren freundlich: Du schaust sie nett an und hast auch schon Kontakt mit ihnen. Auf Tubuai freundete ich mich mit einer Familie an, die in einem Tal der Hügel wohnte. Ich wollte einige Tage bleiben, zwischendurch aber immer TABOOs Ankerplatz kontrollieren.

Am Berg hat man keine Beziehung mehr zum Wetter am Wasser. Eine solche Situation macht mich unruhig. Als dann noch dazu das Transistorradio meiner Freunde streikte und ich keine Wettermeldungen hören konnte, bat ich, mich zurückzubringen. Der Blick auf die Bucht versetzte mich in Panik. Der Wind war jetzt auflandig und stand mit fünf bis sechs Windstärken genau in die Bucht, in deren Einfahrt TABOO an den beiden Ankerketten auf und ab tanzte, die Wellen brachen schon fast über den Bug. Ich schickte meinen Freund zur Polizei, um meinen Paß zu bekommen. Notfalls war ich auch bereit, ohne Paß abzuhauen. Es ging um Minuten: Wenn ich nicht bei Tageslicht aus der Bucht käme, würde ich keine Chance haben, bei diesem Sturm und meiner schlechten Besegelung durch die schmale Einfahrt zu schlüpfen und mich vom Riff freizukreuzen.
Der Mann kam mit meinem Paß angesprungen, ich ruderte wie ein Irrer zu TABOO, Außenborder raus, Anker hoch, ich schaffte gerade noch die Passage und balancierte dann eine halbe Stunde lang an der Kante. Der Wind war so schlecht, daß ich vom Riff nicht und nicht loskam, es war immer eine Sache von ein paar Dutzend Metern. Bei Nacht hätte ich am Riff nicht den Funken einer Chance gehabt. Und wäre das Schiff an seinem – schlechten – Ankerplatz geblieben, hätte ich TABOO genausogut vergessen können, irgendwann wäre sie losgerissen und an die Küste geworfen worden.
Kurz bevor es völlig finster wurde, kam ich los, gewann das offene Meer. Inzwischen war der Wind bei acht Stärken angelangt, da wäre TABOO in der Bucht schon Kleinholz gewesen. Draußen störte mich die stürmische Nacht nicht, ich feierte TABOOs knappe Rettung. Und übrigens: Süßes Leben wartete 400 Seemeilen im Norden. Tahiti.
Papeete auf Tahiti, Metropole der Südsee: Man merkt es natürlich schon bei der Hafeneinfahrt, da gibts kein lässiges Irgendwo-Ankern, da sind die Yachten aneinandergereiht wie in der Kurzparkzone.
Ich drehte eine Runde, um nach bekannten Yachten Ausschau zu halten. Ich sah CLOETTA, die englische Yacht, die ich zuletzt auf den Galapagos getroffen hatte, und legte in ihrer Nähe an. Noch während des Vertäuens kam ein Zollmensch angebraust, eine halbe Stunde später war der Papierkram erledigt, und ich ruderte rüber zur CLOETTA, zu Jim und Bill. Ein alt gewordener Jim war an Bord, erzählte monoton vom Tod seines Freundes zwischen Galapagos und den Marquesas (ich habe diese Begebenheit schon vorweggenommen, als vom Thema »Mann über Bord« die Rede war).
Papeete ist natürlich auch das Nachrichtenzentrum aller Yachtleute in der Südsee. Ich hörte von den grausigen Wal-Kollisionen der BO-PEEA und der LUCETTE und fand sogar heraus, was mit Otto Zimmermann, Helmut Fiedler und deren ASTRONOTUS los war. Die Fahrt von den Galapagos zu den Marquesas hatte

45 Tage gedauert, also wesentlich länger als erwartet und als im Proviantplan vorgesehen war. Bei der Ankunft hatten sie nur noch eine Handvoll Reis und zwei Zwiebeln an Bord gehabt, das stinkende Kapuzineräffchen war die letzten Tage mit Seegras und Entenmuscheln (losgekratzt vom Unterwasserschiff) über die Runden gebracht worden. Ab und zu war ein gefangener Fisch eingesprungen, trotzdem waren alle drei ziemlich mager und leicht krank in Nuka Hiva angekommen, wo sie natürlich sofort jede Menge Kraftfutter bekamen. Ich erfuhr auch noch, daß sie dann zu den Tuamotus gesegelt und in der Einfahrt von Takaroa auf das Riff geknallt waren (trotz – oder wegen – eines einheimischen Lotsen). Sie kamen aber ohne größeren Schaden wieder ab, es war auch nicht die erste Grundberührung gewesen – ASTRONOTUS hat bereits mehrere Strandungen erfolgreich überstanden. Otto versicherte mir einmal, er habe in Erwartung solcher Zwischenfälle seinen Schiffsboden besonders verstärkt: Das Polyester war doppelt so stark als normal, außerdem waren noch kreuz und quer laufende Eisenspanten eingebettet. Jedenfalls war ASTRONOTUS in bester Form unterwegs nach Tahiti.

In Papeete ging's drunter und drüber. Der Verkehrslärm bei Tag und der Tanzlokalkrach bei Nacht waren absolut großstadtgemäß. Von meinem ersten Besuch, 1961, als Passagier eines 20.000-Tonners auf dem Weg nach Australien, hatte ich Tahiti als bezaubernd, attraktiv, sympathisch in Erinnerung, mit geringer Motorisierung auf schlechten Pisten. Jetzt war es – sowohl gefühlsmäßig als auch von Statistiken belegt – einer der drei teuersten Plätze der Welt, ein Schröpfbetrieb für Touristen, die nur betrogen werden: Sie suchen die sogenannte Romantik und finden Hektik, eine nervöse Stadt mit Gestank und verstopften Straßen.

Ich hatte bald eine Luftveränderung nötig. Moorea, nur 12 Seemeilen westlich von Papeete, ist eine der schönsten Südseeinseln und war noch kein Touristengrill, aber das kann wohl nur eine Frage von ganz wenigen Jahren sein. Die Südseeinseln werden ja ganz systematisch überfallen, verschandelt, verseucht. Mit einem eigenen Boot kann man sich einstweilen noch helfen: Ich ankerte in keiner der beiden Superbuchten der Nordseite (die eine ist voll Yachten, an der anderen liegt ein Hotel, in beiden ist das Wasser abgestanden und eignet sich nicht zum Tauchen), sondern fand einen kleinen weißen Strand mit den obligaten Palmen. Ein friedlicher Platz, obwohl man ein paar hundert Meter weiter die Pfahlbauten des Bali-Hai-Hotels erkennen konnte. Es war früher Nachmittag, als eine »vahine«, ein Mädchen, zu TABOO geschwommen kam. Sie trug nur ihren »pareau« (eine Länge buntbedruckten Baumwollmaterials) um die Hüfte, daher wollte sie nicht an Bord kommen, sondern blieb vorsichtigerweise im Wasser. In Tahiti und Umgebung gibt es kaum noch reinrassige Polynesier, die 18jährige

Claudine war keine Ausnahme: Ihre Haut war nur eine Spur dünkler als meine sonnverbrannte, das lange Haar war eher dunkelbraun als schwarz. Sie wohnte mit ihren Eltern und Geschwistern im Haus hinter dem Strand und tanzte jeden Samstag und Sonntag den Tamuree für die Touristenschwärme, die von Tahiti zum Bali-Hai-Hotel rüberkamen. Auch nach einer Stunde Plauderei zierte sie sich noch wegen ihrer Oben-ohne-Kleidung, aber sie versprach, zum Abendessen zu kommen. Das tat sie auch und zierte sich nicht mehr, später brachte sie auch ihr Schwesterchen Salina, ein ebenso unbefangenes Kind.
Die Entdeckung, daß nicht einmal der Profi-Job des Tamuree-Tanzens das Gemüt dieser Mädchen verwässert hat, machte mich glücklich: Die Musikalität kam von innen, da war nichts Eingelerntes, nichts Trainiertes; die Fröhlichkeit, Unbefangenheit, die natürliche Sexualität, das war einfach selbstverständlich. Samstags und sonntags sah ich die Touristen, die von einem Boot am Strand des Bali-Hai-Hotels ausgesetzt wurden (Inklusivtour mit kaltem Buffet und Tamuree-Vorführung) – sie kamen mir fast krank vor im Vergleich zu den Einheimischen. Nicht nur wegen Hautfarbe und Körperbau: Die Gesichtsausdrücke, die Bewegungen waren die von Gehandikapten. Mir gefiel der Vergleich zwischen Gesunden und Kranken, drum beobachtete ich immer das Zusammentreffen eines Touristenschwarms mit den Einheimischen. Die Ankommenden hatten eine schlechte Ausgangsposition, denn zuerst gab's das kalte Buffet, und da macht man leicht eine ungünstige Figur. Dann die Hast, mit der – Teller in der Hand – die Plätze eingenommen werden, das nervöse Herumrücken, Korrektur der Positionen bei Erscheinen der Tänzer, die alleweil verkniffenen Gesichter von Menschen, die aus dem Leistungsprozeß nicht rauskommen: Sie wollen das Beste leisten beim Anfüllen des Teller, wollen das Beste leisten beim Suchen eines Sessels, wollen das Beste leisten im Schauen, im Fotografieren, im Filmen – da kann einer ja gar nicht fröhlich sein, wenn er dauernd arbeitet, auch in seinem Urlaub. Wenn an diesen Nachmittagen die Polynesier die Gesunden und die Weißen die Kranken waren, dann weiß ich auch den Namen der Krankheit: Gemütsverkrüppelung oder Gemütsverspannung, je nachdem.
Dafür hatten die Weißen weniger Zahnlücken als die Tänzer, sogar bei den ganz jungen Mädchen gab's Lücken. Allerdings ist hier ein ganz wesentlicher Anknüpfungspunkt zur Zivilisation mit einer der modernsten ihrer Techniken gegeben, denn Zahnärzte stehen zumindest drüben auf Tahiti hoch im Kurs, die »Natürlichkeit« von Zahnlücken stört auch die Einheimischen in zunehmendem Maß. So stößt man beim Küssen fast zwangsläufig auf eine harte Gaumenplatte oder lockere Brücke.
Ich hatte die vage Vorstellung gehabt, Moorea nur kurz sehen zu wollen, nun wurden drei Wochen daraus. Ich war fasziniert von Claudine und ihrem Anhang,

wunschlos. Ich mache weder mir selbst noch einem Mädchen was vor: Es geht immer nur um die Gegenwart, und man wird zum Abschied vielleicht heulen, aber es wird diesen Abschied trotzdem geben, kein Zweifel. Wann immer – auf Moorea oder anderswo – ein Mädchen längere Zeit an Bord von TABOO war, habe ich sie höchstens im Bereich ihrer Inselgruppe mitgenommen, niemals weiter. Eine Claudine verpflanzen zu wollen, ist für mich undenkbar, sie müßte überall anderswo verkümmern. Ich halte keine Korrespondenz aufrecht, mache keinen Versuch einer Wiedersehensplanung. Herzlos? Gefühllos? Ich höre solche Vorwürfe öfter. Zu meiner Verteidigung kann ich nur sagen, daß ich nie jemandem ein Theater vorgespielt habe, daß ich nie gesagt habe, ich sei auf der Suche nach einer Frau fürs Leben. Ich bin glücklich, wenn ich eine Partnerin für den Moment finde und sehe nicht ein, warum ich die Gegenwart mit der Zukunft koppeln soll. Wenn die Partnerin die gleiche Einstellung hat, ist alles okay: Man ist nach dem Abschied ein paar Stunden, vielleicht ein paar Tage lang traurig, niedergeschlagen, dann bleibt nur Erinnerung, angenehm, ohne Salz auf der Zunge. Daß es auch andere Partnerinnen gibt, ist klar. Wenn sie hysterisch werden, nennen sie mich kalt wie einen Fisch. Die niedrige Flamme meines Gefühlshaushalts – die Fähigkeit, auch die wunderschönsten Besuche zu beenden – ist immer meine Schwäche und meine Stärke gewesen. Im Grunde ist es eine Ausdrucksform von Egozentrik, natürlich: Ich will immer der Besucher sein, nie der Besuchtwerdende (das hat nichts mit Wohnen auf TABOO zu tun, TABOO und ich waren Besucher im Lebenskreis des anderen) – und deswegen kann ich den Zeitpunkt des Aufbruchs festsetzen.

Ich verließ Moorea am 10. Juli, zeitgerecht für das Fest zum 14. Juli in Papeete. Man hatte mich schon vorher aufmerksam gemacht, mit welcher Inbrunst und Ausgelassenheit der Jahrestag zur Einnahme der Bastille hier gefeiert würde – die Begeisterung der Franzosen wächst offensichtlich mit der Entfernung zum Ort des historischen Geschehens. Es ist nicht nur ein Fest für Papeete und Tahiti, es ist für viele Bewohner der außenliegenden Inseln und Atolle der Gesellschaftsinseln das größte Ereignis des Jahres. Die ganze Geschichte der Polynesier ist durch ihre Reisefreudigkeit gekennzeichnet, jeweils zum Fest des Quatorze Juillet ist auch Polynesiens heutige Bevölkerung auf der Tour, eine Bootsladung nach der anderen wird in Papeete zum Lustigsein abgeliefert. Mit etwas Aufmerksamkeit konnte ich leicht den Ausdruck des echten Feierns von den zwanglos eingestreuten Darbietungen des Fremdenverkehrsvereins unterscheiden: Der Festumzug durch die Stadt (à la Karneval) war zwar organisiert, schien aber der natürlichen Tradition zu entsprechen, dafür war bei den Regatten der Ausleger-Kanus im Hafen und bei den Wettbewerben im Massenspalten von Kokosnüssen die Ausrichtung auf den Touristengeschmack deutlich.

Traditionelles vermischte sich mit Kommerziellem beim Höhepunkt des Festes, einem Tanzwettbewerb, der an drei aufeinanderfolgenden Abenden ausgetragen wurde. Ob nun organisiert oder nicht: Man sah die schönsten Mädchen des Pazifiks, die tollsten Tamuree-Tänzerinnen der Gesellschaftsinseln – und das ist letzten Endes eine Show, die du mit Geld nicht kaufen kannst, du kannst sie bestenfalls in Bahnen lenken, um möglichst vielen Menschen den Genuß des Zuschauens zu ermöglichen. Auch die Einheimischen nahmen vollen Anteil, viele hingen an den Bäumen oder an der Umzäunung. Der Zauber dieser Musik, dieser Bewegungen, ist vom Tourismus noch nicht erschlagen worden.

Das Fest dauerte fünf Tage, dann schlaffte das Leben zum trägen Alltagsrhythmus ab. Ich hatte eine Menge zu tun, vor allem die Hundsarbeit des Segelflickens, ein mühsamer Job: Ich vernähte alle fünf geplatzten Nähte und andere gerissene Stellen vierfach und verbrauchte mehrere Dutzend Meter Segelgarn.

Dazwischen verhalf mir ein blöder Generator zu einer wertvollen Bekanntschaft, aus der bald Freundschaft wurde. Das Münchner Ehepaar Bobby und Karla Schenk auf THALASSA (10-Meter-Kunststoffboot, Fähnrich 34) hatte auf seiner Weltumsegelung ebenfalls in Papeete Station gemacht. Bobbys Honda-Generator war kaputt. Bevor er das Geld für die Reparatur in irgendeinem Geschäft in der Stadt ausgab, wollte er es lieber unter die Yachtleute werfen, und so fragte er herum, ob irgend jemand den Job übernehmen wolle. Ich hatte wieder einmal fast kein Geld und sagte daher, daß ich es gern versuchen wolle, Bezahlung natürlich nur bei Erfolg. Die Reparatur klappte, beide Seiten waren zufrieden. Ich merkte rasch, daß Bobby und Karla auf meiner Wellenlänge lagen, sie waren völlig »normal«, seriös und nicht überspannt. In ihren Jobs (Bobby war damals Richter, jetzt ist er Staatsanwalt, Karla ist Apothekerin) hatten sie ein paar Jahre Urlaub genommen, um ohne Hektik um die Welt zu segeln. Bobby ist einer der nicht gar so zahlreichen Yachtsleute, die Navigation wirklich beherrschen, in Theorie und Praxis... man sollte nämlich gar nicht glauben, wie viele Weltumsegler nur mit vagem Halbwissen durch die Gegend fahren.

Als das Segel fertig war, benutzte ich eine steife Brise zum Segeltest, mit Bobby und Karla, dabei trafen wir den Segler-Scheich Eric Tabarly mit seiner berühmten PEN DUICK IV. Übrigens hatte ich an Land in Papeete auch mehrmals Bernard Moitessier getroffen. Er ist nicht mein Fall, aber ich habe Ehrfurcht vor ihm. Ich habe eines seiner Bücher gelesen und bewundere ihn wegen seiner Fähigkeit, seine Seele auf Reisen zu schicken und dies zu beschreiben. Er muß sehr empfindsam sein, ein Gefühlsmensch, genau das Gegenteil von mir.

Ich legte dann noch einige Ferientage in Moorea ein, kam zurück nach Tahiti, um Einkäufe zu machen und auszuklarieren.

Muscheltauchen

Am 1. September 1972 lief ich aus Papeete aus. Am Vormittag war das Wetter gut, aber ab Mittag wurde es bei heftigem Regen immer stürmischer. Mein Kurs führte nur wenige Meilen nördlich an Moorea vorbei, die Insel selbst konnte ich nicht sehen, wohl aber einige gewaltige Wasserhosen. Während TABOO mit sieben Windstärken rasch vorangetrieben wurde, machte ich mir Gedanken über die ASTRONOTUS. Otto und Helmut waren auch schon vor dem Fest nach Papeete gekommen und hatten die letzten Tage in der Robinson's Cove, dem Yacht-Treff auf Moorea, verbracht. Sie wollten am gleichen Tag aufbrechen, wir würden einander dann auf Bora Bora treffen. Wie sie mir später erzählten, waren sie zwar aus Moorea ausgelaufen, hatten dann aber umgedreht und drei weitere Tage gewartet. Auch die neuseeländische Yacht INVICTUS, die gleichzeitig mit mir Papeete verlassen hatte, suchte in Moorea Schutz vor dem Unwetter.
Um Mitternacht drehte ich bei, denn die Insel Huahine konnte nur noch 10 bis 15 Seemeilen vorausliegen, und bei auflandigem Wind war da etwas Vorsicht geboten. In der Finsternis war natürlich nichts zu erkennen, erst knapp vor Sonnenaufgang sah ich sie gerade voraus und segelte weiter. Das Wetter hatte sich keine Spur gebessert, im Gegenteil, der Wind blies noch kräftiger und die See war wesentlich rauher. Als ich knapp an der Ostküste der Insel entlangsegelte – ich wollte hier in eine bestimmte Bucht – hatte ich einige Bedenken. Wohl hätte ich durch die schmale Einfahrt schießen und hinter dem Riff ankern können, an dem sich tosend die Wellen brachen; aber ein Herauskommen würde nur bei günstiger Wetterlage möglich sein, und das war mir etwas zu unsicher. Ich umrundete die Nordspitze der Insel und sah mir den Ankerplatz von Fare, dem Hauptort, an. Dort war es zwar einigermaßen windgeschützt, aber die Dünung rollte fast ungehindert in die Bucht. Auch das sah nicht zu verlockend aus und ich nahm kurzerhand Kurs auf Bora Bora.

Am späten Nachmittag war ich noch mehr als 10 Seemeilen davon entfernt und mußte mir ein Einlaufen noch am selben Tage aus dem Kopf schlagen. Im Lee der Insel Tahaa drehte ich ab und überprüfte stündlich meine Position, was durch ein Buschfeuer am nördlichen Bergrücken von Bora Bora wesentlich erleichtert wurde. Mit dem ersten Tageslicht war TABOO wieder unter Fahrt und schlingerte kräftig in der kabbeligen See. Beim Näherkommen bot Bora Bora ein herrliches Bild; vulkanische Gipfel waren von niederen Wolken bekränzt, urwaldbewachsene Hänge schimmerten grün und naß im Morgenlicht, weiter unten säumten dichtstehende Palmen weißleuchtende Strände ein. Umgeben war die Insel von einem breiten Riffgürtel mit mehreren »motus«. Das sind zum Teil winzige Inselchen, von denen manche nur aus Palmen zu bestehen scheinen.

Die einzige Einfahrt ist auf der westlichen Seite zwischen zwei Riffen und je einem »motu«. Unter gerefftem Segel und mit Außenborder (bei kräftiger ausfließender Strömung) kreuzte ich in die Lagune und dann noch etwas weiter zum Dorf Vaitape, wo ich ankerte. Ich traf wieder Bobby und Karla mit ihrer THALASSA, weiters gab's ein älteres amerikanisches Ehepaar mit deren Yacht WAYWARD WIND, der Skipper hieß Henry Kawecki. Eines Abends, als der Wind mit etwa 20 Knoten blies, sah ich durch Zufall die WAYWARD WIND an mir vorbeitreiben. Ich sprang sofort ins Dinghy, ruderte nach und platzte in den Salon, wo beste Stimmung war: Die Amerikaner, Bobby und Karla waren heftig am Feiern. Henry und seine Frau waren bereits völlig blau und nahmen meine Meldung, daß der Anker ausgebrochen sei, kaum zur Kenntnis. Bobby und Karla waren noch fit, wir teilten sofort die Rollen auf: Bobby an die Maschine und ans Steuer, ich ans Vordeck zum Ankereinholen. Unter Maschine fuhren wir dann in der stockdunklen Nacht vorsichtig zurück und verankerten die WAYWARD WIND, so gut es unter diesen Verhältnissen ging. Ich ruderte zurück, leicht amüsiert über die Unbekümmertheit des alten Yankees, der jetzt genausogut schon am Riff hätte sitzen können, mit dem Arsch im Wasser. Eine halbe Stunde später rieb ich mir die Gucker: Da zogen schon wieder Lichter vorbei. Also nochmal: Ins Dinghy, nachgerudert, geentert, Bobby aufgescheucht, Motor an, Anker rauf. Diesmal wurde es ein bisserl komplizierter, weil inzwischen ein Brand ausbrach: Der Ami hatte sein Tauch-Gummizeug auf die – offenen! – Batterien geworfen, die Metallfassung der Brille hatte einen Kurzschluß verursacht, Feuer. Nur nicht die Maschine abstellen, wir würden sie nie wieder starten können! Heilloses Durcheinander, Bobby, Karla und ich schossen mit Decken hin und her, stolperten über den besoffenen Henry, der zwar die Augen groß aufgerissen hatte, aber sich mit eigener Kraft nicht mehr erheben konnte. Wir löschten das Feuer, tasteten uns zum Ankerplatz zurück, brachten diesmal aber zwei Anker aus, was Henry ja von vornherein hätte tun sollen. Diesmal war die Rettung recht knapp gewesen: Der ausgebrochene Anker war bereits im tiefen Wasser gewesen, die WAYWARD WIND war nur noch in etwa 100 Meter Entfernung zum Riff gewesen. Nachdem wir uns vergewissert hatten, daß Henry samt Weib versorgt waren, kamen Bobby und Karla mit mir auf TABOO, wo wir ein spätes Abendessen hatten.

Am Morgen ruderte ich rüber zur WAYWARD WIND, wollte mich halt ein bisserl als Retter feiern lassen. »Guten Morgen«, sagte ich, »na, haben die Anker dann endlich gehalten?« – Henry blinzelte mich argwöhnisch an und knurrte: »Na, warum denn nicht, meine Anker haben noch immer gehalten.« Behutsam machte ich ihn drauf aufmerksam, daß er jetzt zwei Anker draußen habe, er werde sich aber erinnern, nur einen Anker gesetzt zu haben. »Blödsinn«, sagte er. Als ich anfing, von den Vorkommnissen des Abends zu reden, wurde er richtig unwirsch. Was den Abend betraf, so wußte Henry Kawecki nur eins: »I had some bloody Germans aboard last night. They made a lot of trouble.« Erst im Laufe des Tages fiel bei Henrys Frau langsam der Groschen, daß da irgendwas gewesen sein mußte, und sie versuchte Henry zu überzeugen, daß er wenigstens freundlich zu mir sein sollte.

Für einen weiteren Zwischenfall sorgte ein riesenhafter Teufelsrochen, der sich eines Nachts in der Ankertrosse von THALASSA verfing. Bobby Schenk hatte das Rucken in der Trosse bemerkt, sah aber erst am Morgen beim Ankerlichten die Bescherung: Das riesige Tier hatte sich aus der 16-mm-Trosse nicht befreien können und sie auf einer Länge von 60 Metern verdreht, mit enormer Kraft eingetwistet. Wäre THALASSA nicht vor zwei Ankern gelegen, hätte der Manta das Schiff einfach weggezogen, wie es dem Skipper eines amerikanischen Trimarans vor Panama ergangen war. (Der Rochen hatte sich mit den beiden Lappen im Ankertau verfangen, den Anker herausgerissen und dann das Boot mit 3 Knoten Fahrt in Schlepp genommen. Da ein Manta keinen Retourgang hat, hatte er sich nicht befreien können, und dem Skipper war die nächtliche Fahrt ins Ungewisse zu gefährlich gewesen, so hatte er das Ankertau gekappt.) Kein Zweifel, daß »unser« Manta Ähnliches zuwege gebracht hätte, hätte ihn nicht der zweite Anker gebremst. Das Tier, das wir am Morgen tot bargen, war derart schwer, daß man es zu zweit nicht aufheben konnte.

Die Wochen von Bora Bora waren für mich ein einziges Tauch-Festival. Ich betrieb mein Hobby mit einem Fanatismus wie nie zuvor.

Das Suchen von Muscheln und Schnecken nahm in den folgenden Monaten und Jahren eine immer deutlichere Vorrangstellung unter meinen diversen Tätigkeiten ein. Was man gemeinhin »Muscheltauchen« nennt, ist das Tauchen nach Schnecken und Muscheln, wobei die Schnecken bei weitem überwiegen. Die Jagd nach den teuren Stücken ist für mich eine Ersatzhandlung fürs Schatzsuchen geworden. Wann immer man bei einem alten Wrack taucht, spielt das Gefühl mit, man könnte irgend etwas Tolles – etwa alte wertvolle Münzen – finden. Das ist natürlich Blödsinn, weil Dutzende Taucher schon längst alles umgedreht haben – aber das Gefühl ist trotzdem prickelnd, gibt Spannung und motiviert. Es geht nicht nur um den materiellen Wert: Es ist ganz einfach interessant, nach einem Schatz zu suchen – und diese Art von Einstellung habe ich dann auf Schnecken und Muscheln übertragen. Planmäßig wertvolle Muscheln zu suchen, ist Schatzsuche mit System.

Was bestimmte Schnecken zu Schätzen macht, ist der Marktwert. Der existiert deshalb, weil es auf der ganzen Welt drei Millionen Schneckensammler gibt – und dieses Hobby wird immer populärer. Am verbreitetsten ist es wohl in den USA, Frankreich, Holland, Belgien, Australien, Italien und Griechenland.

Der Markt funktioniert nach dem Angebot-und-Nachfrage-Prinzip. Im Pazifik, wo es die meisten Muscheln gibt, aber wenig Interesse dafür, sind die Preise am tiefsten. Die Einheimischen haben Schnecken früher natürlich als Zahlungsmittel (»Cypraea moneta«, die »Money Cowry«) verwendet und brauchen sie jetzt noch für zeremonielle Zwecke, aber abgesehen davon ist deren Interesse an Schnecken gering. Eine Ausnahme sind die kommerziell verwertbaren Arten, etwa Trochus, die bis vor mehreren Jahren zur Knopfherstellung verwendet wurde, jetzt aber durch Plastik an Bedeutung verloren hat – und natürlich Perlmutter. Die Suche nach Perlen selbst ist für einen Taucher uninteressant, man müßte tausend Muscheln aufknacken, um eine Perle zu finden, und die kann dann eventuell wertlos sein. Bei den einheimischen Perltauchern liegt die Sache anders, weil dort noch das Kilogeschäft mit den Perlmutter-Muscheln dazukommt. Für 1 Tonne Black Lip Pearl Shell wurden zuletzt 800 Dollar bezahlt, für Gold Lip 1200 Dollar. Allerdings traf ich auch einen Händler im Louisiade-Archipel, der auf dreieinhalb Tonnen Black Lip Pearl Shell saß und das Zeug nicht anbringen konnte.

Schnecken und Muscheln sind katalogisiert, aber dennoch ist eine exakte Erfassung des Marktwerts kaum möglich, denn bei einer Schnecke kommt es vor allem auf den Zustand an (sie muß lebend gefangen worden sein; angeschwemmte Gehäuse sind für den Fachmann als solche erkennbar und haben bedeutend geringeren Wert), Farbe und Musterung spielen eine große Rolle, spezielle Unter- oder Übergrößen haben besonderen Raritätenwert.

Von den vielen Familien der Schnecken und Muscheln sind nur einige für den Sammler interessant, etwa die Kauris, die Kegel-, Walzen-, Oliven- und Murex-Schnecken. Ein Beispiel für eine schon ziemlich wertvolle »populäre« Schnecke (zum Unterschied von den seltenen unscheinbaren Tieren, die nur für Wissenschafter interessant sind) ist die Gold-Kauri (Cypraea aurantium), die im

Bereich der Fidschis, Neu-Guineas und der Philippinen vorkommt. Der Liebhaber bezahlt im Endeffekt für eine solche Muschel zwischen 200 und 400 Dollar – wenn sie besondere Mängel hat, auch nur 100.
Typisch für die schwankenden Preise ist die Schnecke Conus gloria maris. Eine dieser Schnecken erzielte vor einigen Jahren bei einer Versteigerung in London den Preis von 3000 Pfund, was damals noch rund 30.000 DM oder fast 220.000 Schilling bedeutete. (Dies ist meines Wissens der höchste bekanntgewordene Preis, der je für eine Schnecke bezahlt wurde.) Inzwischen sind die Lebensbedingungen dieser Schnecke, die hauptsächlich im Gebiet von Neu-Guinea und den Solomons vorkommt, schon bestens bekannt, daher findet man genug davon, sodaß nur noch 100 bis 250 Dollar pro Stück bezahlt werden.
Um einige weitere Arten anzuführen, die für Sammler von besonderem Wert sind: Der Conus bengalensis (hauptsächlich in Thailand) ist sehr schön, ebenmäßig – aber auch giftig, er bringt pro Exemplar 200 bis 300 Dollar. Die Cypraea guttata ist eine seltene Kauri, von der das Habitat, also die Lebensumstände, noch nicht so recht bekannt sind, sie wurde in den Solomons, Neuguinea, Thailand gefunden.
Die beste Region für Schnecken und Muscheln ist wohl der Indo-Pazifik. Aber für die ganze Welt gilt eine Regel: Es gibt kein Gebiet, in dem man alle Familien finden könnte. Eine Cypraea caput draconis beispielsweise gibt's nur im Gebiet der Osterinsel, und sonst nirgendwo.
Auch die Lebensbedingungen lassen sich nicht verallgemeinern. Gewisse Schnecken (die meisten Coniden etwa) kommen nur im Sand vor, andere nur in Korallen. Gewisse Kauri-Arten findet man im sehr bewegten Wasser an der Riff-Kante, andere im ruhigen Lagunenwasser. 80 Prozent aller Schnecken kommen im Tiefenbereich von knietief bis 10 Meter Tiefe vor. Unterhalb gibt's nur wenige Schnecken, dafür aber teilweise die seltenen. Das kann dann auch tiefer als hundert Meter sein – und einige der allerseltensten Schnecken werden nur von ganz tiefgehenden Fischernetzen rausgebracht, aus einer Tiefe, in die ein Mensch auch mit allen Geräten nicht mehr vordringen kann.
Bei der Suche nach Schnecken und Muscheln wird man immer in einem Gebiet tauchen, wo Wasser zu- und abfließen kann, also nicht in einer stillen Lagune (natürlich gibt's auch hier Ausnahmen: Tiger-Kauri beispielsweise). Tagsüber sind die meisten Tiere kaum sichtbar – entweder im Sand eingegraben oder in kleinen Nischen versteckt. Daher ist es günstig, nachts auf Schneckenjagd zu gehen. Mit einer Taucher-Taschenlampe kann man bei klarem Wasser bis maximal zehn Meter sehen, oft aber viel weniger weit. Wenn zuviele Schwebestoffe im Wasser sind, ergibt sich der gleiche Effekt wie bei Scheinwerfern im Nebel, man sieht mit mehr Licht noch weniger. Mit zerknüllter und wieder glattgestriffener

Alu-Folie vor dem Spiegel läßt sich erreichen, daß sich das Licht öfter bricht, man dadurch also einen breiteren Sektor bestreut. Wie immer man's auch macht, das Nachttauchen hat etwas recht Gespenstisches. Ausgerüstet war ich damals mit Schnorchel, Maske, Flossen, Handschuhen, Messer und einem Netzsäckchen zum Sammeln. Aufpassen muß man nur bei den Coniden, das Gift einiger deren Arten kann dem Menschen gefährlich werden. Die Giftpfeile haben allerdings keine Durchschlagskraft, daher genügt es, wenn man beim Berühren Handschuhe trägt. Einige Todesfälle kamen zustande bei Tauchern, die einen schwer giftigen Conus einfach unter die Badehose oder unter die Taucherjacke zur Aufbewahrung steckten. Andere hantierten an Land unachtsam mit diesen Schnecken, beispielsweise durch Herumwühlen in der Fangtasche. Einige Arten werden besonders aggressiv, wenn sie aus ihrer gewohnten Umgebung entfernt worden sind (etwa Conus geographus, Conus textile und Conus omaria). Viele Sammler meinen, es sei gefahrlos, Conidae am breiten Ende anzufassen (also auf der dem Giftpfeil abgewandten Seite). In Aquarienbeobachtungen wurde allerdings festgestellt, daß einige Conidae ihren beweglichen Rüssel, an dessen Ende der Giftpfeil sitzt, bis zum gegenüberliegenden Ende strecken können.

Schnecken und Muscheln werden grundsätzlich nur lebend gefangen. Bei dem folgenden Vorgang muß man unterscheiden je nach dem Zweck, dem man im Auge hat. Schnecken, die ich im Auftrag von Wissenschaftern gesammelt habe, wurden einfach in Spiritus eingelegt. Ansonst beginnt ein wesentlich komplizierterer Prozeß. Ein kleiner Fehler während des Reinigens kann Glanz oder Zeichnung des Gehäuses völlig verschandeln – etwa dann, wenn man zuläßt, daß die eigenen Giftstoffe, hervorgerufen durch die Verwesung eines Tiers, auf das Gehäuse wirken (wenn man etwa die Muschel in einen Kübel voll Wasser legt). Ein einfaches Mittel ist das Abtöten der Tiere in Süßwasser, worauf sie in einem Netzbeutel über die Seite des Bootes gehängt werden. Innerhalb von drei bis vier Tagen werden die Tiere ziemlich zersetzt und lassen sich aus dem Gehäuse rausschwemmen oder rausschütteln, auf diese Art wird das Gehäuse völlig rein und geruchsfrei. Um das Periostrakum der Coniden herunterzulösen, muß man Chemikalien wie Natriumhypochlorit, also ein Haushalts-Bleichmittel, verwenden, erst dann werden Musterung und Farbe mancher Coniden überhaupt so richtig erkennbar. Weitere Schwierigkeiten treten durch Kalksteinabsetzungen auf, etwa bei den Murex. Da hilft entweder eine Drahtbürste oder auch Einweichen in Chemikalien. Um die Schnecke aus dem Gehäuse zu bekommen, gibt es natürlich auch noch die Kühlschrankmethode: Einfrieren, auftauen, einfrieren, auftauen – dadurch löst sich das Tier vom Gehäuse, man kann es dann mit Draht rauskitzeln.

Wie immer die Theorie über das Konservieren oder Präparieren von Muscheln oder Schnecken aussieht: Es ist in der Praxis eine ziemlich aufwendige, ziemlich stinkende Arbeit. Auf keinen Fall sollen aber Säuren verwendet werden.

BOBBY SCHENK ÜBER DEN MUSCHELTAUCHER HAUSNER

Von allen Erinnerungen an Wolfgang ist ein Bild am deutlichsten: Er taucht auf und hält triumphierend eine Muschel in der Hand, während sein ganzer Kopf blutüberströmt ist. Er hat sich wieder einmal mächtig zerschnitten an Korallen, denn er tauchte mit einem Fanatismus, bei dem kleine Verluste einfach »drin« waren, die spielten keine Rolle. Wenn er tauchte, war's fast eine Kampfhandlung: Wie ein Stier schoß er auf einen Korallenblock zu, schlug die Axt ein, riß den Block um, wedelte mit den Flossen den Sand weg, wartete, bis sich der Sand gesetzt hatte und wieder was zu sehen war, fand was oder fand nichts, drehte aber in jedem Fall den Block wieder zurück (der ansonst absterben würde), schoß rauf. Wenn er ungeduldig war oder schon am Ende seines Tauchvermögens, konnte er Korallen mit den Handkanten abschlagen.
Auf Bora Bora tauchte er einmal auch auf der Außenseite des großen Riffs. Die Außenseite des großen Riffs, davon hatte er immer gesprochen wie von dem verschlossenen Zimmer im Märchen: Man geht immer vorbei und weiß nicht, was drin ist. Auf Bora Bora war das Riff ungefähr 30 Meter breit und die Brandung war stark, jedenfalls viel zu stark, als daß irgend jemand mich hätte überreden können, über das Riff zu gehen. Er mußte ziemlich lange warten, bis das Riff für einige Sekunden lang frei von der Brandung war, er rannte drüber und stürzte an der Außenkante mit einem mächtigen Kopfsprung hinein. Er blieb einige Zeit draußen, schien sich überhaupt keine Sorgen über das Zurückkommen zu machen, schließlich gab es nur seltene Augenblicke, in denen ein Zurückrennen ohne ernste Verletzungsgefahr möglich war. Aber er kam natürlich wieder heil zurück und war zufrieden, endlich das versperrte Zimmer gesehen zu haben. Gefunden hatte er nichts, was auch nicht anders zu erwarten war von einer Stelle, an der das Meer dauernd mit ganzer Kraft raufdonnert.
Daß Wolfgang im Freitauchen zumindest 25 Meter schaffte, weiß ich sicher, denn einmal holte er unter der THALASSA *eine Muschel rauf, die Karla einige Zeit vorher aussortiert und ins Wasser geworfen hatte. Das Echolot zeigte an dieser Stelle 25 Meter Tiefe.*

In den Kreisen von Yachtleuten, in denen ich verkehrte, war Wolfgang immer der erfolgreichste Schnecken- und Muscheltaucher. Für ihn waren seine Funde tatsächlich eine Art Währung – nicht nur wegen eines möglichen späteren Verkaufs, sondern sie ersetzten ihm auch in anderer Hinsicht mangelnde finanzielle Möglichkeiten. Wenn er auf einer Yacht zum Essen oder Drinks eingeladen wurde, pflegte er seltene Exemplare als Gastgeschenke mitzubringen, er war sehr großzügig in dieser Hinsicht.
Ein ulkiges Bild gab er ab, wenn er sich nachts am Strand auf einen Schnecken-such-Spaziergang machte. In der einen Hand hatte er seinen Petromax (eine Glühstrumpf-Drucklampe), in der anderen einen Eimer mit ausgeschnittenem Boden, statt dessen er Plexiglas eingesetzt hatte (Taucherbrilleneffekt). In derselben Hand, mit der er die Lampe hielt, hatte er ein Ding, das er »Löffel« nannte. Das war eine löffelartige Konstruktion am Ende eines Eineinhalb-Meter-Stocks. Der Löffel hatte einen Deckel, den er von oben aus anheben konnte – das war deshalb nötig, weil Wolfgang sich mit seinem Petromax-Licht nicht tief genug runterbeugen konnte, um eine Muschel oder Schnecke aufzuklauben.

Der Hurrikan

Für die nächsten Monate wollte ich auf Generalrichtung West bleiben, dabei aber von Inselchen zu Inselchen hüpfen und vor allem entlegene Außenposten ansteuern.
Als ich seinerzeit in London die Seekarten gekauft hatte, war mir bei Bora Bora das Geld ausgegangen, also hatte ich ab nun das Handikap, mir die diversen Riffeinfahrten selbst suchen zu müssen, ein interessanter Job.
Aitutaki (Cook-Inseln, neuseeländisch) war der nächste Winzling. Von Bora Bora war ich fünf Tage unterwegs, ankerte dann eine Nacht am Riff und wartete am nächsten Tag auf die Flut, um mich durch die lange schmale Einfahrt zu schwindeln. Die stetig auslaufende Strömung von etwa fünf Knoten schaffte ich mit dem 25-PS-Außenborder gerade noch. Natürlich gibt es eine Erklärung, warum das Wasser dauernd ausfließt, statt mit den Gezeiten die Richtung zu wechseln: Es brechen ja ständig größere Wassermengen über das Riff, die dann nur durch ein oder zwei Passagen wieder ausrinnen können; Ebbe und Flut stärkt beziehungsweise schwächt diese Tendenz.
Die Leute auf den Cook-Inseln sind Polynesier wie auf den Gesellschaftsinseln, nur sprechen sie hier englisch.
Als Besonderheit hatte Aitutaki einen Steinpier zu bieten, vor dem bereits die Yacht DAMIEN – mit zwei jungen Franzosen – lag. Am Abend gingen wir gemeinsam zu einem lokalen Tanz (mit viel Tamuree). Die Cook-Inseln sind ziemlich zivilisiert – man könnte fast sagen, es war ein konventioneller Tanzabend. Man trat zu einem Mädchen, fragte es, ob es tanzen wolle, bekam eine freundliche Antwort und hatte sofort Kontakt. Das Angebot, an Bord weiterzufeiern, wurde akzeptiert. (Im Pazifik bin ich nur sehr selten an ein Mädchen geraten, das nicht – zumindest für einen Drink – an Bord kommen wollte, neugierig sind sie allesamt.)

Nach sechs Tagen segelte ich nach Palmerston weiter, etwa 200 Seemeilen westnordwestlich; politisch gehört es noch zu den Cook-Inseln und damit zu Neuseeland. Dieses Atoll besteht aus ein paar winzigen Inseln, die kranzförmig auf einem Riffgürtel liegen und eine Lagune einschließen. Die Inselchen sind nur zwei oder drei Meter hoch und dicht mit Kokospalmen bewachsen. Im großen und ganzen ist Palmerston eine ziemlich unglückliche Konstruktion der Natur, denn manche Schiffe, die dorthin wollen, finden es nicht (weil es so niedrig ist, sieht man es nur aus wenigen Meilen Entfernung); andere wollen nicht hin und krachen nachts aufs Außenriff und holen sich den Tod.

Als ich ankam, war ein älteres englisches Ehepaar samt Tochter gerade beim Entfleischen eines Berges von Kokosnüssen. Ganz freiwillig konnten die Leute nicht zu diesem Job gekommen sein, denn so richtig fanatische Kokosnuß-Entfleischer sind ja die Engländer gar nicht. Die drei waren neun Tage zuvor mit ihrer 25-Meter-Motoryacht GILDEGAY in der Nacht in die Brecher des Außenriffs geraten und hatten blitzartig alles verloren, aber wirklich alles, sie hatten nicht einmal Zeit gehabt, die Handtasche mit den Reisepässen und dem Bargeld zu schnappen. Sie hatten sich auf ein »motu«, eines der Mini-Eilande, gerettet, dort zusammengekauert die Nacht verbracht und waren am nächsten Tag von fischenden Eingeborenen entdeckt worden. Da die Ferienkasse weg war, hatten sie fürs erste die Jobs von Kokosnuß-Entfleischern angenommen.

Die Einheimischen dagegen waren fast komplett auf allen verfügbaren Auslegerbooten unterwegs, um das Geschnetzelte der GILDEGAY einzusammeln. Sie holten alles Kleinholz und alle Wrackteile zusammen, schafften es in ihre Boote, ruderten über die etwa drei Meilen breite Lagune und häuften alles am Strand auf. Auch der größte Balken war nicht länger als zwei Meter und ich entdeckte kein einziges Stück, das noch ganz gewesen wäre. Es gab dieseldurchtränkte und salzwasserschwere Matratzen, zerbrochene Behälter, zerrissene Rettungsinseln, zerschlissenes Tauwerk und so weiter. Nach internationalem Seegesetz gehörte das ganze Strandgut der Dorfgemeinschaft, die Schiffbrüchigen hatten kein Recht mehr darauf. Die Einheimischen – und hier kommt das faszinierend geradlinige Naturell der Polynesier so wunderschön raus – brachten den Engländern wirklich ehrliche Anteilnahme entgegen und umsorgten sie, so gut es ging, aber auf der anderen Seite freuten sie sich wie die Kinder über jedes` neue Balkenfragment, über jede aufgefischte verrottete Matratze – man würde aus dem gesamten Strandgut eine Hütte bauen, und es würde eine phantastische, eine luxuriöse Hütte werden, denn derart gutes Baumaterial hatte man noch nie gehabt.

Im übrigen gingen die Engländer – Sydney Duffield, seine Frau Anne und die blonde Tochter Gay – ganz großartig auf die Situation ein. Sie hatten erkannt, daß es aus dem Strandgut ohnedies nicht den kleinsten Gegenstand von irgendwelchem Wert für sie geben würde, kümmerten sich daher gar nicht um die angeschwemmten Gegenstände und ließen den Einheimischen somit eine völlig ungetrübte Freude an dem Zeug. Zweitens waren sie so diszipliniert, um sich nicht in Schmerz und Langeweile gehen zu lassen und hatten daher die Arbeit mit den Nüssen übernommen – bei der Freundlichkeit dieser Eingeborenen wäre es natürlich nicht nötig gewesen, eine Gegenleistung für die Gastfreundschaft zu erbringen.

Die unglaublich lustigen Inselbewohner sind allesamt – ungefähr 60 – Nachkommen eines recht außergewöhnlichen Engländers namens William Marsters, der sich hier im vergangenen Jahrhundert mit drei polynesischen Frauen häuslich niedergelassen hatte. Die Leutchen machten den Vorschlag, ich solle doch auch TABOO ans Riff setzen, dann hätte man gleich die kleineren Hölzer für das Mobilar der neuen Hütte. Der Scherz, eine Erfindung des Mädchens Manuka, machte rasch die Runde unter dem Völkchen und wurde immer wieder unter Lachstürmen vorgebracht.

Die Schiffbrüchigen wollten auf den Versorgungsdampfer warten, der in etwa zwei Wochen eintreffen mußte, währenddessen würden sie einsame Rekorde in der Palmerstonschen Kopraproduktion setzen. Ich machte mir jedenfalls keine Sorgen um Sydney, Anne und Gay – man würde bestens um sie sorgen – und segelte nach zwei Tagen weiter. Der Abschied von den Inselmenschen ging mir fast ans Gemüt: Man gab mir fünf Muschelketten, ein neckisches Täschchen aus Kokosfasern, jede Menge Trinknüsse, begleitete mich zum Strand und winkte dann fast eine Stunde lang mit bunten Tüchern. Die Menschen von Palmerston blieben in meiner Erinnerung die freundlichsten und sonnigsten Leutchen, die man sich nur vorstellen kann, echte Kinder der Fröhlichkeit. Eine stille Verneigung vor William Marsters, dem Urpatriarchen von Palmerston: Er muß ein sonniger Mensch gewesen sein, er hatte eine glückliche Hand und einen goldenen Schweif.

Drei Tage später, knapp nach Mitternacht, erkannte ich im fahlen Licht des untergehenden Mondes die Insel Niue, die westliche Außenstation der Cook-Inseln. Wegen der fehlenden Seekarte mußte ich natürlich auch hier auf Tageslicht warten, bevor ich mich durch das Riff schlängeln konnte. Von Niue war ich nicht sonderlich begeistert. Neben einigen Tausend Einheimischen leben hier mehrere Hundert geschäftige Neuseeländer, die Denkmäler ihres Leistungsdenkens geschaffen haben: Eine Schule, ein Krankenhaus und so weiter. Die Frage, ob in dieser Gegend der Welt der Fortschritt eine feine Sache ist oder ob er nur eine unbeschwerte Lebensart zerstört, kann nur vielschichtige Antworten mit diversen Argumenten bringen, ein Ja oder Nein läßt sich nicht leicht herauslösen. Für den Besucher hat eine Insel wie Niue trotz ihrer Abgeschiedenheit kaum noch einen

Reiz – aber ich gebe gerne zu, daß es ja nicht darum geht, etwaige Besucher happy zu machen, die am liebsten auf ein unverdorben Volk von glücklich lächelnden nackten Tamuree-Tänzern treffen würden.
Tonga, das letzte Königreich der Südsee, ergab sich als logische nächste Station meines Westkurses. Der Weg dorthin zog sich allerdings ganz mächtig. Der Wind wurde leichter und leichter und schlief dann ganz ein. Ich barg die Segel, die nur nutzlos hin und her schlugen, hängte ein elektrisches Licht in das Rigg und schlief eine volle Nacht. Am Morgen war die Lage unverändert, erst am Nachmittag meldete sich der Wind wieder aus dem Südosten. Er kam stoßweise, brachte Regen und Wasserhosen, wurde dann merklich frischer. Am nächsten Tag kam eine gewaltige Dünung aus Nordwest, die auf den nunmehr sehr heftigen Südostwind traf und daher eine schwere See aufbaute. TABOO wurde ein bißchen hilflos herumgekickt, ich mußte die meiste Zeit am Steuer verbringen. Am Abend nahmen die Klippen von Vava'u Form an: Dunkle Schatten, verwischt von ebenso dunklen, tieflaufenden Sturmwolken. Kurz darauf platzte eine Naht des Großsegels teilweise. Ich mußte das Segel sofort niederholen, an ein Flicken an Deck war aber bei diesem starken Wind nicht zu denken. Also bündelte ich den großen schweren Lappen und stopfte die ganze Wurst in den Kajütniedergang. Bei elektrischem Licht nähte ich wieder einmal fast die ganze Nacht, während ab und zu Torpedos einschlugen, da krachten schwere Seen derart brutal ins Cockpit, daß es mir körperlich weh tat, so sehr war ich schon ein Bestandteil von TABOO geworden. Als ich fertig war, konnte ich das Segel noch nicht anschlagen, dazu hätte ich mindestens vier weitere Hände gebraucht. So segelte ich also nur unter der kleinen Fock dicht an die Nordküste Vava'us. Im Lee der hohen Klippen war es fast windstill, ich schlug das Segel an, zog es hoch und reffte gleich um ein Drittel, denn nun mußte ich noch etwa 10 Seemeilen ankreuzen, um zum Hafen Neiafu zu kommen. Gegen die auslaufende Tide war das ein großes Stück Arbeit, jedenfalls ankerte ich erst am frühen Nachmittag vor der kleinen Stadt.
Als ich mein Abendessen kochte und dabei das Radio laufen ließ, hörte ich zum ersten Mal vom Hurrikan »Bebe«, der derzeit einige hundert Meilen weiter nördlich die Gegend aufarbeitete. Der Wirbelsturm mit Geschwindigkeiten bis 300 Stundenkilometer hatte Funafuti (Ellice-Inseln) verwüstet und war jetzt auf südsüdwestlichem Kurs. Auf Funafuti waren fast alle Häuser weggeblasen oder durch bis zu 18 Meter hohe Wellen erschlagen worden. Alle drei in der Lagune geankerten Schiffe waren vernichtet worden. Der Bericht schloß mit einer Sturmwarnung für Tonga. Ich brachte einen zweiten Anker aus und kroch in meine Koje.
Während der nächsten Tage wurden Transistorradios zu den Mittelpunkten aller Haushalte. »Bebe« kurvte weiter nach Süden, überfiel die Insel Rotuma und

richtete sie ähnlich zu wie Funafuti. Als der Wirbelsturm die Fidschi-Inseln erreichte, ging eine Katastrophenmeldung nach der anderen ein. Schiffe wie die TARA CITY, TARA JYOTI und TARA SIDDHI sanken oder zerschellten an Riffen. Das 150-Tonnen-Segelschiff FLETCHER CHRISTIAN ging an der Westseite von Viti Levu verloren. Von der Hauptstadt Suva, die noch relativ gut davonkam, wurde berichtet, daß vier Yachten am Riff lagen. Ich rechnete nach und kam zu der Überzeugung, daß die THALASSA mit Bobby und Karla Schenk derzeit im Bereich der Fidschis sein mußte.

WIE DIE THALASSA DEN HURRIKAN BEBE ÜBERSTAND
Von Bobby Schenk

Dieser Artikel wurde erstmals in der »YACHT« 2/73 veröffentlicht.

Es ist jedes Jahr das gleiche Bild auf dem Ankerplatz vor dem Royal Suva Yacht Club auf Viti-Levu, der größten aller Fidschi-Inseln. Im Laufe des Oktobers treffen viele Yachten hier ein, die sich während des Südwinters in der Südsee getummelt haben und nun allmählich nach Australien oder Neuseeland gehen, dem Fahrplan der Natur folgend. Gerade dann nämlich, wenn in Neuseeland die Frühjahrsstürme an Kraft verlieren, beginnt im November auf Fidschi die Hurrikansaison, die es ratsam erscheinen läßt, die Tropen zu verlassen und den milden, grünen Sommer tausend Meilen südlich in Neuseeland zu suchen.
Zwar ist gemäß der Segelanweisungen (Pilot Charts, Ocean Passages of the World) die Hurrikanwahrscheinlichkeit im November weniger als 1%, und obwohl sich hier auf Suva, der Hauptstadt der Fidschi-Inseln, niemand an einen November-Hurrikan erinnern kann, leert sich dennoch pünktlich am 1. November der Yachthafen des Royal Suva Yacht Club.
Meine Frau und ich hatten wunderschöne Monate in der Südsee verbracht und suchten nach einer Möglichkeit, diese Zeit zu verlängern. Es bestand für uns keine Notwendigkeit, nach Neuseeland zu gehen – weder waren wir gezwungen, Geld zu verdienen, noch war an unserer THALASSA auf einer der preiswerten Schiffswerften im Norden Neuseelands etwas zu reparieren. In den Segelanweisungen hieß es:
»Hurrikans, das sind besonders starke tropische Zyklone, die nicht selten 80 kn/h erreichen. Vorkommen: November bis April, Hauptzeiten: Januar, Februar. Kündigen sich oft lange vorher durch auffallende Sonnenuntergänge (hellrot bis lila) und Dünung an.«

Das besagte uns zunächst relativ wenig. Wir brauchten Informationen aus erster Hand, so daß wir gleich nach unserer Ankunft am 14. Oktober einen Einheimischen namens »Rudolf« mit Fragen über die Wetterverhältnisse bedrängten.
»Keine Sorge«, lachte er, »ich lebe seit dreißig Jahren auf Viti-Levu. Den letzten Hurrikan hatten wir 1952, außerdem gibt es genügend Warnungen über Radio Fidschi – und die Bay of the Islands ist ein anerkannt gutes Hurrikanloch. Nein, haben Sie keine Sorgen, solange meine BETRU im Yachtclub liegt, ist alles in Ordnung – schließlich habe ich acht Jahre an ihr gebaut.«
Das klang beruhigend. Nach kurzer Zeit fühlten wir uns schon fast wie zu Hause, dennoch besuchten wir auch den Hafenmeister, um uns von ihm einen guten Rat geben zu lassen.
»Ja, machen Sie sich keine Gedanken«, hieß es, »seit 1912 lebe ich hier – der Ankerplatz in der Bay of Islands gegenüber ist wirklich sicher. Selbst 1952 haben die Schiffe dort keinen Schaden genommen. Nur die Großschiffahrt hat einige Probleme gehabt.«
Probleme! Ein paar Kratzer an den Frachtern und ein Tanker sei an die Küste geworfen worden. Außerdem würde das Ganze ohnehin nur ein paar Stunden dauern – mit zwei Ankern und ein bißchen Maschinenhilfe sollten da keine Schwierigkeiten auftreten.
Am 20. Oktober genossen wir beim »sundowner« auf der Klubterrasse mit anderen Yachtleuten einen herrlichen rosa Abendhimmel, wie ihn nur die Tropen hervorzaubern können.

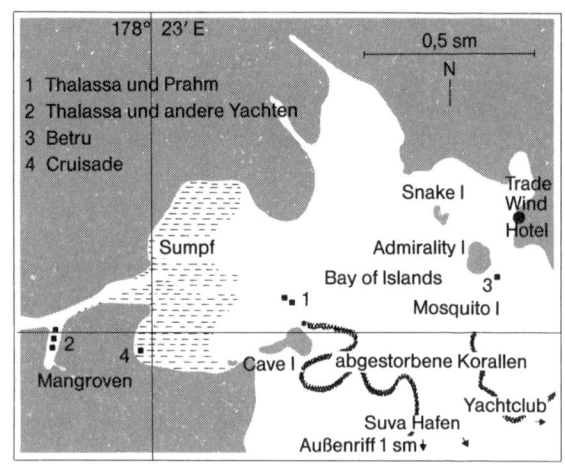

Die Bay of Islands, die von den Yachten vor dem Hurrikan aufgesucht wurde. Gefahr drohte vor allem durch die vor der Bucht gelegenen Korallen-Riffe. Links die Flußmündung und der Seitenarm, der sicheren Schutz bot

»Typischer Hurrikanhimmel«, kalauerte ich. Niemand fand das besonders witzig – schließlich hatten wir erst Oktober.
Am Nachmittag des folgenden Tages brachte Radio Fidschi folgende Meldung: Ein Hurrikan, dessen Zentrum 250 Seemeilen NW von Rotuma geortet wurde, bewegt sich mit einer Geschwindigkeit von 7 Knoten SSE.
Rotuma? Das sagte uns nicht sehr viel. Ein Blick auf die Karte teilte uns mit, daß wir noch 600 sm vom Sturmzentrum entfernt waren. Es ging uns also nichts an. Zwar wies die Richtung auf Fidschi, aber tropische Zyklone marschieren nie lange geradeaus. Die anderen Segler dachten ebenso, und so entschieden wir an der Bar, daß es gar kein richtiger Hurrikan werden könne, weil sowohl Zeit als auch Gebiet

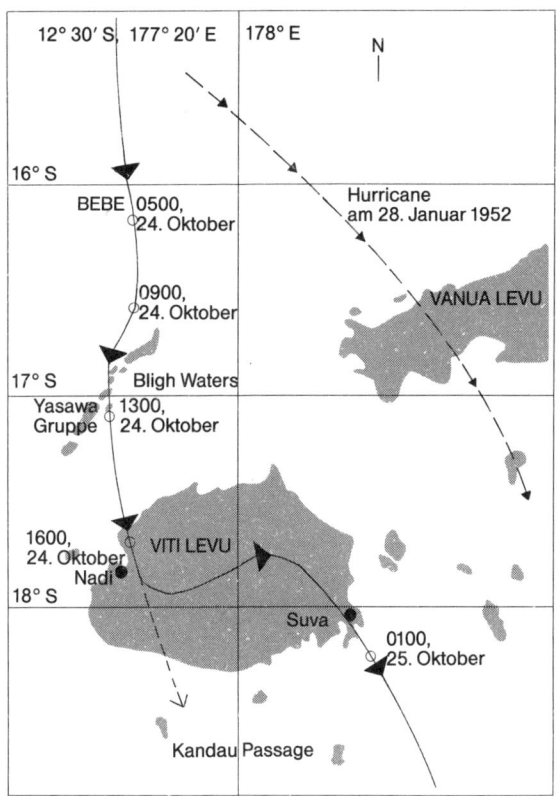

Die Tücke des Hurrikans »Bebe«: Völlig unerwartet änderte er am 24. Oktober seine Zugbahn und fegte quer über Viti Levu und die Hafenstadt Suva hinweg. Rechts oben die Zugbahn des Hurrikans, der 1952 die Fidschi-Insel Vanua Levu vernichtet hatte

nicht stimmten. Es muß aber doch ein richtiger geworden sein, denn am Morgen des 22. Oktober hatte er bereits einen Namen. Radio Fidschi:
Das Zentrum des Hurrikans »Bebe« bewegt sich weiter auf Rotuma zu. Für Rotuma Hurrikanwarnung, für Fidschi Starkwindwarnung.
Was sollten wir machen? Es fehlten noch 500 sm zum Zentrum und 300 sm zum Sturmgebiet.
L'AFFRANCHI mit seinem Skipper Bernard kam von der Riffeinfahrt zurück. Wir wußten, daß er kein Radio an Bord hatte und nach dem Astrolabe Riff auslaufen wollte. Er winkte zu uns hinüber und deutete an, es sei zuviel Dünung. Wenn der harte Bernard umkehrt . . .
Der Barograph zeigte wie immer das stetige Auf und Ab der Tropen. Es stand kein Schwell im Hafen. Wenn es nach mir gegangen wäre, hätten wir gleich die zwei Meilen in die Bay of Islands unter Motor zurückgelegt. Aber wir hatten – wie immer in einer solchen Situation – Angst, uns lächerlich zu machen. Schließlich fuhren wir doch.
In der riesigen Bay of Islands fanden wir noch niemanden vor. Das hatte den Vorteil, daß wir die beiden Anker, einen CQR (35 englische Pfund) mit Kettenvorlauf und 70 Meter 16-mm-Nylontrosse und einen deutschen Stockanker von 28 kg mit 100 Meter 8-mm-Kette in aller Ruhe ausbringen konnten. Bei drei Meter Wassertiefe versprachen sie einiges zu halten, zumal die Bucht nach fast allen Seiten geschützt ist. Nur von NE bis E hatte der Wind rund eine Meile Raum, um eine bescheidene See aufzubauen, aber nach Angaben des Hafenkapitäns würde der Wind ohnehin nach SE und nach Durchzug des Sturmes auf W drehen.
Im Moment konnte wir nichts mehr tun. Leider war die See inzwischen zu rauh für unser kleines Dinghy, so daß wir nicht mehr ins Hotel hinüber konnten. Nachmittags kamen einige der Yachten zu uns herein, von den einheimischen Booten hatte sich bisher keines blicken lassen, was aber gar nichts heißen soll, wenn man einen der religiösen Leitsätze kennt, die das Leben der Einwohner auf Fidschi bestimmt: »The man who made time, made plenty of it.« 23. Oktober 9 Uhr, Radio Fidschi:
Das Zentrum von »Bebe« befindet sich 30 Seemeilen südlich von Rotuma und scheint sich mit einer Geschwindigkeit von 8 kn SSW zu bewegen. Nord-Viti-Levu: Winde bis 50 kn. Suva: NE Winde bis 35 kn, zunehmend für ganz Fidschi Sturm – vorläufige Hurrikanwarnung.
Bei dieser Zugrichtung schien es, daß wir jetzt wohl doch in den »Genuß« eines richtigen tropischen Orkans kommen sollten, wenn auch nur am Rande. Das war gar nicht so schlecht, machte es doch die Entscheidung, nach Neuseeland zu gehen oder nicht, nur leichter. Jetzt bekamen wir wirklich Informationen aus erster

*Hand. Und außerdem, es waren mindestens 20 Yachten versammelt, warum soll ausgerechnet uns etwas passieren? – Wie gesagt, wir hatten Oktober, vielleicht war es doch nur ein halber Orkan, sozusagen einer zum Ausprobieren.
Allerdings schienen die anderen doch nicht mehr so unbesorgt zu sein. Seit dem frühen Morgen zog eine Karawane von Yachten, Ausflugsbooten, Muschelfischern, Kopraschoonern und Arbeitsfahrzeugen in die Bay of Islands. Eines von den letzten, ein etwa 30 Meter langer Prahm mit zwei Caterpillar-Bulldozern darauf, wurde direkt vor unserem Bug verankert. Ist sein Ankergeschirr ausreichend, gibt es uns natürlich guten Schutz, hält sein Anker aber nicht . . .
Der NE bläst jetzt am Mittag mit 7 Bft. Der Barograph zeigt sinkende Tendenz. Noch nie hat der Schreibarm die Zeile zwischen 1010 und 1020 mb in den Tropen verlassen. Ganze 2 mb ist er zu tief. Für uns, die wir die Druckunterschiede Mitteleuropas gewohnt sind, ist das gar nichts Besonderes, aber hier ist eine Abweichung von nur 3 mb des täglichen Durchschnitts ein »sicheres Anzeichen für einen Hurrikan« (Fiji Nautical Almanac).
Gegen 14 Uhr kommt das Lotsenboot mit dem Hafenkapitän vorbei. Ich brülle hinüber – es hat weiter aufgefrischt –, ob wir an einem günstigen Platz seien. Der Hafenkapitän bedeutet uns, daß wir keinen besseren finden können. Im strömenden Regen klebt seine Uniform am Körper und sieht alles andere als makellos weiß aus, wie es Eric Hiscock in seinem Bericht über Suva geschrieben hat.
Die Wetterberichte, die jetzt stündlich durchgegeben werden, bringen keine Änderung. »Bebe« bewegt sich weiter SSW – wenn er so zieht, dann streift er uns wirklich.
16 Uhr, Radio Fidschi verbreitet den Aufruf, alle Schulen zu schließen und die Kinder sofort heimzuschicken.
Unsere Stimmung sinkt wie der Barograph, der mit 5 mb den herannahenden Hurrikan jetzt deutlich anzeigt. Karla versucht eine heitere Note in volksnaher Dichtung zu bringen, was ich in Anbetracht einer fehlenden Bootsversicherung gar nicht witzig finde: »Was heute noch dein trautes Heim, kann morgen schon ein Trümmerhaufen sein.«
17 Uhr. Hinter uns sehen wir, wie Bruce von der BLACK ROSE, der in Fidschi seine Weltumseglung beendet hat, vom Dinghy aus das flache Wasser, das uns vom Mangrovenwald trennt, auslotet. Wir haben fünf Fuß Tidenhub, aber den Fluß hinauf wird er trotzdem nicht gehen können. Wir sitzen hier bei Niedrigwasser schon fast auf, und es ist noch eine halbe Meile bis zur Flußmündung. Der Fluß selbst hat laut Karte eine größte Tiefe von nur drei Fuß Wasser, und zwar trübes. Aber Bruce wird sicher schon vorher im Schlamm steckenbleiben. Schließlich hätte der Hafenkapitän diese Möglichkeit, sich zu verstecken, erwähnt.
18 Uhr. »Bobby«, ruft meine Frau, »Bruce fährt jetzt in Richtung Mangroven und*

Kitty und Scott von der BABENKA, sowie einige andere Yachten folgen!« Ich kann ihnen nicht helfen, wenn sie es nicht lassen können. »Sie sind jetzt hinter der Biegung verschwunden und haben offensichtlich den Fluß erreicht.«
»Mensch, wenn die drin sind, haben sie alle Probleme gelöst«, schießt es mir durch den Kopf. Wir hätten in 15 Minuten Hochwasser, aber wir wissen den Weg nicht und es dämmert bereits. Wenn wir aufbrummen, holt uns niemand mehr runter. Und außerdem, der Hafenmeister ... Ich bin des ewigen Hin und Hers müde.
19 Uhr. Obwohl die Bootsbewegungen immer heftiger werden, hat Karla keine Schwierigkeiten, ein appetitliches Essen zu servieren, das uns allerdings im Halse steckenbleibt, als Radio Australien in den Nachrichten verbreitet:
»Hurrikan Bebe um 16 Uhr über Rotuma ... 120 kn ... 95 % aller Häuser zerstört ... sechs Tote ...«
21 Uhr. Ich montiere die Selbststeueranlage ab. 120 kn Windgeschwindigkeit sind unfaßbar, wenn man bedenkt, daß Windstärke 12 mit 64 bis 71 Knoten definiert ist. Wenn »Bebe« nicht endlich abbiegt, wird er Viti-Levu streifen.
Das Abbauen im Dunkeln und bei einem Sturm, der den Regen nahezu waagrecht durch die Luft treibt, ist ziemlich schwierig. Aber die Windfahne gibt eine zu große Angriffsfläche ab. Das hätte mir auch früher einfallen können, die anderen Schiffe – die Bay of Islands ist jetzt wirklich überfüllt – haben diese Vorbereitungen schon während des Tages getroffen. Ron von der CALYPSO hat die Fallen aus dem Mast geholt, um dem Wind kein Hindernis zu bieten. WHISTLER hat den Besan gelegt.
Wir können nichts anderes mehr tun als abzuwarten. Wir versuchen zu schlafen, da wir mit unseren Kräften haushalten müssen. »Bebe« ist noch weit weg und so langsam, sieben Knoten, nicht schneller als die THALASSA an guten Tagen.
24. Oktober, 2 Uhr. Im Halbschlaf spüre ich, wie Wind und Seegang zunehmen und der Regen aufs Dach trommelt. Immer häufiger rüttelt das Schiff an der Ankerkette. Auf einmal höre ich ein neues Geräusch, ein eigenartiges Plätschern. Ich springe an Deck, und was ich daraufhin durch die dunkle Regenwand erkennen kann, läßt mir das Blut in den Adern gefrieren. Der riesige Lastkahn, auf dem die beiden Bulldozer vertäut sind, treibt in etwa 5 Metern Entfernung vorbei. Wenn der uns gerammt hätte! Ich sehe dem schwarzen Schatten nach und warte, bis er in der Dunkelheit verschwindet ... aber er verschwindet nicht. Keine zwei Schiffslängen weiter stoppt er plötzlich. Viel zu lange dauert es, bis ich begreife, daß dieses Ungeheuer in unserem Ankergeschirr hängt. Ich bekomme die Maschine gerade noch schnell genug in Gang, um die THALASSA etwas aus der Gefahrenzone zu drücken. Aber kaum gewinnen wir ein paar Meter, läßt der Sturm, dessen Stärke seit einer halben Stunde nicht mehr zu schätzen ist, das Schiff abfallen und auf den Prahm zutreiben, bis der Bug vom Anker wieder in den

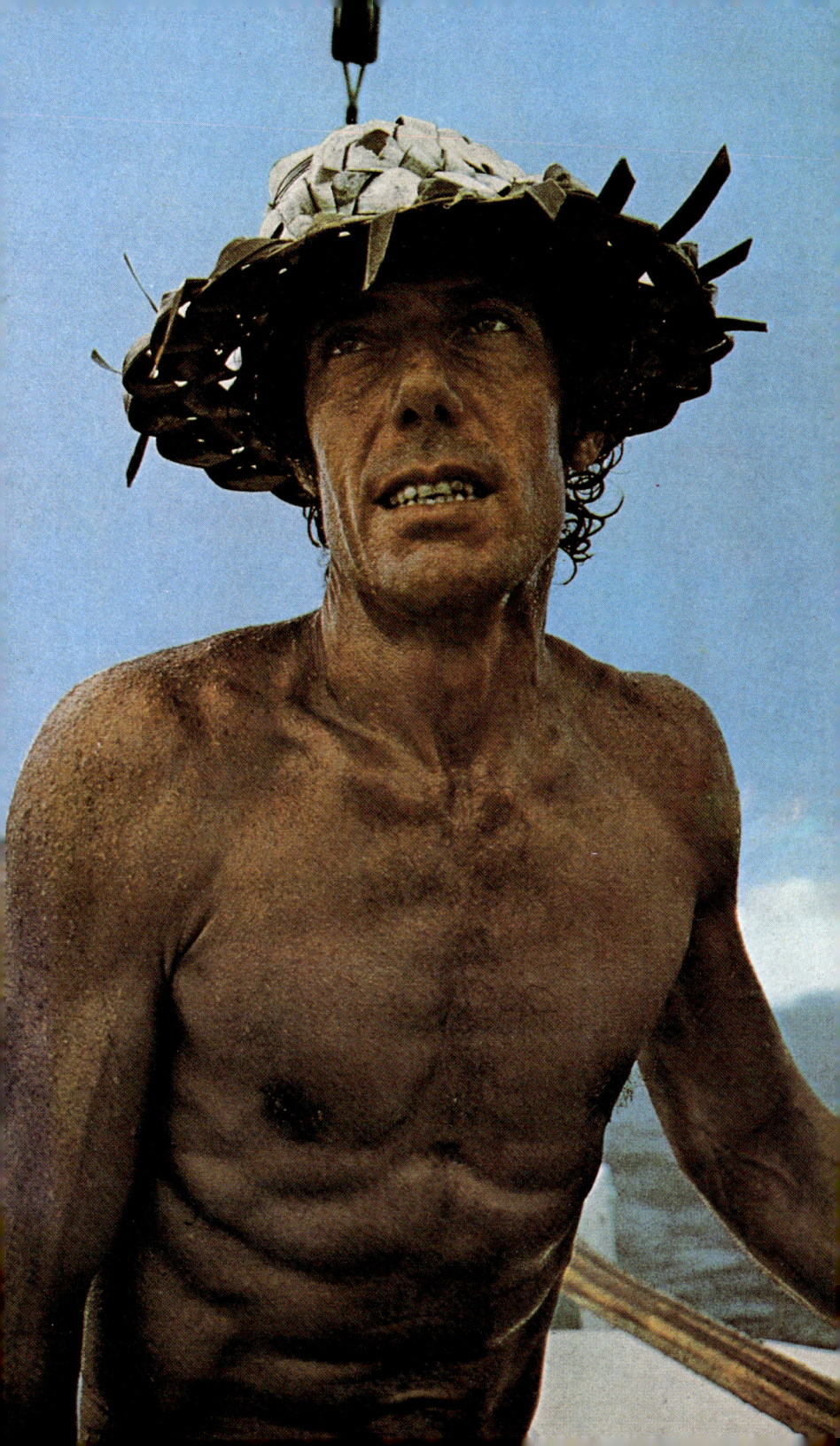

Palmen von Bora Bora, Bekanntschaften aus Polynesien (Mitte) und Papua-Neuguinea.

Katamaran-Bastelstunde auf Anuta, Touristen-Tamouree mit Claudine (rechts) vor dem Bali-Hai-Hotel auf Moorea, Ausleger in Papua-Neuguinea.

Wind gerissen wird. Fünf- oder sechsmal versuchen wir das Manöver, und mit jedem Mal kommen wir näher an den vielleicht zehn Meter breiten Bug des Prahms heran, unter dem die Seen krachend einschlagen. Sollten wir unter den Bug geraten, dann ist es aus. Wir müssen unbedingt weg, aber wie? Solange dieses Urvieh an unserem Anker hängt, brauchen wir an Ankeraufgehen gar nicht zu denken. Wantenschneider? Der wird sicher mit der Kette fertig. Aber nein, denke ich, das schmatzende Maul des Prahms würde uns sofort verschlingen.
Es muß eine Lösung dafür geben! Wir können uns doch nicht einfach erschlagen lassen. Hilfe von draußen? Abends haben wir noch ein paar Schlepper herumgeistern sehen.
»Karla, wir schießen Rot, die Signalpistole!« Fünf Sekunden später ist die Bucht taghell erleuchtet − weiß! »Die roten Patronen«, schrei ich. Wieder weiß. Jetzt kann ich die Szene gut überblicken. Wir sind nicht die einzigen, die hier Schwierigkeiten haben. Drüben rumpelt ein Ausflugsboot in die SHEBESSA. Armer Norman, er hatte seinen Rumpf so geschont, daß er nicht einmal wagte, Löcher für die Selbststeueranlage zu bohren.
Endlich leuchtete es rot über uns. Scheinwerfer blenden auf, aber sonst geschieht nichts. Die müssen doch sehen, in welcher Lage wir uns befinden. Aber in dieser Situation hat jeder genug mit sich selbst zu tun. Mit zitternden Händen legen wir Schwimmwesten an, aber selbst wenn wir ins Wasser springen, wir würden mit Sicherheit nicht an diesem Mordinstrument vorbeikommen.
4 Uhr. Seit zwei Stunden quälen wir Maschine und Getriebe. Der Sturm nimmt immer noch zu. Aber der Hurrikan ist noch weit weg. Niemals haben wir eine Chance, heil davonzukommen, wenn »Bebe« uns hier trifft. Keine Spur von Winddrehung, wie der Hafenkapitän gesagt hat. Ich sehe die Karte der Fidschi-Inseln klar vor mir. Winddrehung auf SE? Das ist grundfalsch. Das mag bei der Zugbahn von 1952 der Fall gewesen sein, nicht aber bei »Bebe«, der sicher westlich von uns vorbeiziehen wird.
»Karla, wir müssen es riskieren. Wenn das Schiff im Wind steht, dann gib Vollgas, ich werfe die Ankerleine an Backbord weg, vielleicht bekommen wir doch den anderen Anker klar.«
Das Unerwartete tritt ein. Bei einem erneuten Anlauf gewinnen wir so viel Fahrt, daß der Wind unseren Bug nicht mehr wegdrückt und wir dann tatsächlich über den Anker hinwegmotoren können.
Von jetzt ab ist das Glück auf unserer Seite. Mit der Dämmerung kommt das Hochwasser und damit die Möglichkeit, den Weg in den Fluß zu finden. Zweimal stecken wir im Dreck. Wir sind jedoch in unserer Erschöpfung glücklich. Was kann uns hier noch passieren, verglichen mit der Situation, in der wir noch vor einer halben Stunde waren? Allerdings − so ganz ungefährlich ist es hier nicht. Keine 100

Meter entfernt rutscht die 130-Fuß-Motoryacht CRUISADE vorbei und verschwindet wie ein Spuk hinter den Mangroven... Unglaublich, eine halbe Meile über eine Strecke, die nur teilweise von Wasser bedeckt ist.
Mit Hilfe des steigenden Wassers kommen wir frei und entdecken endlich den gesuchten Seitenarm. Mitten im Wald, die Leinen zu den Bäumen ausgebracht, haben die anderen fast vollkommenen Schutz gefunden. Ich muß Scott aufwecken. Die wissen gar nicht, was draußen los ist. Leider ist für uns kaum noch Platz vorhanden, wir bringen die THALASSA nur noch halb in den Seitenarm hinein. Scott leiht mir zwei Danforth-Anker, die wir so weit wie möglich in den Fluß hinausfahren. Jetzt gibt es keine halben Sachen mehr. Den Stockanker bringen wir ein Stück flußabwärts aus. Und dann noch fünf 16-mm-Nylontrossen zu den schlanken, aber kräftigen Mangrovenbäumen.
Auch in diesem Schutz heult der Wind, nimmt Wasser auf und peitscht es den Fluß entlang. Man kann durch dieses fliegende Wasser oft die 80 Meter zum anderen Ufer nicht mehr sehen. Unser Schiff wird manchmal weggekrängt wie unter Vollzeug, während die anderen im Seitenarm kaum etwas spüren.
9 Uhr, Radio Fidschi:
Das Zentrum von »Bebe« ist über der Yasawagruppe und bewegt sich mit einer Geschwindigkeit von 15 kn SSW oder SW. In der Nähe des Zentrums ist mit Windgeschwindigkeiten von 130 kn zu rechnen. Very, very high seas. Endgültige Hurrikanwarnung für Viti-Levu.
SSW oder SW? Vielleicht dreht er doch noch ab! Auf der Seenotfrequenz 2182 kHz hören wir den Hilferuf eines japanischen Fischers:
Habe Orientierung verloren... irre seit 24 Stunden zwischen den Riffen umher... bitte um Führung...
Aber wie soll der Funker von Radio Suva helfen? 10 Uhr, Radio Fidschi:
»Bebe« bewegt sich mit 5 Knoten auf Nadi zu, wo er gegen 16 Uhr erwartet wird. Windgeschwindigkeit 120 bis 140 Knoten. Sollte Radio Fidschi ausfallen, werden alle weiteren Meldungen von Radio Wellington/Neuseeland ausgestrahlt.
Nur noch 5 Knoten Geschwindigkeit! Das ist ein sicheres Anzeichen, daß er endlich eine Kurve macht! Er ist ohnehin nahe genug gekommen. Unsere Situation ist noch nicht schlimm. Wenn die Leinen halten, kann uns nichts passieren. Die Leinen werden halten, aber die Bäume und die Klampen auf Deck? Ich hole die Trossen hinter den Klampen mit den Winschen dicht, um den Zug besser zu verteilen.
16 Uhr. Der Barograph ist fast 30 mb unter Normalstand. Eine Abweichung von nur 3 mb bedeutet Hurrikan!
17 Uhr. Jetzt muß »Bebe« über Nadi sein, aber wir bekommen keine Wettermeldungen mehr, nur noch Katastrophenmeldungen:

In Lautoka nahezu alle Häuser zerstört... FLETCHER CHRISTIAN gesunken...
18 Uhr. Unglaublich, der Wind hat zu heulen aufgehört, der Barograph bleibt auf 984 mb stehen. Wenn »Bebe« um 16 Uhr über Nadi war, dann kann er theoretisch querab von Suva im Westen stehen, was hieße, daß wir jetzt am Rande des Zentrums sind. Dann müßte der Wind nach der Pause mit gleicher Stärke aus Westen wehen. Und tatsächlich, der Zeiger hüpft deutlich nach oben. Gegen Orkan aus Westen sind wir ja bestens geschützt.
18.30 Uhr. Erst jetzt fällt uns auf, daß Radio Fidschi aufgehört hat zu senden. Was wir auf Radio Wellington hören, ist kaum zu fassen:
Das Zentrum von Hurrikan »Bebe« ist um 16 Uhr über Zentral-Viti-Levu geortet worden und bewegt sich SE-wärts. »Bebe« wird die Südküste Viti-Levus gegen 24 Uhr erreichen. Nahe des Zentrums muß mit Windgeschwindigkeiten von 150 Knoten und mehr gerechnet werden.
Ich brauche gar nicht erst einen Pfeil auf die Karte zu malen, um zu wissen, was SE bedeutet: Suva! Nein, das kann nicht richtig sein. Um 16 Uhr muß er doch über Nadi gewesen sein und dann die Flaute... »Bobby, das Barometer sinkt wieder«, ruft meine Frau. Kurz darauf setzt auch der Sturm wieder ein, und zwar aus der alten Richtung. Nackte Angst zeichnet unsere Gesichter... nicht mehr nur ums Schiff.
19 Uhr. Der Orkan nimmt unbeschreibliche Formen an. Wir versuchen, die Geschwindigkeit des vorbeifliegenden Wassers und der Äste zu schätzen. Es ist unmöglich – vielleicht so schnell wie ein Sportwagen auf der Autobahn, vielleicht wie ein startendes Flugzeug!
20.30 Uhr. Der Barograph schreibt fast senkrecht. Wir können nichts tun. Ich nehme eine Beruhigungstablette.
21 Uhr. Der Funker von Suva Radio auf 2182 scheint die Nerven verloren zu haben. Wir verstehen aus dem Geschrei nur so viel, daß mehrere Lastkähne auf der Bay of Islands herumtreiben.
21.30 Uhr. Über 2182 versucht eines der großen Ausflugsboote den Weg in den Fluß zu finden. Alle Anker sind weg, die Decksbeschläge haben nicht gehalten.
21.45 Uhr. Die Yacht WHITE SHOAL meldet, daß an ihr die Yachten WHISTLER und OPTIKI in Richtung Außenriff vorbeitreiben. Eine der beiden schießt Rot. Das ist wohl das Ende für die brandneue OPTIKI, die morgen in die Staaten überführt werden soll.
Rudolf auf seiner BETRU ruft auf 2182 mayday. Er treibt mit einer Mooring und zwei Ankern am Bug aufs Riff zu. Der arme Funker von Suva Radio fragt zurück, wieviel Uhr es sei.
22 Uhr. Hinter uns legt sich einer der Mangrovenbäume um, so als ob er es satt

hätte. Unser Dinghy ist nicht mehr da. Wir entdecken es wieder, es fliegt über uns, mit dem langen Festmacher gefesselt, wie ein Papierdrachen.
Das ist kein Sturm oder Orkan mehr, das ist absolute Naturgewalt. Die Leinen können wir nicht mehr nachsehen, wir würden fortgeweht werden. Wir haben Schwimmwesten angelegt.
22.15 Uhr. Der Barograph stagniert plötzlich. Der Wind heult nur noch wie ein gewöhnlicher Sturm, ja, er läßt mehr und mehr nach und flaut schließlich vollkommen ab.
23 Uhr. Absolute Stille, als ob nichts geschehen wäre. Nur das Donnern auf den Riffen ist von weither zu hören. Vorsichtig öffnen wir das Schiebeluk, noch trauen wir dem Frieden nicht. Der Himmel läßt Sterne durchblicken und zeigt eine fremde hellrosa Farbe. Wir sind im Auge von »Bebe«.
23.15 Uhr. Radio Wellington:
»Bebe« steht knapp westlich von Suva, bewegt sich mit 10 Knoten weiter.
23.30 Uhr. Wir benutzen die Flaute, um noch eine Leine auszufahren. Dann warten wir auf die zweite Hälfte. Es wird ein Uhr, zwei Uhr, nichts geschieht. Das Barometer steigt. Wir können uns nicht mehr wachhalten.
8 Uhr. Immer noch müde, hebe ich den Kopf und blicke nach draußen. Es weht stark, aber sonst ist alles in Ordnung. Wo ist die Rückseite von »Bebe« geblieben? Ich weiß es nicht, ist mir auch egal, Hauptsache, wir sind heil durchgekommen. Im Radio meint ein Offizieller, »Bebe« sei die schlimmste Katastrophe in der Geschichte Fidschis.
Am 25. Oktober vormittags zehn Uhr bringt Radio Fidschi die erlösende Meldung: »All clear for Suva! All clear for Viti-Levu.«

*

Mit Standort Vava'u war ich unter diesen anderswo dramatischen Umständen natürlich bestens bedient. Es blies mit stetigen sechs bis sieben Windstärken, trotzdem zog es das Regierungsschiff HIFOFUA vor, im Hafen zu bleiben und erst später nach Nuku'alofa, der Hauptstadt Tongas, auszulaufen.
Es wird jedenfalls deutlich, daß man auf einer Weltumsegelung auch ein bißchen Glück braucht. Hätten mir beispielsweise die Damen auf Aitutaki weniger gut gefallen und wäre ich dort nur zwei statt meiner sechs Tage geblieben, wäre ich unter Umständen jetzt schon auf dem Weg nach den Fidschis gewesen, wäre somit in den »gefährlichen Halbkreis« gekommen, wo einen die starken Winde unweigerlich in die Bahn des Wirbelsturms ziehen würden. Und im Zentrum eines ausgewachsenen Hurrikans hat eine Yacht von der Größe TABOOs auf offener See nicht den Funken einer Chance, soviel ist klar.

Inselhüpfen

Das Königreich Tonga gehört zwar noch zu Polynesien, unterscheidet sich aber in den Gebräuchen deutlich etwa von den Gesellschaftsinseln. Vom Naturell her sind die Menschen zwar ähnlich fröhlich, statt der völlig unbeschwerten Freizügigkeit gibt es aber recht ernst zu nehmende Normen, Regeln, Riten und vor allem eine unerhört starke Präsenz der protestantischen Kirche, in geringerem Maß auch der katholischen. Wohin man auch schaut, steht eine Kirche. Bei aller Sittenstrenge: Anbändeln ist noch allemal erlaubt, sogar recht bequem, weil die jungen Leute Englisch sprechen. Ich hatte auf dem Markt Amelia, ein außergewöhnlich hübsches 16jähriges Mädchen, kennengelernt, wo sie mit ihrer Tante – man war ja auf Tonga! – recht artig geflochtene Bastwaren verkaufte. Sie sagte, ich solle sie doch in ihrem Dorf besuchen. Ich hatte nichts besseres zu tun, außerdem nehme ich solche Einladungen, die einen mitten in eine Dorfgemeinschaft bringen, immer gern an. Also stapfte ich am nächsten Tag die drei Meilen nach Toula, wo es zwar keine Hausnummern, aber auch nur eine einzige Straße gab, so fand ich bald die richtige Familie. Die Frauen saßen vor dem Haus und bastelten Taschen. Ich wurde begrüßt wie ein Sohn nach siebenjähriger Abwesenheit, sofort wurde eine saubere Matte herangeschafft und schon saß ich im Schneidersitz zwischen Bastreifen und Korbwaren. Dann wurde pausenlos gefragt. Zum Glück sprachen nur Amelia und eine ihrer Schwestern Englisch, so daß ich während der Übersetzungen immer Pause hatte. Alter, Eltern, Herkunft, Geschwister und so weiter. Dann gab's eine Mahlzeit und weitere Stunden freundlichen Geschnatters, bevor ich mich mit einem geschenkten Bastkörbchen trollte.
In den nächsten Tagen wurde ich jeweils von Amelias jungem Bruder abgeholt. Die Mahlzeiten wurden immer reichhaltiger, nur fiel mir auf, daß ich immer allein aß. Antwort auf meine entsprechende Frage: Nur Verheiratete essen mitsammen.

Na bitte, man respektiert ja die Bräuche. Das Herumtändeln mit Amelia war recht amüsant, allerdings begleitete uns die Tante überall hin, das Mädchen war aber gern bereit, hin und wieder einen Sprint einzulegen, bei dem die Tante nicht mitschnaufen konnte. Bei Tisch gab's immer häufiger Bemerkungen über die junge Liebe. So kommentierte Mele, Amelias ältere (18jährige) Schwester, daß Vielessen – wenn man bei einem Mädchen eingeladen ist – ein Zeichen von Liebe sei.
Langsam wurde mir klar, daß ich in einem Spiel mittat, dessen Regeln ich nicht kannte. Aber auf jeden Fall: Ich spielte die Hauptrolle. Am nächsten Abend kulminierten alle bisherigen Mahlzeiten in einem Spanferkel. Gespannt lauerte die ganze Familie, wieviel ich essen würde. Das Ferkel war köstlich, also tat ich ihm alle Ehre an. Dann hielt Mele eine kleine Rede, sagte, daß ich durch meine häufigen Besuche meine Absichten deklariert habe und daß man den morgigen Kirchgang zum Heiraten benützen könne. Die ganze Familie war ergriffen.
Das einzige, was mir in der Schnelligkeit einfiel, war, daß meine Aufenthaltsgenehmigung mit morgigem Tag abliefe, daß ich also auslaufen müsse. Ein harter Schlag. Wann ich wiederkäme? Das ließe sich nicht so genau sagen. Man war recht bedrückt, offensichtlich hätte ich so etwas wie eine gute Partie abgegeben. Alle, die gut zu Fuß waren, geleiteten mich dann zum Boot zurück, Amelia nahm aber nur provisorisch Abschied, was mich etwas verschreckte.
Am nächsten Morgen hatte ich natürlich keine Wahl, ich mußte absegeln. Während des Klarmachens kam Amelia noch einmal und brachte Gemüse, Eier und ein lebendes Huhn. Nach viel Tränen zum Abschied segelte ich ein paar Meilen vom Hafen weg, ankerte vor einer kleinen Insel, erholte mich erst einmal und steckte das Huhn in den Schnellkochtopf.
Ich blieb noch eine Woche im Gebiet der Vava'u- und Ha'apai-Gruppe, tauchte nach Muscheln und ließ mir von den Landessitten erzählen. Tatsächlich ist es auf Tonga Sitte, nach kurzer Bekanntschaft eines jungen Mannes mit einem Mädchen zu heiraten. Ein paar Besuche genügen, dann bist du fällig. Soviel ich mir zusammenreimen konnte, geht dies auf die Missionare zurück, die den Leutchen vor allem einmal Sex ohne Heirat austrieben. Und da man bei diesen fröhlichen Menschen die Gefahr eines Umfallers befürchtete, gewöhnte man sie eben daran, vorsorglich zu heiraten.
Ich segelte der untergehenden Sonne nach, verließ Tonga und somit Polynesien.
Ogea, eine der ersten Fidschi-Inseln, wenn man aus Südost kommt, sah so einladend aus, daß ich ungern daran vorbeisegeln wollte. Aber es gab ja Bestimmungen: Man mußte zuerst einen Einklarierungshafen anlaufen, bevor man in der Inselgruppe herumfahren durfte. Natürlich sind in solchen Bestimmungen einige Ausnahmefälle vorgesehen: Pest an Bord und so weiter bis zu

technischen Gebrechen. Ich fühlte an meiner Pinne, sie kam mir etwas locker vor. Man kann als Hochsee-Skipper nicht genug vorsichtig sein, drum nahm ich Kurs auf Ogea. Dort würde ich in einer ruhigen Bucht mit klarem Wasser das Ruder überprüfen und vielleicht nebenbei einen Fisch harpunieren.
Von meinem Ausguck auf halber Masthöhe suchte ich die Riffeinfahrt und segelte in die grünschimmernde Lagune. Eingeborene kamen mir winkend in einem großen Auslegerkanu entgegen, zeigten mir einen guten Ankerplatz und führten mich dann zu ihrem Dorf. Obwohl nur wenige hundert Meilen offene See zwischen Tonga und den Fidschis liegen, sind die Menschen grundverschieden. Hier hatten sie schon breitere Gesichter, dickere Lippen, krauses Haar und eine dunklere Hautfarbe. Etliche melanesische Stämme waren ja zur Jahrhundertwende noch Kannibalen, und auch heute sind sie in manchen Gebieten noch ein wenig grimmig, aber die Bewohner von Ogea gehörten zur friedlichen und freundlichen Sorte. Abends aß ich mit ihnen Fisch, der in Kokosnußmilch gekocht war. Dann wurde die geflochtene Matte, die den ganzen Fußboden bedeckte, auffallend zielführend von Krümeln leergefegt, dann wurde gesungen und getanzt. Der Gesang war nicht mehr polynesisch-lieblich, sondern kehliger, dumpfer.
Nach drei Tagen segelte ich über die Koro-See 180 Seemeilen zur Insel Ovalau. Der Ort Levuka, ehemalige Hauptstadt von Fidschi, ist einer der nur drei Einklarierungshäfen, dort wurde ich von Amts wegen als Fidschi-Besucher akzeptiert. Es war Ende November, normalerweise bereits große Pause für kleine Segelyachten in diesem Teil des Pazifik, denn dies ist die Zyklon-Saison. Da sich aber auch »Bebe« nicht an den Zeitplan gehalten und um einiges zu früh gekommen war, war ohnedies alles durcheinander und ich wollte die Zeit vor einer längeren Station auf Suva noch ordentlich nützen.
So segelte ich zurück zur Lau-Gruppe (zu der auch Ogea gehört) und nahm mir nun die nördlichen Exploring Isles vor. Ich fand gute Tauchgründe, geschützte Ankerplätze und gastfreundliche Menschen, für die ich eine echte Attraktion war, denn hierher hatten sich Yachten erst ganz selten verirrt. Zum ersten Mal traf ich auf Kinder, die sich vor mir fürchteten – ihre Eltern hatten ihnen allzu oft mit dem „weißen Mann" gedroht. Da hin und wieder Zivilisationsgüter auf die Insel gekommen waren, es aber keine Kontinuität in der Wartung gegeben hatte, kamen die Leute zögernd mit verschiedenem Zeug, das nicht mehr funktionierte. Ein Transistorradio, in das ich neue Batterien einlegte, half mir zu einem tollen Anfangserfolg, der mich in den Ruf eines technischen Wunderdoktors brachte. Glühstrumpflampen, Kocher, ein Generator, ein weiteres Radio, eine Nähmaschine und ein Mini-Traktor bauten mir ein sensationelles Image auf, bis ich mir an einem beschissenen Außenbordmotor die Zähne ausbiß.

Das Wetter wurde unbeständig, der Passat blieb aus und es regnete oft. Man soll nicht übertreiben und den Zyklonen nicht vor der Nase herumtanzen, daher segelte ich am 13. Dezember durch die – nun einmal langsam – Nggilanngila Passage und machte gute Fahrt bei kräftigem achterlichem Wind. Ich kurvte an kleinen Inselchen vorbei, erreichte Viti Levu, fuhr in das große Hafenbecken von Suva und ankerte vor dem königlichen Suva-Yacht-Club, wo man ganz wunderbar den feinen Pinkel spielen kann. Jedenfalls wollte ich auf Viti Levu die Zyklon-Saison abwarten.

Suva ist nach Papeete der wichtigste Yacht-Sammelplatz des Pazifiks. Von den Booten, die ich in Bora Bora zuletzt gesehen hatte, waren bereits die THALASSA (Schenk) und die ASTRONOTUS (Zimmermann & Fiedler) vor Anker; zwei Bora-Bora-Freunde hatten wir verloren: KAWAN war an einem Riff der Insel Totoya in der Lau-Gruppe hängengeblieben, L'AFFRANCHI war an der Steilküste der Maré-Insel (bei Neu-Kaledonien) zerschellt. Von Deutschlands dramatischestem Segler, Rollo Gebhardt, gab's Schriftliches: Der berühmte Einhandsegler, dem in regelmäßigen Abständen Lebensgefährliches zustößt, hatte sich im Gästebuch des Royal-Suva-Yacht-Clubs eingetragen – mit Yacht SOLVEIG III und Crew Brigitta Lundholm. Bobby Schenk traf in Suva übrigens den Kapitän eines Schiffs, auf dem der Einhandsegler und seine Crew eine Dusche genommen hatten – das war in Samoa, direkt nach der Ankunft aus Papeete.

Ich blieb nicht lang vor dem Yacht-Club liegen. Die Leute waren mir zu fein, geschniegelte Salon-Seebären, die ihre Kolonialzeit-Atmosphäre päppelten. Der Besuch eines einheimischen Mädchens auf TABOO war schon sehr, sehr bedenklich – wahrscheinlich mehr aus rassischen denn moralischen Gründen –, außerdem schrieben die Clubregeln das Tragen von Schuhwerk vor. Ein prachtvoller Platz zum Absegeln. Etwas außerhalb der Hauptstadt fand ich einen hübschen Liegeplatz an der Mosquito-Insel, die zum Glück nicht hielt, was ihr Name versprach.

Das soziale Bild auf den Fidschis ist empfindlich gestört. Die melanesische Bevölkerung verträgt sich schlecht mit den auf eine Viertelmillion angewachsenen Nachkommen jener Inder, die Ende des letzten Jahrhunderts als billige Arbeitskräfte für die Zuckerrohrfelder nach Viti Levu importiert worden waren. Keine Rede von jener Art von Verschmelzung, wie sie etwa den Chinesen auf Tahiti gelungen ist. Auf Fidschi haben die beiden Volksgruppen nicht den geringsten Kontakt miteinander, es brodelt immer ein bißchen.

Es war eine gute Saison für tropische Wirbelstürme, wenn man das so sagen kann. Die einzige Ordnung, die bei Zyklonen herrscht, ist die Namensgebung. Sobald sich ein Hurrikan durch entsprechende Windstärken als solcher qualifiziert hat, bekommt er einen weiblichen Namen – der erste der Saison mit dem Anfangs-

buchstaben A und so weiter. Die Zyklone jener Saison auf Fidschi hießen unter anderen Bebe, Henrietta, Ingo, Juliet und Katherina, die Verheerungen – vor allem in den Plantagen – waren ziemlich arg.
Wie in Papeete und auf Moorea lag mein Ankerplatz auch hier in Akustikreichweite eines Hotels, des Trade Winds. Wieder einmal wurde mir klar, daß ich auf alle Schönheiten der Welt pfeifen würde, müßte ich sie im Touristenstil sehen. Die winzige Mosquito-Insel war die Szene einer abenteuerlichen Gaukelei. Jeden Samstag und Sonntag kam eine Tanz- und Gesanggruppe, jeweils ein paar Minuten bevor eine Bootsladung Touristen auf den Strand gekippt wurde. Denen erzählte man, daß sie das Glück hätten, diese völlig naturbelassenen Eingeborenen hier anzutreffen. Die Schwarzen schrien »Bula« und boten den Touristen je eine Schala Kava an. Der Herdenführer der Weißen erzählte, dies sei eine ganz besondere Ehre, denn diese Kava-Zeremonie werde normalerweise nur Stammesfürsten entgegengebracht. (Kava wird aus den zerstampften Wurzeln des Kavabaums gewonnen, sieht lehmigem Wasser ähnlich, schmeckt zuerst auch so, läßt aber dann ein taubes Gefühl auf Zunge und Gaumen aufkommen. Es wird nicht nur von Häuptlingen, sondern von jedermann, von Frauen und Armen und Ärmsten, getrunken). Aber bitte, den Touristen macht's Freude, mit besonderen Ehrungen empfangen zu werden – es gibt eben doch noch Leute, die wissen, was sich gehört. Nach dieser Einleitung wurde der Meke vorgeführt, ein Tanz mit Speer- und Keulenschwingen. Er entstammt wenigstens der Tradition, ist aber keineswegs so attraktiv wie der polynesische Tamuree. Statt Schönheit, Anmut und fließenden Bewegungen gibt's klobig stampfende Männer, die auf der Wiese herumhüpfen und die Zuschauer mit ihren Speeren erschrecken. Statt mit Blumen sind sie mit Grünzeug behangen, wenn sie stillstehen, sehen sie aus wie Büsche.
Mitte April 1973 setzte ich TABOO bei Hochwasser auf den Strand und schabte das Unterwasserschiff sauber. Die Zyklon-Saison stand vor dem Ende. Ich machte noch einen kurzen Abstecher zu meinen Freunden auf den Exploring Isles der Lau-Gruppe und segelte dann zwischen langgestreckten Riffen und kleinen Inseln nordwärts.
Ich kam knapp an der Insel Avea vorbei und sah keinen Grund, den kleinen Flecken zu besuchen. Vom Strand riefen und winkten aber einige Mädchen, sie deuteten, daß ich kommen solle. Na bitte, warum sollte man unhöflich sein? Also ankerte ich und ruderte zum Ufer. Sogar ein Geschenk hatte ich mit, einen eben gefangenen Fisch. Andere Leute kamen auch dazu, bald gab's Kava, dann wurde in einer Hütte Essen angerichtet. Wenn man sich kindliche Freude an kleinen Scherzen bewahrt – oder sich zumindest darauf einstellen kann –, kommt man mit den Leuten in ausgelassene Unterhaltung. Als ich am Abend langsam zum Beiboot zurückging, waren schon vier oder fünf Mädchen dort. Ich lud sie auf das

Boot ein und ruderte sie in zwei Partien hinüber, wir brauten Tee und sie steckten ihre neugierigen Nasen überall rein. Als ich sie dann zurückrudern wollte, bekam ich nur eine Dinghy-Ladung voll, denn zwei von ihnen hatten beschlossen, an Bord zu bleiben. Wer würde schon zwei hübsche Mädchen aus der Kajüte kicken, also nahm alles seinen normalen Weg. Das ist typisch für die Mädchen fast im ganzen Pazifik: Sie spielen nicht mit dir herum, sondern zeigen dir, was sie wollen. Auch auf dem Inselchen Avea in den Exploring Islands der Lau-Gruppe, die zu Fidschi gehört.

Nach dieser netten Verzögerung – es ist immer schön, ohne Fahrplan zu reisen – setzte ich meinen Weg zu einigen der verlassensten Inseln der Südsee fort, beginnend mit den Ellice Inseln, das sind winzige über 700 km verstreute Eilande, um die sich kein Hund schert.

Am zweiten Tag nach meiner Abfahrt hörte ich ein komisches Geräusch, sprang an Deck und sah gerade noch die Schwanzflosse eines Wals, der in meinem Kielwasser auf Tauchstation ging. Er mußte auf Gegenkurs genau unter TABOO durchgeschwommen sein. Es wird wohl so sein, daß die Kerle wegen der seitlichen Anordnung ihrer Augen gerade voraus ein totes Feld haben.

Die starke Brise wurde schwächer und schwächer, bis ich in der Morgendämmerung des fünften Tages nur noch langsam dahinglitt. Niulakita, die südlichste der Ellice-Inseln, lag als schwacher Schatten zwei oder drei Meilen voraus. Es dauerte weitere zwei Stunden, bis ich offensichtlich von der Insel aus erkannt wurde, dann kam ein Auslegerkanu auf mich zu. Niulakita hatte sich inzwischen als wahrlich winziges Inselchen ohne Barriereriff und Lagune herausgestellt.

Die vier jungen Männer im Kanu begrüßten mich zuerst ziemlich scheu, wurden aber munter, als ich sie einlud, an Bord zu kommen. Sie sprangen an Deck, wir nahmen das Kanu in Schlepptau. Nachdem ich TABOO etwa zweihundert Meter vor der Küste verankert hatte, paddelten wir alle im Kanu an Land. Auf einer brechenden Welle schossen wir knapp an messerscharfen Korallen vorbei und überschlugen uns fast. Die gesamte Bevölkerung – etwa 70 Polynesier – war am Strand versammelt, alle lachten, als wir völlig durchnäßt an Land krabbelten.

Der Häuptling (mit schönem Lendentuch und weißem Hemd) begrüßte mich, seine Rede mußte allerdings von einem der wenigen Jungen, die eine Missionsschule auf Funafuti besucht hatten, auf Englisch übersetzt werden. Wir gingen dann zu einer Anhöhe, auf der mehrere Häuser standen – auf kurzen Pfählen; Dächer und Seitenwände bestanden aus übereinandergelegten Pandanus-Blättern. Das größte dieser Gebäude war offen nach allen Seiten, der Boden war knöcheltief mit weißen Korallenstücken bedeckt, ein paar Sitzmatten lagen herum. Ich bekam eine Nuß zu trinken, mußte erzählen und die Zeit bis zum Essen überbrücken. Sicherlich essen die Leute nicht alle Tage luxuriös, ich war ihnen offenbar Anlaß

genug für ein Festmahl. Es gab gebackene Seevögel, klein wie Tauben, ein gekochtes Huhn, Fisch, Brotfrüchte, Bananen, Yams (eine der Kartoffel ähnliche Wurzel) und mehrere grüne Trinknüsse. Das einzige nicht aus dem Eigenbereich stammende Nahrungsmittel war Rohzucker. Damit wurde der verdickte sahneartige Saft, der aus geschabtem Kokosnußfleisch gewonnen wird, gesüßt. Gebackene Brotfruchtstücke, in diesen dicken Brei getaucht, schmeckten einfach köstlich.
Plötzlich, ohne jede Warnung, brach ein Unwetter los. Heftige Windstöße fegten über die Insel und bliesen Kleidungsstücke und Matten davon. Dichter Regen prasselte runter, ich konnte kaum bis zum Strand sehen, schon gar nicht bis zu TABOO. Ich schiß mich fast an vor Angst um das Boot, als ich eine Viertelstunde völlig untätig warten mußte, bis der Regen nachließ und irgendwas zu erkennen war. Der Wind hatte mehr und mehr nach Nordwest gedreht und war jetzt fast auflandig, TABOO tanzte auf dem ungeschützten Ankerplatz wild umher. Kurzer Abschied, hastiger Aufbruch und ich paddelte mit den drei kräftigsten Männern durch die Brandung. Die hohe Dünung, die schon seit Tagen gelaufen war (sie mußte von einem Sturm in den südlicheren Breiten herrühren), wurde jetzt aufgepeitscht. Jedesmal, wenn wir in ein tiefes Wellental runterrutschten, war ich nicht sicher, ob wir auch wieder hochkommen würden. Unter dauerndem Ausschöpfen erreichten wir TABOO, uff, ich war froh.
Erst jetzt sah ich, daß uns ein zweites Auslegekanu gefolgt war – man ist also nicht gerade ängstlich auf Niulakita. Die zweite Truppe brachte zwei Bananenstauden und eine feingeflochtene Matte als Abschiedsgeschenke. Wir holten den Anker hoch, nahmen beide Kanus ins Schlepptau und segelten vorerst aus dem Gefahrenbereich auf die Leeseite der Insel, wo es auszuhalten war. Drüben wäre die Rückreise für die Kanus ohnedies sehr problematisch geworden, denn der Wind war inzwischen noch heftiger geworden. In einem wasserdichten Plastiksack gab ich den Burschen einige Kleinigkeiten für meine Gastgeber mit.
Als ich abdrehte, zum letzten Mal winkte, dachte ich an eine ungemütliche Nacht. Nach ein paar Stunden legte sich der Wind aber genauso rasch, wie er gekommen war, um Mitternacht war Windstille. Erst zwanzig Stunden später kehrte der Passat wieder und blies mich zum nächsten Atoll der Ellice-Inseln, Nukulaelae. Dann weiter nach Funafuti, der Hauptinsel der Gruppe. Die Verwüstungen, die der Hurrikan »Bebe« vor einem dreiviertel Jahr angerichtet hatte, waren noch sehr deutlich, als spezielle Denkmäler lagen drei Schiffswracks in der Bucht. Gewisse Parallelen zu Tonga stellte ich insofern fest, als ich auch hier sehr schnell zum Geheiratetwerden erkoren wurde. Keine Angst, nein.
Nukufetau war das letzte Inselchen in meiner Ellice-Sammlung, dann setzte ich mich auf die südäquatoriale Strömung und rodelte nach Anuta (auch Cherry

Island). Schon aus der geographischen Lage – in Beziehung zum Sitz der Verwaltungshoheit – war mir klargeworden, daß es dort jetzt nicht wesentlich anders aussehen könne als vor hundert Jahren. Anuta gehört zu den Solomonen (britisches Protektorat), hier wieder zu den abseits gelegenen Santa-Cruz-Inseln, von deren Zentrum es weitere 500 Kilometer nach Osten abgeschlagen ist. Es hat eine recht handliche Größe, etwa eine Meile im Durchmesser.
Gut ein Dutzend Männer kamen zu mir rausgeschwommen, während ich die Anker ausbrachte. Du bist von vornherein nicht irgendein Fremder, sondern ein geliebter Gast: Ein Mann kletterte rauf und küßte mich. Ein anderer sprach ein paar Brocken Englisch, begrüßte mich. Dann nahmen sie das Dinghy in die Mitte, als ich zum Strand ruderte, sie schwammen mit unerhört sparsamen Bewegungen; es war jene Art von Sparsamkeit in der Bewegung, wie man sie bei Fischen sieht: Ein kurzer Schlag, um im richtigen Moment ins Wellental abzugleiten, ein paar kräftige Bewegungen, um den Aufwärtsschwung zu unterstützen.
An Land deutete man mir, wie ich die beiden Häuptlinge zu begrüßen hätte: Die letzten etwa zehn Meter waren auf den Knien zu rutschen, dann schmuste man einander ab. Als Geschenke hatte ich Zigaretten und Tabak mitgebracht, man schätzte das Zeug.
Es waren hellhäutige hübsche Polynesier, die bislang am weitesten von der Zivilisation entfernten Menschen, die ich gesehen hatte. Als eine der untersten Errungenschaften der Zivilisation würde ich blechernes Kochgeschirr anführen – nicht einmal das gab es auf Anuta. Die Menschen hatten eine Feuerstelle in einer Grube, die mit Steinen ausgelegt war. Sobald das Feuer ausgegangen war, wurden Speisen in Bananenblätter gewickelt und in diese Grube gelegt, dann wurden weitere Blätter draufgeschichtet – der Effekt war eine Dampfentwicklung wie im Schnellkochtopf. Ich aß ein kleines Schwein, das auf diese Art gekocht wurde, es schmeckte einfach super, war ganz weich und geschmacklich derart, daß man sich's mit aller Raffinesse der Zubereitung nicht besser vorstellen könnte.
Diese Art von Steingruben wird im ganzen Pazifik verwendet, auf Anuta gab es aber auch Holztröge, wie ich sie sonst nur noch auf der Nachbarinsel Tikopia sah. Man nimmt die heißen Steine aus der Grube und legt sie in die Tröge, um Flüssigkeiten zum Brodeln zu bringen. So wird etwa ein Brei aus Wasser und geraspelten Kokosnüssen zum Kochen gebracht, was nach Verdunsten des Wassers Kokosnußöl ergibt. In den Trögen werden auch alle möglichen Knollenfrüchte mit einem paddelähnlichen Stiel zerstampft und dann als Brei zubereitet. Ich glaube, daß es nur noch sehr wenige Gegenden auf der Welt gibt, wo auf derart primitive Weise gekocht wird.
Ein Versorgungsschiff kommt alle paar Monate vorbei, die letzte Yacht hat man vor ein paar Jahren gesehen. Am Abend tanzten die jungen Leute zu den

monotonen Tönen des Klopfens auf einem umgedrehten morschen Kanu. Ich machte mit, die Schritte waren leicht mitzukriegen, ein Hin- und Hertapsen in der Dunkelheit. Plötzlich packte mich das Mädchen Joseli an der Hand, zog mich von der Gruppe weg, und wir liefen auch schon zum Strand. Dort blieben wir außer Atem stehen, sie klammerte ihre Arme um meinen Hals, preßte mir ihren Busen in den Bauch und zog mich zu ihr auf den Sand. Das Grasröckchen war schon in der Höh' und die Dinge nahmen rasch den erwarteten Verlauf. Vom Heiraten war diesmal nicht die Rede.
Reinlich waren meine Freunde auf Anuta ganz gewiß, und zwar auf sehr offensichtliche Art: Auf dem Hügel, in etwa 50 Meter Höhe, war eine Quelle, deren Wasser voll erfaßt und in Leitungen aus gespaltenem Bambus bergab geleitet wurde. An zwei Stellen war die Leitung soweit unterbrochen, daß sich jeweils eine Dusche ergab – und diese Art von Brausebad wurde äußerst stark in Anspruch genommen.
Nach drei Tagen brach ich auf. Das Verhalten dieser Menschen anläßlich meiner Abreise hat mich bewegt. Liest man dies nun in gedrängter Form, mag es lächerlich klingen und gerade gegenteilig zu dem Eindruck, den ich hatte. Es war die saubere Trennung zweier völlig entgegenlaufender Gefühle, diese Trennung war aber weder künstlich noch war sie etwa rituell bedingt, sondern entsprach ganz einfach einer Geradlinigkeit im Empfinden und im Empfindungsausdruck. Nach dem Abschiedsessen gab's ein weinendes Singsang, die Menschen steigerten sich in eine Art von überirdischem Gewinsel und Gejaule. Dann wurde ich von schwermütigen, zutiefst deprimierten Menschen abgeküßt, dann begleitete man mich zum Strand hinunter – und da war plötzlich Fröhlichkeit in den Menschen, man sah es an den Bewegungen, den Augen. Die Leute hatten sich bei ihrem Singsang abreagiert, man hatte des traurigen Aspekts meiner Abreise gedacht, hatte sich von Gefühlen wegtragen lassen und war danach wieder unbelastet. Beim Niederschreiben dieses Verhaltens – nicht in der täglichen Logbuch-Eintragung, sondern später – fiel mir eine eigene geistige Verwandtschaft zu den Anuta-Bewohnern auf. In der Zivilisation nennt man die Fähigkeit, sich von einem – eventuell auch sehr tiefem – Empfinden rasch lösen zu können, Gefühlskälte.
Die Insel Anuta und das Mädchen Joseli mit ihrer eher direkten Art fordern eine Stellungnahme zum Thema Sex heraus, ohne daß dies als Rechtfertigung verstanden werden sollte – jeder soll es halten, wie er will. Moral ist mir zu viel- und zu nichtssagend, als daß ich so etwas wie eine »persönliche Moral« erstellen könnte. Wenn schon ein Prinzip, dann das nicht so glatt übersetzbare »when in Rome, do as the Romans«, also: Respektiere die »unmoralischen« Maßstäbe der jeweiligen Leute und richte dich danach. Das stellt sich in Theorie und Praxis als

gleichermaßen einleuchtend und vernünftig raus. Eines muß klargestellt werden: Sexuelle Unkompliziertheit der Eingeborenen darf nicht als schieres Kopulieren mißverstanden werden. In Neu-Guinea mag es in dieser Richtung Ausnahmen geben, aber in ganz Polynesien ist es sicherlich so, daß Gefühle und Zuneigung wesentlich mitspielen. Daß die Gefühle dieser einfachen Menschen sich ohne langes Erforschen des Partners artikulieren, daß sie also zumeist spontan entgegengebracht werden, ändert nichts an der grundsätzlichen Einstellung. Natürlich würde ich trotzdem nicht so große Worte wie Liebe in den Mund nehmen – aber die Frage nach dem Verhältnis Sex und Liebe wäre in einer Großstadt wohl genauso kläglich. Das folgende gilt nur für die Polynesier Tahitis und der anderen »freizügigen« Inseln: Es hätte wenig Sinn, ihnen »Moral« predigen zu wollen, Missionare haben es über Jahrzehnte erfolglos versucht. Der Lebensstil und die Auffassungen dieser Menschen wurden durch Jahrhunderte geprägt, entsprechen den dortigen Verhältnissen, und sind, ganz nebenbei, auf ihre Art »moralischer« als das zivilisierte Getue, in dem Sexualneid das wichtigste Motiv der Moralprediger ist.

Bleibt vielleicht noch die Frage, ob es hygienische Probleme gibt. Nein, in einer Großstadt würde man sich zehnmal eher einen Tripper holen, als auf einer fast unberührten Insel (daß es Inseln gegeben hat, die von Europäern völlig verseucht wurden, ist eine andere Sache). Was die Reinlichkeit betrifft, habe ich ja erzählt, wie etwa die Menschen auf Anuta unter den gespaltenen Bambusrohren duschen – und zwar täglich, das dürfte pro Woche sechsmal häufiger sein, als es in vielen Großstädten üblich ist.

75 Meilen südwestlich von Anuta, liegt das Inselchen Tikopia, fast noch stärker im Abseits der Welt als Anuta. Man muß aber zu jeder Insel die dazugehörige Story wissen, um vor Überraschungen sicher zu sein. Tikopia ist schon ein bißchen entwickelter als Anuta, und zwar aus einem Grund, der in der Fachwelt der Anthropologen recht bekannt ist. Eine Gruppe Wissenschafter suchte vor etwa 50 Jahren eine Insel, die völlig unberührt sein müsse, auf der weder ein Schiffbrüchiger, noch eine Gruppe von Meuterern oder ein Missionar gelandet sei. Auf dieser total naturbelassenen Insel wollten sie über Jahrzehnte hinweg anthropologische Erkenntnisse sammeln – und Tikopia war letztlich die dafür ausgesuchte Insel. Das Experiment muß in irgendeiner Form wesentliche Aussagen erbracht haben, sonst wäre Tikopia nicht ein derart selbstverständlicher Begriff für Wissenschafter geworden.

Vom Standpunkt des Yachtmanns ist Tikopia eher unangenehm, wie alle bergigen Inseln mit abfallenden Klippen: Wenn der Passat kräftig bläst, kommen unerhört starke Fallböen den Berg runter. Das Wasser wird von der Oberfläche gerissen und wie Staub herumgetrieben, Spitzenböen erreichen bis zu 50 Knoten. Zum

Glück war der Ankergrund brauchbar, ich brachte natürlich zwei Anker aus. Edward, Sohn des Häuptlings Airiki, ruderte hinaus zu mir, holte mich ab und schleppte mich dann über den Berg, damit ich den alten Herrn begrüßen konnte. Airiki war ein würdiger Häuptling mit hüftlangem Haar. Die Menschen machten ein verspieltes, unbändig heiteren Eindruck, waren aber schon um einen Hauch besser ausgerüstet als ihre Nachbarn auf Anuta – wegen der wissenschaftlichen Bedeutung wird Tikopia etwas öfter besucht. Ich flüchtete am dritten Tag vor immer stärker werdendem Regen und den Fallböen, die mir schon den Verklicker abgefetzt hatten.

In diesen Tagen und Wochen wurde ich immer weitschweifiger, verlor mich immer mehr in kleinen und allerkleinsten Inseln. Ich war freier denn je, denn die gefundenen Schnecken stellten schon einen gewissen Wert dar, den ich ja nach Bedarf einlösen konnte. Und da ich im täglichen Durchschnitt mit rund einem Dollar auskam, gab's nicht die geringsten Probleme. Die einzige Art von Einschränkung meiner Ungebundenheit war ein lästiges Gefühl, daß ich innerhalb einiger Monate wieder nach Australien zurückkehren müsse. Nach einer bestimmten Frist würde TABOO als Importware angesehen werden und ich würde eine Menge Zoll für das Boot zu bezahlen haben – Geld, das ich ja nicht hatte. Also blieb mir der Zwang im Nacken, irgendwann wieder einen ernsthaften Törn nach Westen einlegen zu müssen. Vorerst kurvte ich aber noch umher, zur Abwechslung einmal nach Süden, ins Gebiet der Neuen Hebriden, nach Santos auf der Insel Espíritu Santo. Warum James Mitchener in seinem Roman »Return to Paradise« gerade dieses Nest zu einem märchenhaften Platz aufgeblasen hat, war mir unklar: Es ist so klein, so unbedeutend, so tropisch, so schön oder häßlich wie jede Menge anderer Orte. Immerhin: Ich verkaufte Schnecken in zwei Geschäften, war mit 62 australischen Dollars wieder reich und ließ die Königin hochleben: Es war 8. Juni und man feierte den Geburtstag der Queen.

Ich beschleunigte den Rhythmus meiner Blitzvisiten, heute entziffere ich aus dem Logbuch Inselchen wie Aesi, Mavia, Malila, Santa Maria und Vanua Lava (schon auf den Banks-Inseln). Ich blieb oft nur einige Stunden oder über Nacht, inspizierte die Tauchgründe und haute wieder ab, wenn sich nicht superbe Schneckengegenden abzeichneten oder mir interessante Menschen über den Weg liefen. Wie ein junger Mann namens Jimmy Jones auf der winzigen Pakea-Insel (im Schatten von Vanua Leva). Jimmy war Mischling und jetzt mit einer Einheimischen verheiratet. Sein Vater, ein Australier, hatte während des Kriegs als Händler auf dem Inselchen gearbeitet und sich zwischendurch von den Duff-Inseln eine Frau geholt. Als Jimmy geboren wurde, kaufte der Vater das Inselchen für seinen Sohn und legte Bananen- und Kokosplantagen an. Das richtig große Geld machte er aber mit den Gehäusen der Trochus-Schnecken: Er hatte sie von den Einheimischen sackweise um einen Pappenstiel gekauft und dann um 2500 Dollar pro Tonne verhökert. Trochus war in jenen Jahren als Rohmaterial für Knöpfe und ähnliches Zeug stark gebraucht. Der Alte war aber ein Beispiel von Männern, die's nicht ganz schaffen: Er hatte so schwer gearbeitet und wohl auch seine Nerven dabei verschlissen, daß er sich arge Magengeschwüre zuzog, so daß er den Rest seines Lebens dauernd in der Nähe eines Spitals zubringen muß – also ging er zurück nach Australien und ließ Jimmy allein im kleinen Reich: Halbblut Jimmy Jones, Herrscher auf Pakea Island.

Inseln, Inseln, Inseln: Toga, Hin, Vanikoro, Großsegel wieder mal gerissen, eine Nacht lang genäht. Die Angaben werden immer komplizierter: Pigeon Island etwa gehört zu den Reef-Inseln, die Reef-Inseln gehören zur Gruppe der Santa-Cruz-Inseln, und die Santa-Cruz-Inseln sind Bestandteil der politischen Einheit der Solomonen, die von Großbritannien verwaltet werden. Auf Pigeon Island lebt die Heppworth-Familie, das sind Engländer, die seinerzeit mit einem größeren Boot von England gekommen waren, so etwas wie fahrende Händler in den Solomonen gespielt und dann das Boot in einem Sturm verloren hatten. Das Exkindermädchen der Heppworths war eben auf Ferien zu Besuch und hatte ganz jämmerliches Zahnweh, also führte ich es nach Santa Cruz zum Zahnarzt. Dort machten sie mich fürs erste zur Schnecke, weil ich ja ganz offensichtlich schon längere Zeit in diesen Gewässern herumfuhr, ohne einklariert zu haben. Ich kam wieder mit meiner Geschichte vom lockeren Ruderblatt, sie glaubten kein Wort und durchsuchten das Boot stundenlang, offensichtlich witterten sie Rauschgift. Daß Santa Cruz schon westlich vom Paradies liegt, wird bei jedem Schritt und Tritt deutlich: Du findest nicht mehr diesen hundertprozentig offenen Gesichtsausdruck, die Menschen verschließen nachts ihre Häuser und Hütten, kommen in der Finsternis kaum raus. In den Geschäften spielt Whisky (die Flasche zu 7 australische Dollar, das sind rund 28 DM) die Hauptrolle, und das bevorzugte Hobby der Leute ist Spielen und Wetten. Das Zusammenspiel von alten Traditionen mit Zivilisationsversumperung führt zu Grotesken. So werden zum Beispiel auf den Reef-Inseln die Frauen noch gekauft, und zwar zu 70 bis 200 Dollar das Stück. 70 australische Dollar sind für die Leute eine Menge Geld, und kein Bräutigam ist von sich aus in der Lage, den Betrag aufzutreiben. So kratzt er halt an allen Ecken und Enden seiner glücklicherweise großen Verwandtschaft das Geld zusammen, übergibt es dem Schwiegervater und führt die Braut heim. In den ersten Tagen ist aber ein Umtausch möglich, etwa wenn die junge Dame in ihrem neuen Job – als Hilfe im Haushalt der Schwiegermutter – nicht genügend auf Zack ist. Zu einer solchen Situation war es auf den Reefs gekommen: Die Braut wurde zurückgegeben, zugleich hätte natürlich auch das Bargeld zurückerstattet werden müssen. Da aber jeweils eine ganze Familie zusammensteuert, wenn ein Mädchen zu kaufen ist, wird auch jeweils das Geld verteilt, wenn ein Mädchen aus einer Familie verkauft worden ist. Jedenfalls war der Kaufpreis schon ziemlich zerronnen, hauptsächlich als Whisky, und es gab nun ein Palaver, das sich bereits über einige Tage hinzog. Die zwei Gruppen der männlichen Familienmitglieder saßen einander gegenüber und keiften und schimpften. Wie ich die Situation einschätzte, machte die Familie des Bräutigams nur leere Kilometer: Die Brautfamilie sah nicht so aus, als ob sie noch einen ernsthaften Betrag auf der Kante hätte.

Sieben Wochen lang pendelte ich zwischen den nördlichen Santa-Cruz-Inseln umher, richtete auf den Duffs bei der Familie der Halbblutmutter die besten Grüße von der Pakea-Insel aus, führte die Heppworths zum Tauchen, schleppte zwischendurch fünf Amerikaner auf einen Charter (die waren wie die feinen Pinkel mit dem Flugzeug nach Santa Cruz gekommen, waren aber recht fähige Taucher), irgendwann suchte ich die Karte der nördlichen Santa-Cruz-Inseln ganz genau ab, entdeckte die letzte noch nicht von mir besuchte Insel – Pileni –, beehrte sie noch kurz mit meiner Anwesenheit und machte noch eine letzte Runde, um alle Bekannten abzuklappern, hier und dort Fische und Schnecken abzugeben – als kleinen Dank für erwiesene Freundlichkeiten.

Am 7. August 1973 wurde ich wieder ernsthaft. Aus mehreren Gründen mußte ich zurück nach Australien, so hatte beispielsweise das Rigg kräftige Ausbesserungsarbeiten nötig. Ich segelte ab, Richtung Brisbane.

Am fünften Tag mußte ich meinem Silva-Kompaß eine Spezialbehandlung angedeihen lassen. Der Plastikdeckel des schwedischen Fabrikats hatte sich mit der Zeit zu wölben begonnen, der Kompaß war leck geworden, es hatte sich eine Luftblase gebildet. Um ihn aufzufüllen, spritzte ich mit der Injektionsspritze Methylalkohol nach (den ich für das Anheizen meines Primus-Herdes und zum Einlegen der Schnecken an Bord hatte). Das war nicht die richtige Mischung, das Zeug wurde milchig. So saugte ich alles mit der Spritze ab und füllte den Silva-Kompaß mit Kokosöl auf, das Öl hatte man mir auf irgendeiner Insel geschenkt, es war mit Kräutern gekocht und roch ganz angenehm, es war zum Einreiben bestimmt gewesen. Diese Prozedur mußte ich nun jeden zweiten Tag tun – und vorerst funktionierte die Methode blendend.

Am sechsten Tag schlüpfte ich durch die Ongonbua-Passage und war damit derart in Nähe der zu Neu-Kaledonien (frz.) gehörigen Bélep-Inseln, daß ich den Ruf Australiens für einige Tage vergaß. Ich ankerte vor dem Art-Inselchen, hatte eine ruhige Nacht, erlegte am nächsten Tag eine gelb-schwarze Wasserschlange und häutete sie ab, spazierte dann durch die Hügel und fand einen Süßwassersee, herrlich zum Baden. Ich segelte dann drei Meilen runter nach Mala, einem kleinen Nest mit Kirche. Am Nachmittag wanderte ich durch das Dorf, ein paar Männer spielten Gitarre und sangen, bei näherer Betrachtung stellte sich raus, daß sie stockbesoffen waren. Ich traf den Priester, der zugleich auch Postmeister war und die Wetterstation betreute, er war der einzige Weiße auf der Insel, und er lud mich zu einem Abendessen ein, was heißt Abendessen, zu einem Diner – wirklich, man war auf französischem Boden: Spargel, gefüllte Eier, Hühnerbeine, Salat, Dessert, Rotwein.

Vor der Yandé-Insel holte ich den letzten Fisch dieser Reise von der Schleppangel – es war ein derart riesiger Thun, daß ich bis Australien nichts mehr brauchen würde. Das waren im Endeffekt noch acht Tage, und ich hatte den Thun so gut konserviert, daß er von Tag zu Tag besser schmeckte.

Der Silva-Kompaß streikte nun endgültig, da halfen auch meine liebevollen Injektionen nicht mehr. Ich war schon so weit südlich, daß es nachts doch merklich abkühlte, das Öl wurde steif und sah am Morgen aus wie Bratenfett. Ich nahm dann die Kompaßrose eines kaputten billigen japanischen Handpeilkompasses und lagerte sie auf der Spitze einer (rostfreien = unmagnetischen) Nähnadel, die ich in ein Stück Seife gesteckt hatte. Zugedeckt wurde das Ganze von einem durchsichtigen Plastikbecher. Die Seife und der darüber gestülpte Becher standen auf einem Sperrholzbrettchen, daher konnte ich die ganze Konstruktion bei Regen in die Kajüte stellen, ansonsten wäre mir die Seife davongerutscht. An der Seite, von der der Kompaß betrachtet wird, ritzte ich seitlich und oben eine Linie ein (lubber line), die parallel zur Längsachse des Bootes lag. So konnte ich den Kompaß relativ genau ablesen.

Das war also jetzt mein Steuerkompaß, er ersparte mir, jedesmal in die Kajüte zu springen, um überhaupt zu wissen, auf welchem Kurs ich war. Ich hatte nämlich im Salon an der vorderen Seite noch einen angeschraubten kugelförmigen Kompaß, der in jeder Lage befestigt werden konnte. Zeitweilig hatte ich ihn über meiner Koje, so daß ich in der Kajüte meinen Kurs überprüfen konnte, ohne ins Cockpit zum Steuerkompaß gehen zu müssen. Nun war es praktisch umgekehrt.

Es war mir nicht gegönnt, die letzten paar hundert Seemeilen friedlich dahinzusegeln: Am Morgen des 20. August schrieb ich gerade im Logbuch, als ich zufällig aufschaute und durch den Regenschleier gerade voraus weiße Brecher sah, nur 400 Meter entfernt. Obwohl sie eigentlich nicht existieren durften, machte ich zur Sicherheit einen Respektbogen und überprüfte dann meine Position. Uff: Es war das Fairway-Riff gewesen, zu dem mich eine sensationell starke Nordströmung während der Nacht abgetrieben haben mußte. Da ich während der Logbucharbeit den Generator laufen hatte, hätte ich die Brecher nicht einmal gehört. Glück gehabt.

Da es jedem Leser freisteht, zu glauben, was er für glaubwürdig hält, erzähle ich eine Episode – ebenfalls von jenem 20. August –, die zu erzählen ich mir eigentlich schon abgewöhnt habe, nachdem ich mehrmals entsprechend mitleidige Blicke meiner Zuhörer bemerkt habe. Ich saß an Deck, las »Moby Dick« und stand zwischendurch auf, um das Steuersegel zu korrigieren. Und was sah ich 50 Meter auf Backbord? Nein, keinen weißen, aber immerhin: Einen ausgewachsenen Wal auf Gegenkurs, gerade in der letzten Phase des Auspustens, gleich wieder verschwindend. Ich unterbrach die »Moby-Dick«-Lektüre und starrte eine halbe Stunde lang in die Luft.

Vier Tage vor Brisbane, 20.00 Uhr: Ich sah ein weißes Licht in der Nähe, also das Zeichen eines stationären Schiffs. In Wahrheit war's ein Decklicht, und das ganze kam mit acht oder zehn Knoten genau in meine Richtung, ich war hart am Wind bei Windstärke 5. Ich schoß in den Wind und der japanische Thunfänger verfehlte mich um weniger als eine Bootslänge. Der Arsch hatte kein Hecklicht, kein Mastlicht, keine Seitenlichter – und wäre die korrekt beleuchtete TABOO vorschriftsmäßig auf ihrem Kurs geblieben, wäre mein kleines Boot zerspalten worden, die Japaner hätten nicht einmal was bemerkt.

Um Mitternacht vom 26. auf den 27. August 1973 erreichte ich die Küste, drehte bis zum Morgen bei, segelte mit frischer Brise den ganzen Brisbane-River rauf, 20 Meilen, und vertäute TABOO am Mooring-Platz für Überseeyachten.

Nach 45.286 Seemeilen, nach sechs Jahren und fünfzig Tagen, war TABOO nach Australien zurückgekehrt.

II. Zwischenspiel

Von einem roten Teppich keine Rede. Die Zollmenschen hielten mich wohl für einen Haschisch-Dealer, jedenfalls krochen sie in alle Ritzen und filzten mich drei Stunden lang. Daß es ziemlich schwer ist, ein geräumiges Boot wie TABOO wirklich hundertprozentig zu durchsuchen, geht schon daraus hervor, daß sie meine Pistole nicht fanden, die ich nie deklarierte, um mir unnötigen Papierkram zu ersparen.
Von der sportlichen Seite hatte das Wiedererreichen Australiens für mich keine Bedeutung, ich hatte nicht das Gefühl, etwas Bestimmtes vollbracht oder abgeschlossen zu haben. Natürlich, zu Beginn hatte mich das Ziel einer Weltumsegelung gereizt, aber ich war immer mehr dahinter gekommen, daß es nur Routine ist, Ozeane zu überqueren. Je weniger Stops, desto weniger Probleme. Gegen die echten Langstreckenrennsegler will ich damit nichts sagen, denn diese Männer sind ja nur auf klassisches Marathonsegeln ausgerichtet, üben sozusagen eine Spezialdisziplin aus.
Welchen Namen konnte ich nun der Umleitung meiner Aktion geben? Ich hatte die Erde umsegelt (zwar nicht mit Schnittpunkt, dafür aber mit 20.000 Meilen Umwegen), aber Weltumsegeln war nicht mein Job gewesen, nicht mein Leben in diesen sechs Jahren. Wie nenne ich diese Art von Leben, diese Art von Job (denn immerhin habe ich ja nicht von Spenden gelebt, sondern selbst das nötige verdient)? Sport war immer dabei gewesen. Guter, harter Segelsport, ich hatte nie largiert, hatte auf ernsthaften Strecken nie gebummelt. Und wenn ich tauchte, war ich eben hundertprozentiger Muscheltaucher und sonst nichts – dieser Job hatte sich immer deutlicher als meine beste Einnahmsquelle abgezeichnet. Und in der restlichen Zeit war ich eben Vagabund, Besucher, Zaungast, Reisender, Student, je nachdem.
Für ein normales Berufsleben in der Zivilisation fühlte ich mich verloren.

Eigentlich für immer verloren, denn ich war hundertprozentig sicher, daß ich nie eine andere Art von Leben führen wollte. Wenn ich davon sprach, fragte mich jeder, wie ich mir das Alter vorstelle, ob ich auch als Sechzigjähriger von der Hand in den Mund leben wolle, ob ich mit sechzig noch immer segeln wolle. Weißnicht. Man wird sich automatisch anpassen, wird eine andere, ruhigere Spielart finden, aber im Grunde kann es immer die gleiche Art von Leben bleiben, auch im sogenannten Pensionsalter. Vor allem habe ich auch gar kein Bedürfnis, über das Thema nachzudenken. Wenn ich mir früher, mit 21, als ich Österreich verließ, Gedanken über meine Zukunft gemacht hätte – ich hätte mein Leben nie so planen können, daß letzten Endes die Planung der Realität entsprochen hätte. Ich hatte nur den entscheidenden Schritt getan, nämlich alle Bindungen zu zerreißen, indem ich nach Australien ging. Daraus hatte sich ganz automatisch eine Reihe von Herausforderungen ergeben, eine nach der anderen, manche hatten sich nur um Überleben, Hungerstillen oder Routine gehandelt, andere hatten mich Schritt für Schritt in jenen Zustand von innerem Frieden und Wunschlosigkeit gebracht, den ich an meinem Leben so sehr liebe.

Dementsprechend vage waren meine Zukunftspläne, eine Mischung aus erdbezogener Drecksarbeit und unverbindlichen Träumen, mit verwischten Konturen. Die Drecksarbeit brauchte ich, um TABOO wieder auf Glanz bringen zu können und ein kleines Kapital für neue Reisen zu schaffen. Beim Überlegen, welche meiner Fähigkeiten sich in einer Stadt wie Brisbane am besten verkaufen ließe, kam ich auf Kraft und Schwindelfreiheit. Gerüstarbeiter, die unter allen Bedingungen ihren Job taten, wurden hervorragend bezahlt, also kletterte ich auf die höchsten Gerüste von Brisbane. Als ich sah, was sich verdienen ließ, peilte ich gleich auch eine Tauchausrüstung an. Sicher, jahrelang war ich Puritaner in dieser Beziehung gewesen, hatte alle Geräte verachtet und hatte schließlich auch alle meine Schnecken und Muscheln ohne technische Hilfe heraufgeholt. Jetzt reizte mich aber die Möglichkeit, noch wesentlich tiefer zu gehen und damit neue Schneckengebiete zu erforschen.

Und wie sahen die verwischten Konturen meiner Zukunftsvorstellungen aus? Neue Menschen, neue Tauchgründe kennenlernen: Solomonen, Neuguinea, Gilbert-Inseln, Marshall-Inseln, Karolinen. Irgendwann die Rückkehr nach Polynesien, und zwar in jenen Teil Polynesiens, wo wirklich noch Polynesier leben; Gesellschafts-Inseln, Tubuais, Marquesas, Ellice, Cook. Irgendwann würde ich auch zur Oster-Insel und zu den Galápagos zurückkehren.

Im Frühjahr 1974 musterte ich beim Gerüstbau ab. TABOO war generalüberholt, mit neuem Rigg, neuen Kompassen, teilweise neuen Segeln. Ich hatte ein paar hundert Dollar Reserven und fühlte mich besser denn je. In Brisbane hatte Kurt Mrkwicka brieflich mit mir Kontakt aufgenommen wegen eines Films für das

Österreichische Fernsehen. Ich wollte gern mit Kurt zusammenarbeiten, denn ich schätzte ihn wegen seiner zielbewußten Geradlinigkeit und seiner auch aufs zivile Leben übertragenen Sportlichkeit. Ich fixierte mit ihm und seiner Crew einen Treffpunkt, der schon inmitten meines nächsten Interessensgebiets lag: Losuia auf der Insel Kiriwina (zu den Trobriand-Inseln gehörig, politisch zu Papua-Neuguinea). Ich segelte vierzehn Tage ab Brisbane und kam vier Stunden nach den Österreichern in Losuia an. Ich nahm die drei Mann (Chef und Kameramann Kurt Mrkwicka, Unterwasserfachmann Franz Fehringer und Mitgestalter Dr. Wendl) an Bord. Die Arbeit dauerte knapp vier Wochen und artete gegen Ende in Streßsituationen aus, wie sie mir auf TABOO völlig fremd waren. Wir hatten nicht viel Glück, was das Wetter betraf, denn ich hätte gerne gezeigt, wie sich TABOO bei einem richtigen Sturm benimmt.

Ich habe Monate später in Österreich immense Reaktionen auf den Film gespürt, ich war plötzlich ein weithin bekanntes exotisches Wundertier. Tenor der Volksmeinung: Ein beneidenswerter Spinner. Natürlich konnte der Film nicht ganz echt sein. Ein Kamerateam kann in vier Wochen nicht die ungeheuren Nuancen der Abwechslung einfangen, die mein Leben hat, es mußte der Eindruck entstehen, ich sei so etwas wie ein segelnder Mönch, einsam philosophierend, wohl auch sexuell gestört oder enthaltsam, denn Frauen kamen ja nicht vor. Wie auch immer: Der Film war wertvoll für mich – allerdings erst dann, als ich TABOO verlor und neues Kapital erarbeiten mußte. Vorher war mir jede Art von Publizität egal, ich habe auch nie meine Fahrten irgendwelchen Segelverbänden gemeldet.

Als Mrkwicka und seine Mannen mich verließen, blieb ich im Gebiet der Trobriands. Ich tauchte mit ungeheurem Fanatismus, wurde immer stärker motiviert als Schatzsucher im Bereich der seltenen Schnecken und Muscheln. Ganz unbewußt wurde wohl aus dem Hobby so etwas wie Arbeit mit Arbeitsmoral und Arbeitsziel, dazu gehörte Konsequenz in der Route – ich wollte möglichst alle Inseln des jeweiligen Gebietes besuchen. Allein in dem kleinen Quadrat 150 bis 155 Grad Ost, 7° 30′ bis 12° 30′ Süd (das sind hauptsächlich die Trobriands, die D'Entrecasteaux und das Louisiade-Archipel) kam ich auf 98 Ankerplätze. Die Tauchgründe waren hervorragend, die Menschen interessant – obgleich natürlich alles um eine Schattierung weniger heiter, weniger lieblich, weniger schön als etwa in Polynesien war. Die Urwüchsigkeit, Primitivität der Menschen war sogar nach allen Erfahrungen in Melanesien neu für mich, ich traf auf eine neue Mentalität. Das geht vom Säugen der jungen Schweine durch Frauen (eine Titte fürs Baby, die andere fürs Ferkel), bis zu jener Rede eines Lehrers in einer Freilichtschule auf Gawa (Marshall-Bennett-Inseln), die ich zufällig anhörte. Der Lehrer sprach englisch, da er den lokalen Dialekt nicht beherrschte, jeder Satz wurde von einem jungen Mann übersetzt. Es ging darum, wie Mädchen ihr Sexleben gegenüber Matrosen oder zufälligen Besuchern einrichten sollten. Der wesentliche Rat des Lehrers war der, daß man sich nicht mit einem Stück Tabak oder einem Plastikring als Dank zufrieden geben solle, sondern etwas verlangen solle, was man brauchen könne – zum Beispiel ein paar Dollars, mit denen könne man dann die Schulgebühren bezahlen. So irrwitzig ein solcher Ratschlag eines Lehrers an zwölf- oder dreizehnjährige Mädchen für uns klingt –, er war wohl angebracht für Menschen, die Sex ab ihrer (sehr frühen) Geschlechtsreife betreiben und als lange Überlieferung eigene Verhütungsmethoden (aus Kräutern oder Wurzeln) haben, somit sogar ein bißchen auf der Linie der modernen Forderung nach »Wunschkindern« liegen. Erst erwachsene – also etwa 18jährige – Frauen bringen auf den Trobriands Kinder zur Welt.

Man kann auch bei der Landung auf einer Insel nicht mit jenen Gemütsäußerungen rechnen, wie man sie in Polynesien erwarten würde. Man fährt im Beiboot an Land, wo sich zwar auch Menschen scharen, aber mit ziemlich verschlossenen, abwartenden Gesichtern, da ist keine spontane Freundlichkeit, schon gar nicht Herzlichkeit. Am ehesten quetscht sich noch ein Mädchen ein verlegenes Lächeln ab, wie man überhaupt auch in den finstersten Winkeln noch am ehesten bei jungen Mädchen auf eine nette Geste hoffen kann. Kleine Geschenke wie bei den Polynesiern gibt's in dieser Gegend überhaupt nicht, man wird höchstens gefragt, ob man diese oder jene Muschel kaufen will. Es dauert ziemlich lange, bis die Leute auftauen – und manchmal tun sie's überhaupt nicht. Als negativen Höhepunkt habe ich Rossel Island in Erinnerung, dort waren die Eingeborenen so lethargisch und dumm, daß man überhaupt keinen Kontakt mit ihnen aufnehmen konnte, sie glotzten mich nur an, ihre Gesichter drückten nichts aus.
Aus dem Logbuch der TABOO

Freitag, 8. (November 1974): Brach zeitig auf und wollte nach Vakuta segeln, aber heftige Böen von Nordwest ließen mich nirgends ankern, so segelte ich weiter, passierte Vakuta und fuhr durch die Riff-Passage nach Süden, neue Bestimmung Samarai. Am Nachmittag flaute der starke Nordwest ab, nachts sehr leicht.
Samstag 9.: Bekalmt oder sehr leichte Winde.
Sonntag 10.: Um 2.00 Uhr stieß TABOO auf ein unverzeichnetes winziges Riff, als ich bei einer Regenbö Fock wechselte. Kein Mond, keine Sicht, unmöglich, sie runter zu kriegen. Sie war schnell leckgeschlagen und begann nach kurzer Zeit zu zerbrechen. Ich holte ein paar Sachen zusammen, Logbuch, Paß, Bargeld, Sextant, alle Kompasse und verließ sie mit dem Dinghy. Ruderte 30 Stunden zur Missionsstation nach Fergusson.
TABOO hatte 50.088 Seemeilen gemacht.

Anatomie eines Schiffbruchs

Die Möglichkeit eines Schiffbruchs oder einer Kenterung war bei mir jahrelang im Geiste mitmarschiert, nie als Angst oder Alptraum, sondern als sachlich mögliche Variante. Mit fortschreitender Zeit war ich aber eher der Meinung, diese Variante nun langsam streichen zu können. Meinen »storm of a lifetime« hielt ich für bereits konsumiert – am Kap der Guten Hoffnung. Das berühmte »vorbestimmte« Riff hielt ich auch schon für überwunden – beim Landfall in Madagaskar. Diverse Fastkollisionen mit Walen und Frachtern hatte ich ebenfalls schon hinter mir, die kritischsten Ankersituationen – auf Tubuai und Niulakita – waren gut ausgegangen.
Vielleicht würde mir ein Frachter auf Gegenkurs oder ein auftauchender Wal bestimmt sein, das waren eigentlich die einzigen Überraschungen, die ich im schlimmsten Fall noch für möglich hielt.
Man könnte also sagen: Als Überraschung war der Schiffbruch hundertprozentig geglückt.
Daß ich mich in einem der unsichersten Gewässer der Welt befand, war mir klar gewesen. Es gibt nur ganz wenige Gegenden auf unseren Ozeanen, die noch nicht genau auf Seekarten erfaßt sind – einige Gebiete im Bereich der Solomonen und Papua-Neuguineas gehören dazu, sie liegen einfach so weit abseits jeder Schiffahrtslinie, daß »weiße Flecken« auf den Seekarten existieren, natürlich unter entsprechenden Hinweisen. Das Gebiet, in dem es mich erwischte, galt als halbwegs gut kartographiert, also in dem Sinn, daß wahrscheinlich alle Gefahren eingezeichnet seien, aber mit der Einschränkung, daß man sich nicht hundertprozentig darauf verlassen könne.
Meine Risikoverteilung sah so aus, daß ich jene Gegenden, in der eine echte Chance auf unverzeichnete Riffe bestand, nur bei Tag befuhr. Ansonst war das Risiko nicht wesentlich höher als in irgendwelchen anderen Riffgewässern – und

schon gar nicht auf der konkreten Route nach Samarai, die ich schon mehrmals befahren hatte.

Ich hatte zwei neue Errungenschaften an Bord: Ein Dinghy und eine Fock. Das Dinghy hatte ich schon vor langer Zeit in England bestellt und von Brisbane aus hatte ich veranlaßt, daß es nach Samarai geschickt werden sollte. Dort übernahm ich es auch tatsächlich. Es war ein wesentlicher Fortschritt gegenüber meinem alten Beiboot, größer, stärker und mit der Möglichkeit, einen kleinen 2-PS-Sea-Gull-Außenborder anzubringen.

Die Fock war früher Eigentum eines gewissen Charlie McCain aus Duarte, Kalifornien, gewesen, der mit seiner 32-Fuß-Slup CAMELOT im Sommer in den Louisiaden Schiffbruch erlitten hatte. Auf einer Missionsstation auf dem Inselchen Nimoa waren einige Überbleibsel der CAMELOT aufbewahrt, dort kaufte ich die Fock, eine kleine Winsch und einen Lungenautomaten.

Es waren lausige Tage: Starke Winde und Regen wechselten mit Fast-Windstillen ab. Am Abend eines solchen Tages, an dem ich kaum weitergekommen war, wurde das Wetter immer schlechter, der Wind frischte stark auf und es regnete zum Gotterbarmen. Ich schlief fast nicht in dieser Nacht, denn die See war bei fünf Windstärken sehr unruhig, und vor allem wegen der kräftigen Spitzenböen war ich darauf vorbereitet, die Segelfläche zu verkleinern. Bei diesem scheußlichen Regen und Neumond war die Sicht vielleicht drei Meter, also gleichbedeutend mit Blindflug – aber immerhin in einem Gebiet, in dem ich mir keine Sorgen machte, weitab von Schiffahrtslinien und dennoch halbwegs ordentlich kartographiert, in völlig offener, tiefer See, von mir schon mehrmals befahren.

Um zwei Uhr Nacht war es dann so weit, daß ich die größere Fock abschlagen mußte und die neue Fock der CAMELOT zum ersten Mal setzen wollte.

Das Riff, das mir bestimmt war, war winzig, wahrscheinlich weniger als hundert Meter lang und auf jeden Fall ganz schmal. Natürlich hätte man normalerweise die Brecher gesehen oder gehört, aber bei dieser bewegten See brachen sich die Wellen überall; Sturm und Regen, das Geheule und Geknarre in der Takelage übertönten alles andere.

Als ich eben mit der neuen Fock hantierte, lief ein leichtes Zittern durch das Boot und der Vorstag vibrierte. Es war nicht arg, ich spürte die Bodenberührung nur leicht. Aber gleich darauf saß TABOO fester auf, sofort begann das mörderische Wechselspiel von Wellenberg und Wellental. Erste Idee: Wenden. Geht nicht mehr. Zweite Idee: Anker raus. Es war nur sinnvoll, ihn vom Dinghy auszubringen, das war bei fünf Windstärken ein arger Job. Als ich zurückkam, waren beide Tothölzer unter den Rümpfen offenbar schon abgerissen, ein Rumpf war auch schon so beschädigt, daß Wasser eingedrungen war. Es waren gleichmäßige Bewegungen: Rauf – Runter – Krach, Rauf – Runter – Krach, ein

systematisches Zerhacken. Bald begann auch die Zerschlagung des zweiten Bootskörpers, Gegenstände begannen herumzuschwimmen. Ich konnte aufhören, mir Gedanken über die Rettung TABOOs zu machen. Die Sache war erledigt. Ich konnte mich auf das Thema Überleben konzentrieren.
Natürlich waren mir in den ersten Sekunden auch noch andere Gedanken durch den Kopf geschossen, Varianten zu Rettungsversuchen. Ich hatte sie blitzartig verworfen und daraufhin die Sache mit dem Anker probiert. Bei ruhigem Überdenken der Situation bleibe ich auch heute dabei, daß ich keine andere Chance hatte.
Im Moment der Bodenberührung (die bei normalem Seegang völlig harmlos gewesen wäre) hätte nur eins geholfen: Ein startbereiter Innenborder mit etwa 30 PS. Knopfdruck, Retourgang und abhauen. Die Chance war deshalb nur in den ersten Sekunden gegeben, weil sich dann die Korallen schon immer stärker mit den Bootsteilen verkeilt hatten, jedes Runter machte die Haftung solider.
Den startbereiten Innenborder besaß ich natürlich nicht. Ich hatte zwar seit meiner Abreise aus Dänemark einen recht brauchbaren 25-PS-Außenborder, aber der war nur bei voraussehbaren Notfällen sinnvoll. Ich hatte das mächtige Ding in einem eigenen Abteil im Cockpit. In dieser Staustellung war es immer nötig gewesen, die Kerzen rauszunehmen. Ich hätte erst einmal die Maschine raushieven und einhängen müssen, dann die Kerzen reinschrauben müssen, das wäre eine Sache von mindestens drei Minuten gewesen, also sinnlos, denn innerhalb der ersten 20 Sekunden war praktisch alles entschieden.
Wie überlebst du am ehesten?
Die Chancen waren nicht schlecht. Ich kannte meine Position auf plusminus 5 Seemeilen, wußte also, daß das Inselchen Sanaroa der nächstliegende Punkt sein würde. Ich würde bis dorthin rudern können, wenn der Wind nicht noch stärker und richtungsmäßig noch ungünstiger würde. Erste Entscheidung: Für oder gegen den kleinen Dinghy-Außenborder. Der lag in der Bilge von TABOO, war also schon in den ersten Sekunden getränkt worden. Ich würde den Kerzenschlüssel, Benzin, Öl und Trichter suchen müssen, würde die Kerzen putzen müssen. Das wäre theoretisch zu machen gewesen, denn trotz aller Auflösungserscheinungen würde es noch eine Weile dauern, bis das Boot völlig auseinanderbrechen würde, aber ich wußte, daß mir die kleine Maschine bei diesem Seegang nicht viel helfen würde. Daß weiters die Gefahr bestand, daß sich das Gewicht des Motors so schlecht auswirken könnte, daß ich vielleicht gar nicht vom Riff wegkommen würde. Also: der Außenborder kommt nicht mit.
Ich begann, meine Ausrüstung und ein paar Wertsachen zusammenzusuchen. Mein Bargeld – ein paar hundert Dollar – lag an einer Stelle, die schon unter Wasser war, wurde fast schon weggeschwemmt, ich mußte danach fingerln. Der

Boden war teilweise weggerissen, im Lichtschein (Batterie und Lampen arbeiteten noch) sah ich auf Korallen. Zwischendurch kam ein Brecher über das Deck, hätte fast das Beiboot weggeschwemmt, ich vertäute es besser. Als nächstes sammelte ich als meinen wichtigsten Wertgegenstand den alten Sextanten ein, dann Paß, Papiere, die drei Logbücher, die österreichische Flagge als Sonnenschutz, alle drei Kompasse, eine kurze Hose, ein Hemd. Am Leib hatte ich eine Badehose und eine Öljacke. Zwischendurch dachte ich an Wasser, füllte einen Plastikbehälter (4 Liter) an. Noch ein paar Kleinigkeiten, die was wert waren: Ein Ring, goldene Manschettenknöpfe, ein goldenes Kettchen. Essen? Sinnlos: Ich kann eine Woche ohne Essen aushalten, außerdem hatte ich das feste Gefühl, daß ich in den ersten zwei Tagen auf Land stoßen müßte. Entweder in zwei Tagen oder gar nicht. Sanaroa lag 25 Meilen im Westen, der Wind blies mit 20 Knoten aus Süd. Alles würde auf den Wind ankommen.

Ich riß den entsprechenden Teil der Seekarte raus. Nur der Westen war interessant, nur im Westen würde ich eine Chance haben, an Land zu kommen, vielleicht auch noch im Süden, wenn der Wind drehte. Im Norden und Osten war nur die Solomonische See in ihrer ganzen Unfreundlichkeit.

Keine Panik, keine Eile, das Vernichtungswerk der Korallen ging jetzt langsamer vor sich. Trotzdem beendete ich das Einpacken, ich durfte das Dinghy nicht überladen. Noch Flossen, Taucherbrille, Schnorchel – um auch in Riffgewässern unverletzt an Land zu kommen.

Ich wollte so lang wie möglich an Bord bleiben. Etwa eine Stunde nach der Grundberührung bekam ich Sorge um den Mast, außerdem brachen die Seen schon über das Deck. Also haute ich ab.

Ich mußte achtgeben, mit dem Dinghy nicht ans Riff geworfen zu werden. Dort würde es mich kopfüber drehen und ich würde auf den Korallen sitzen – ohne Beiboot und mit zerschnittenem Arsch. Also erkämpfte ich mir rasch Distanz zum Riff und ruderte dann herum, kam in Lee. Ich wollte rüberschauen zu TABOO, vielleicht auch warten auf ich weiß nicht was. Aber da war von TABOO nichts mehr zu sehen. Ich spürte sie höchstens, zwanzig Meter weiter drüben. Es war sinnlos, noch länger zu bleiben. Ich ruderte los.

Gefühle? Kaum. Da war kein Platz für irgendwelche Gedanken oder Empfindungen gewesen, alles an mir arbeitete fast automatisch. Die entscheidende Tatsache, nämlich daß mein gesamter Besitz, meine Wohnung und mein Beruf beim Teufel waren, daß ich vollkommen neu anfangen werde müssen, diese Tatsachen realisierte ich höchstens im Unterbewußtsein, spielte den Gedanken noch nicht durch, da gab's noch keine Varianten, kein Wenn und Aber. Ich war dauernd beschäftigt gewesen, war von einer Aktion in die nächste geworfen worden, und jetzt hielt mich das Rudern beschäftigt.

Natürlich, als ich den Kurs überprüft, die Abtrift geschätzt, den Kurs leicht korrigiert hatte, als ich mich in die Mechanik des Ruderns reingefunden hatte, ging das Denken los. Das Angenehme an der Situation war, daß ich mir keine Art von Schuld geben konnte. Ich hatte keinen Fehler getan, der diesen Schiffbruch verursacht hatte. Das Riff war einfach für mich dagewesen, es war *mein* Riff, und beim Zusammentreffen all dieser lausigen Umstände hatte es einfach keine Chance gegeben, irgend etwas zu verhindern.
Das Dinghy war angenehm zu rudern. Es hatte ein (dauernd fixiertes) Riemenpaar. Es waren kurze, daher leichte Riemen. Meine Rechnung sah so aus: Ich mußte nach Westen, der Wind aus Süden kam mit etwa 20 Knoten, das würde 2 bis 3 Knoten Oberflächentrift ergeben. Wenn ich die Geschwindigkeit meines Ruderns mit rund drei Knoten schätzte, mußte ich SW bis SSW halten.
Ich ruderte gleichmäßig und zügig, zwischendurch schöpfte ich immer rasch aus. Jede kleine Unterbrechung hätte mich wegen der Abtrift stark zurückgeworfen, daher gab ich mir keine Pause, nur einmal pinkeln, das war alles. Anfangs hatte ich fast keinen Terraingewinn, ein paar Stunden lang machte ich im Endeffekt wohl Tempo Null, dann schätzte ich mein echtes Tempo auf einen Knoten. Die körperliche Arbeit machte mir nichts aus, ich bin mit Riemen aufgewachsen, habe als Junge meine 3000 Kilometer im Jahr gerudert. Ich hatte auf TABOO schon schwerer gearbeitet, ganz sicherlich während meiner Probefahrt um Kap Leeuwin, als ich ganze Tage ohne Unterbrechung an der Pinne gesessen war. Am Kap Leeuwin war ich noch so unerfahren gewesen, mich vom Wetter rumkriegen zu lassen. Der Sturm hatte plötzlich begonnen und ich hatte nicht mehr vom Ruder weggekonnt. TABOO war vor dem Wind gesegelt und hatte dauernd da oder dorthin ausbrechen wollen. Das Ruder eine Sekunde lang auszulassen, hätte damals eine Patenthalse bedeuten können, und da wäre der Mast mitgegangen. Dieser Job damals war ärger gewesen als das jetzige Rudern, kein Zweifel.
Ich fühlte mich fit und würde mich solange fit fühlen, als sich der Wind keinen Unsinn einfallen lassen würde.
Am Morgen klarte es ein wenig auf, für kurze Zeit hörte der Regen auf. Der Wind flaute etwas ab, drehte aber auf Südwest, was nicht günstig war, einstweilen aber noch keine Rolle spielte.
Am Nachmittag bekam ich kurz Land in Sicht, das mußte Sanaroa sein. Der Regen deckte es wieder zu. Ich hielt mein Tempo ziemlich gleichmäßig die ganze Nacht über, wahrscheinlich etwa mit einem Knoten.
In der Morgendämmerung war ich schon knapp vor Sanaroa. Ich entdeckte keine Anzeichen, daß die Insel bewohnt sein könnte, ich hatte es auch nicht sehr erwartet. Ich wußte aber, daß die nächste, ganz knapp dahinter liegende Insel auf jeden Fall bewohnt war.

Ich ließ Sanaroa im Norden liegen, ruderte um die Südspitze der (wesentlich größeren) Insel Fergusson und hielt mich dann entlang der Küste. Es war Mittag, rund 30 Stunden, nachdem ich TABOO verlassen hatte, als ich ein Gebäude mit einem Steg sah, im typischen Look der Missionsstationen.
Ein englischer katholischer Priester war da. Ich fragte ihn sofort, ob er ein Boot habe, das er mir leihen könnte, um zurück zum Riff zu fahren – vielleicht sei noch irgend etwas zu bergen. Nein, ein Missionsboot käme in drei Tagen vorbei.
Also lungerte ich drei Tage bei dem freundlichen Mann herum, ich fühlte mich dumpf. Das Warten fiel mir schwer, ich malte mir alle paar Stunden den Zustand TABOOs aus. Wahrscheinlich schwammen ohnedies nur noch ein paar Bruchstücke in der Gegend herum.
Tatsächlich tauchte das Missionsboot nach drei Tagen auf, aber die Männer hatten nicht das Herz, um zu meinem Riff hinauszufahren, es hatte wieder zu regnen begonnen und der Wind blies heftig.
Tags darauf fuhr ich mit dem Dampfer nach Samarai.
Dort hatte ich bei Bekannten eine ganze Kiste mit Voluta-Schnecken zurückgelassen, die für meine eigene Sammlung bestimmt waren. Unter diesen Verhältnissen mußte ich sie natürlich verkaufen.
Ich flog nach Port Moresby, weiter nach Singapur, suchte mir aus dem Telefonbuch ein paar Muschelhändler raus, verkaufte etwa die Hälfte meiner Schnecken. Ich flog weiter nach Bangkok, verkaufte den Rest, schaffte mir Kontakte, um künftig in Ostasien nach Muscheln und Schnecken zu tauchen.
Eine Woche vor Weihnachten kam ich nach Wien.
Zwei Monate später flog ich zurück nach Bangkok.
Sobald ich genug Geld habe, lasse ich mir ein Boot bauen. Ich habe noch keine Ahnung, wie es aussehen wird. Ich habe ja noch Zeit.

Anhang

TABOO

TECHNISCHE DATEN

ZEICHNUNGEN

BAU

SELBSTSTEUERUNG

ANKERN

VOR- UND NACHTEILE DER TABOO

NAVIGATION

BOBBY SCHENK
ÜBER SEINE ERFAHRUNGEN MIT TABOO

TABOO'S ROUTE

TABOO

Stapellauf Jänner 1965 in Fremantle (Westaustralien)
Schiffbruch November 1974 vor den d'Entrecasteaux-Inseln (Papua-Neuguinea)

Katamaran, Slup, erbaut von Wolfgang Hausner, basierend auf einem Entwurf des Engländers Erick Manners.

Länge über alles:	9,80 m
Breite über alles:	4,95 m
Tiefgang:	1,00 m
Verdrängung:	4 Tonnen
Verdrängung ohne Beladung:	2,5 Tonnen
Masthöhe über Deck:	12 m
Besegelung am Wind:	55 m²

Beim Bau, für den ich rund 5000 Arbeitsstunden aufwendete, verwendete ich Oregon (kanadisches Leichtholz) und australisches Marinesperrholz. Zwei Lagen von diesem 5-mm-Sperrholz wurden überlappend aufeinander verleimt. Die beiden Schichten wurden mit kleinen Kupfernägeln durch die Stringer genagelt und umgeschlagen. Die Außenseite wurde mit GfK (Polyester) beschichtet. Zwei verleimte Holzträger verbanden die Rümpfe.

TABOO hatte weder Schwert noch Ballastkiel. Statt eines Kiels wurde Totholz verwendet, das zunächst mit langen Bolzen an den Rümpfen befestigt war. Später wurde das Totholz gegen ausgeschäumte »Kiele« aus 12-mm-Sperrholz (ebenfalls GfK-beschichtet) ersetzt, die nicht mehr von langen Bolzen gehalten wurden, sondern an einem Extra-Totholz angeleimt waren. Dadurch waren die »Kiele« starr, konnten nicht seitlich arbeiten wie früher und waren hundertprozentig wasserdicht.

Die Besegelung änderte sich im Lauf der Jahre, so hatte ich beispielsweise auf der Reise von Australien nach Europa noch keine Genua. Meine ersten Segel (Dakron) waren in Australien hergestellt, die späteren in England, wobei ich darauf Wert legte, daß starkes Nahtgut verwendet wurde und pro Saum vier Nähte gezogen wurden. Verstärkung durch Dakron-Streifen, dadurch war besserer Sitz des Segels in gerefftem Zustand gewährleistet. Die verwendeten Segelflächen auf den späteren Reisen: Großsegel 22,5 m², Genua 27 m², Fock I 16 m², Fock II 9 m², Sturmfock (Steuersegel) 3,6 m².

Die Normalbesegelung mit vollem Großsegel und Genua hielt ich zumeist bis 4 oder 5 Windstärken vor dem Wind oder mit raumem Wind, bzw. 3 Windstärken bei Am-Wind-Kursen.

Bei stärkerem Wind blieb vorerst das Großsegel gleich, die Genua wurde durch das 16-m²-Focksegel ersetzt (bis 6 Windstärken vor dem Wind, bis 5 Windstärken am Wind oder bei raumem Wind).

Es gab dann noch die Nuance der 9-m²-Fock bei vollem Großsegel, erst dann wurde gerefft (Rollreff, wobei zum besseren Segelstand ein keilförmiges Holzstück am Großbaumende fest angebracht war). Recht selten verwendete ich die Sturmfock bei gerefftem Großsegel, höchstens dann, wenn es darum ging, sich bei sehr starken Winden von einer Küste freizukämpfen.

Die Ruderanlage war ursprünglich eine Schwäche der TABOO. Die galvanisierten Eisenplatten waren eine glatte Fehlkonstruktion, sie brachen nach 4000 Seemeilen. In Europa habe ich sie dann durch hölzerne, polyesterbeschichtete Ruderblätter ersetzt, die im Ruderkopf weniger Spiel als die Eisenplatten hatten. Die hölzernen, vierfach laminierten Blätter bewährten sich prächtig und zeigten bis zum Schiffbruch keine Ermüdungserscheinungen.

Auf der ersten Reise hatte ich noch keine Selbststeueranlage, ich mußte die Pinne belegen, was durchschnittlich nur etwa 20 Minuten lang wirkte und mich also ziemlich in Trab hielt. Für Vor-dem-Wind-Kurse auf dem Indischen Ozean behalf ich mich mit einer »Anlage«, die mit den Passatsegeln funktionierte. Als Passatsegel hatte ich das Großsegel und die Fock seitlich ausgebaumt. Die Segel waren natürlich ungleich groß und mußten entsprechend ausbalanciert werden. Die Schoten liefen über Blöcke zum Verbindungsstück zwischen den beiden Pinnen. Auf diese Art steuerte sich TABOO recht vernünftig vor dem Wind.

An eine käufliche Selbststeueranlage habe ich eigentlich nie gedacht, die Sache war mir nicht so wichtig, ich war es ja gewohnt, die Pinne immer wieder neu zu belegen. Daß ich dennoch zu einer sehr brauchbaren Selbststeuerung kam, begann damit, daß ich mir in England für die winterliche Nordseefahrt ein kleines Sturmsegel (3,6 m^2) machen ließ, das ich dann allerdings auf dieser Fahrt gar nicht verwendete. Später, im Golf von Biskaya, begann ich damit zu experimentieren und hatte die »Konstruktion« in vier Stunden geschafft. Das Sturmsegel wurde an dem luvseitigen Achterstag angeschlagen und mit einem Bambusrohr ausgebaumt. Von der Mitte des Bambus führte eine Leine über zwei Blöcke zur Verbindungsstange zwischen den beiden Pinnen. Solange der Wind aus derselben Richtung kam und das Segel füllte, war ständig Zug auf der Leine. Dieser Zug war praktisch gleich der Kraft, die man hätte aufwenden müssen, um TABOO auf Kurs zu halten. Lief jetzt beispielsweise TABOO mit achterlichem Wind aus dem Kurs, so daß die Gefahr einer Patenthalse bestand, war eine geringere oder überhaupt keine Füllung des Steuersegels die Folge, somit weniger oder gar kein Zug auf der Steuerleine, und die Luvgierigkeit TABOOs, eine fix einberechnete Kraft, kam zum Tragen. Das Boot drehte sich, allerdings nur solange, bis sich das Steuersegel wieder füllte, die Kräfte ausgeglichen waren und der Zug der Leine wieder das Steuern übernahm. Segelte jetzt TABOO am Wind und halste auf, vergrößerte sich sofort der Druck auf das Steuersegel, der Wind hatte jetzt eine größere Angriffsfläche, und die Steuerleine brachte durch den jetzt stärkeren Zug TABOO wieder auf den ursprünglichen Kurs.

Diese Selbststeuerung funktionierte am Wind – so hoch wie möglich – bis etwa 70° achterlicher als dwars. Bei ganz achterlichem Wind war die Steuerung nicht wirksam, doch das hätte man mit einem kleinen Umbau vielleicht schaffen können, etwa mit zwei Segelstangen, eine auf jedem Achterstag. Beim Kreuzen, auch beim Halsen, mußte ich von einem Achterstag auf den anderen umrüsten, das dauerte jeweils zirka 4 Minuten.

Es ist mir mit dieser Anlage nur zweimal passiert, daß ich über Nacht den Kurs völlig verlor, beide Male bei sehr leichtem Wind und ganz ruhiger See. Unter solchen Umständen fällt eine Windänderung gar nicht auf, das Boot macht ganz ruhig 2, 3 Knoten, der Wind dreht unmerklich, das Boot zieht langsam mit. Unter normalen Umständen hielt die Anlage das Boot innerhalb von 10°, TABOO scherte also maximal 5° backbord oder steuerbord aus, drehte aber nie richtig in den Wind.

Einen plötzlichen Wetterumschwung merkte ich natürlich sofort, der entging mir auch im tiefsten Schlaf nicht. Man entwickelt mit der Zeit ein Gefühl für die Bewegungen des Bootes und hat einen inneren Wecker, der sofort abgeht, wenn die Bootsbewegung härter oder weicher wird.

Auf der Fahrt über den Atlantik, von den Kanaren zu den Antillen, verwendete ich dann wieder Passatsegel, nunmehr Großsegel und meine neue Genua. Dadurch hatte ich mehr Segelfläche, natürlich waren auch die Etmale entsprechend höher.

Eine der großen Stärken der TABOO *war der riesige Lebensraum, den sie bot. In den beiden Rümpfen konnte man bequem stehen bis 1,90 m Länge, im Salon hatte man allerdings nur 30 cm Kopffreiheit beim Sitzen, konnte also nicht stehen. Wenn ich Gäste hatte, konnte ich bequem bis zu vier Leute in den beiden Doppelkojen im Vorschiff unterbringen. Für mich selbst spielte sich die meiste Zeit auf kleinem Raum ab, und zwar auf der Steuerbordseite des Salons und rund um die Kombüse. Überhaupt war die Steuerbordseite die Lebens-Seite, auf Backbord waren sozusagen die Werkstätten. Aus der Zeichnung läßt sich schon erkennen, daß es vielleicht nicht ganz einfach war, den (zuletzt) schweren 25-PS-Außenborder funktionsbereit zu machen, tatsächlich erforderte es großen Kraftaufwand, das Ding aus seinem Stauraum in Arbeitsposition zu bringen.*

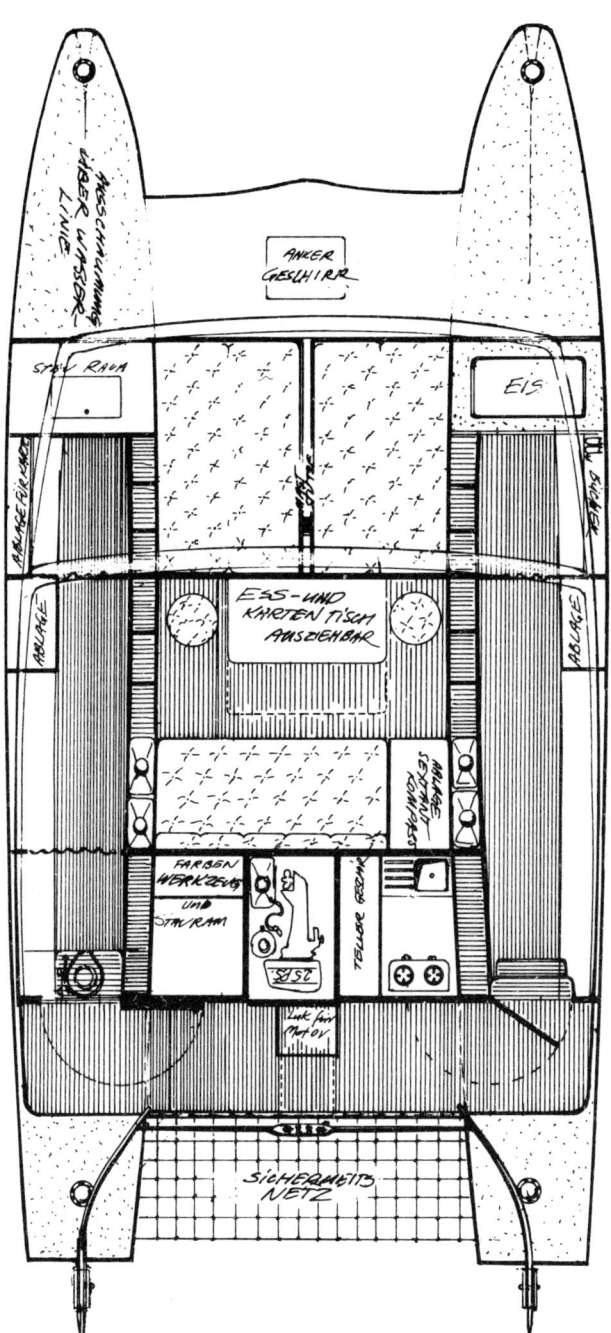

Ein spezielles Problem ergibt sich für den Einhandsegler bei einem Katamaran. Da beim Einfallen einer starken Bö das Rigg ungleich mehr belastet wird als bei einem Einrumpfboot, das ja sofort krängt, kann es leichter zu Havarien oder (etwa bei einem leichten Renn-Kat) zur Kenterung kommen. Vor dem Wind ist es weniger kritisch, weil der Kat beschleunigt, und so der Winddruck, der sich jetzt relativ vermindert, besser abgefangen wird. Am Wind müßten aber in einem solchen Fall die Segel sofort verkleinert werden oder es muß durch Fieren der Großschot der Druck aus dem Segel genommen werden. Keines von beiden geschieht, wenn der einzige Mann an Bord schläft und TABOO *vor Selbststeuerung läuft. Um automatisch den Effekt des Auffierens der Großschot zu erreichen, hole ich erst den Großbaum mit der Großschot dicht, belege diese, hänge dann die Sicherungsleine am Baumende ein und belege sie auf einer separaten Klampe im Cockpit. Die Großschot wird dann wieder losgemacht. Der Großbaum hängt jetzt nur an der Sicherungsleine. Diese hat auswechselbare »Sicherungen« aus mehrfach geschorener Fischleine zwischen zwei »Sister Clips«. Die weiteren zwei »Sister Clips« sind an der Sicherungsleine angespleißt. Wenn jetzt die Sicherung reißt, geht der Zug sofort auf die Großschot, die zuerst zur vollen Länge durch die beiden dreifachen Blöcke laufen muß, ehe sie ganz aufgefiert ist. Die Festigkeit der Sollbruchstellen variiere ich entsprechend der Besegelung. Unter Groß und Fock verwende ich meist eine mit ca. 600 kg Bruchstärke, die dann bei einer Bö über 25 Knoten den Geist aufgibt. Sobald ich gerefft habe, erhöhe ich die Belastbarkeit der Sollbruchstelle. Um meine große Genua aus leichtem Terylene zu schonen, wähle ich eine Sicherung, die schon bei geringerer Windgeschwindigkeit reißt. Nur habe ich dann auch eine Genuaschotsicherung in Verwendung, die von der Großbaumsicherung abhängig ist: Eine Leine ist am Großbaum festgemacht und hat ein kleines Holzbrettchen am anderen Ende. Das Brettchen liegt unter der Genuaschot und zwar direkt hinter der Curry-Klemme. Wenn jetzt die Großbaumsicherung reißt, die Großschot automatisch auffiert und der Baum nach vorne fährt, kippt das Holzbrettchen unter Zug gleichzeitig die Genuaschot aus der Curry-Klemme. Die Länge des Auffierens läßt sich bei der Genuaschot ebenso wie bei der Großschot beliebig variieren und vorher bestimmen.*

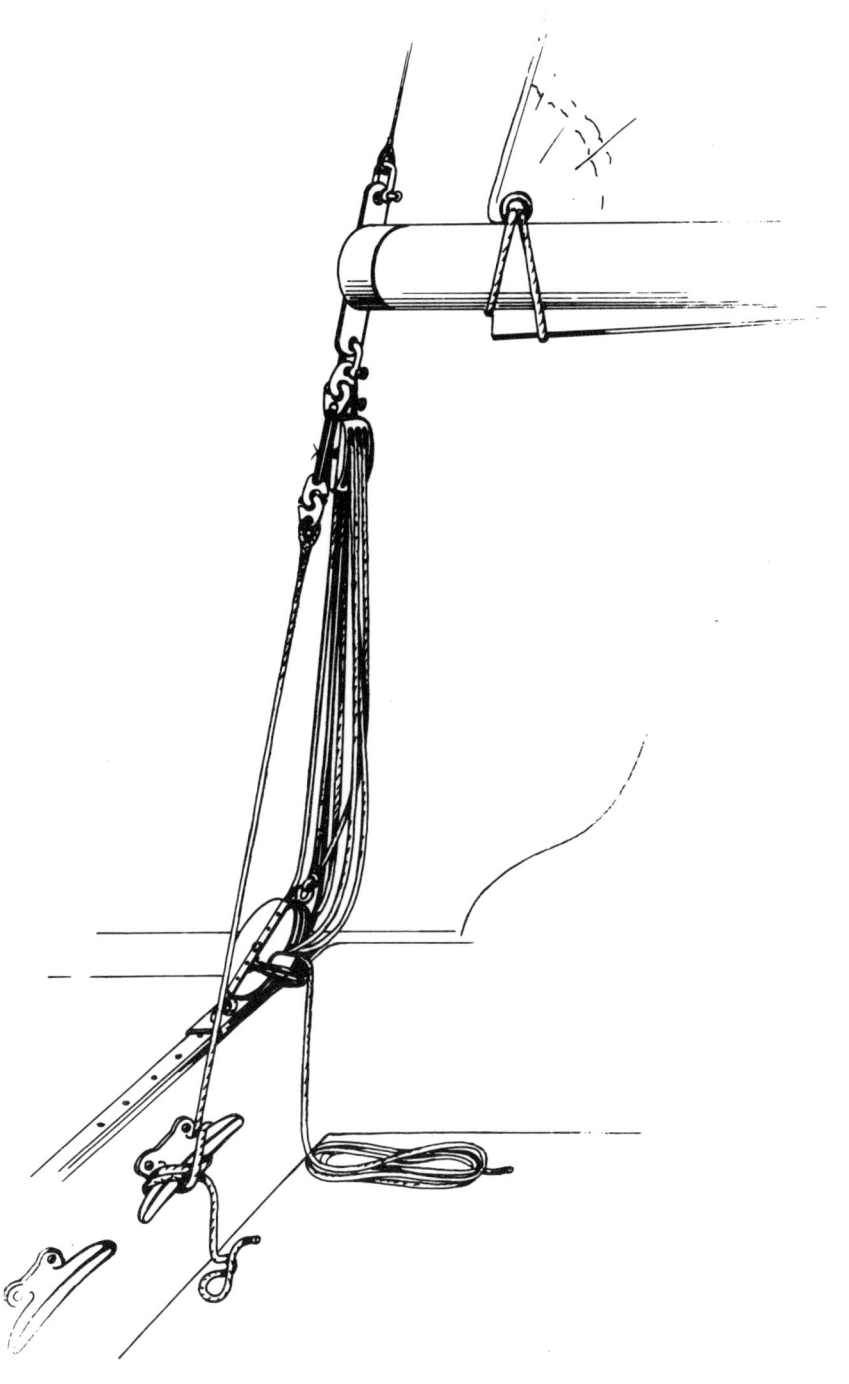

Ankern war für mich immer ein Thema von ganz besonderer Bedeutung. Es gibt berühmte Segler, die hetzen über den Pazifik und stoppen fünfmal, und da liegen sie an der Mole in Samoa oder Tahiti –, die brauchen sich ums Ankern keine großen Sorgen zu machen. Bei meiner Art zu reisen wurde das Ankern immer wichtiger, je mehr ich mich zum Inselhüpfer hin entwickelte – und das war eine ziemlich deutliche Entwicklung: 44 Ankerplätze auf der ersten Fahrt, 305 auf der zweiten.

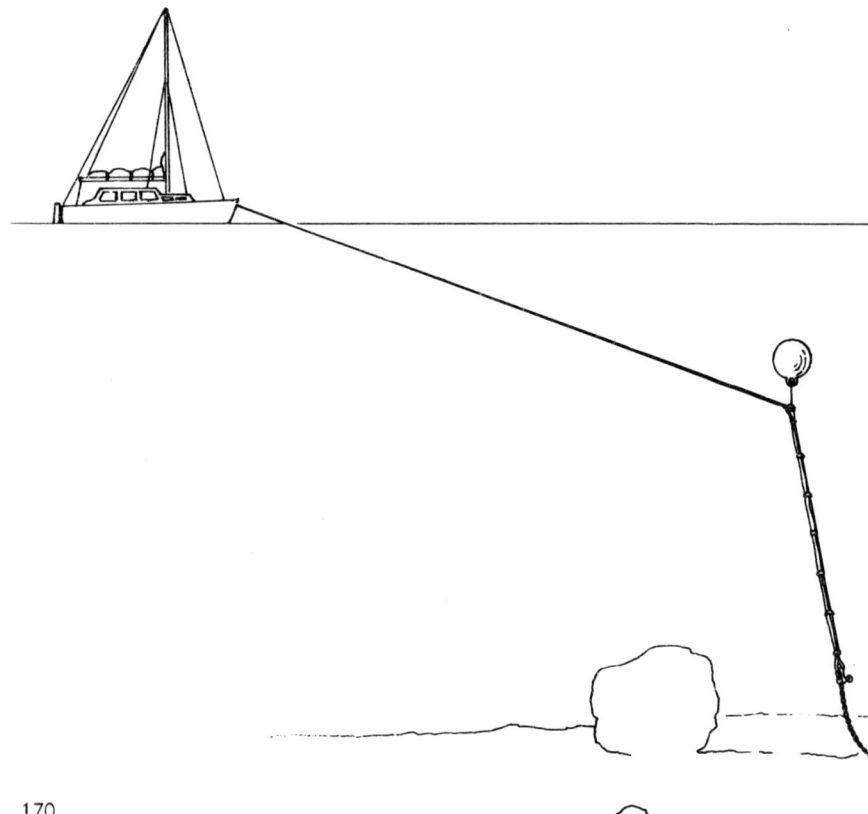

Ich hatte meistens drei Anker an Bord: zwei Pflugschar (20 bzw. 16 kg) und einen 18-kg-Danforth. Anfangs verwendete ich nur Kette, was sich nicht sonderlich bewährte, erstens wegen des enormen Gewichts, zweitens kann sich die Kette in Korallengewässern verhängen, bei Tidenänderung muß man mehr Kette nachgeben, muß dann eventuell mit Tauwerk verlängern, also wählte ich dann eine andere Lösung.
Der Anker hing an 15 m 10-mm-Kette, dann begann eine doppelte Nylontrosse, die unten mit einer Kausch an die Kette angeschäkelt war. Auf diese Trosse (doppelt, wegen der Gefahr des Durchscheuerns) war jeden halben Meter ein Takling aufgesetzt, das bei Riß eines Seils verhindert hätte, daß das andere durch die Kausch gerutscht wäre. Dieses doppelte Stück war 5 m lang, von dort ging eine einfache Nylonleine (mindestens 20 mm Durchmesser) rauf zum Boot – Bruchfestigkeit dieser Anker-Kette-Tau-Kombination: 4 Tonnen. Am Treffpunkt der doppelten mit der einfachen Trosse ging eine kurze Leine zu einem kugeligen Auftriebskörper (Durchmesser 30 cm). Dieser Körper bewirkte, daß immer die letzten 2 m der Kette über dem Grund hingen, dadurch wurde verhindert, daß das Seil doch irgendwo scheuern könnte. Die ganze Kombination hatte übrigens auch eine stark federnde Wirkung. Wenn ich jetzt beispielsweise auf Grund ankerte, der mit hohen Korallenköpfen übersät war (gar nicht so ungewöhnlich im Pazifik), befestigte ich einen weiteren Schaumauftriebskörper nahe dem ersten, so daß das letzte Stück der Kette immer höher war als die umliegenden Korallenköpfe. Daß jetzt weniger Kette auf Grund lag, war unbedeutend, denn sollte der Anker ausbrechen, würde er (oder die Kette) sofort wieder greifen.
Wenn ich nur einen Anker ausbrachte, war es immer ein Pflugschar, da sich beim Danforth die Kette um den Anker wickeln könnte (etwa in Tidengewässern) und dann den Anker ausbrechen und nutzlos nachschleppen könnte, ohne daß er je wieder in die richtige Lage kommen würde. Deswegen verwendete ich den Danforth immer nur als Zweitanker, womit das alles nicht passieren kann. Außerdem läßt sich ein Pflugscharanker leichter ausbrechen als der Danforth, der ideal für Sand und Schlamm ist und nur eine kurze Leine braucht. Der Pflugscharanker als hervorragendes Allroundgerät ist mir bei mehrhundertfachem Ankern nur dreimal abgeschliert – jeweils in ganz lockerem Korallengeröll. Zur Sicherheit hatte ich ohnedies zumeist zwei Anker, vor allem dann, wenn der Wind

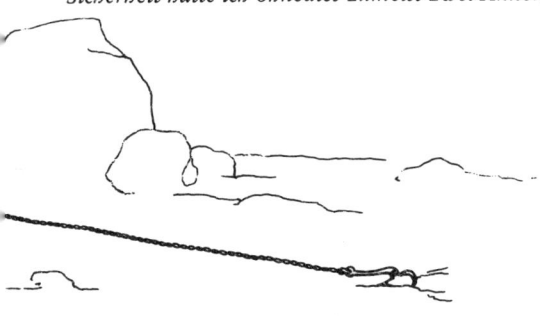

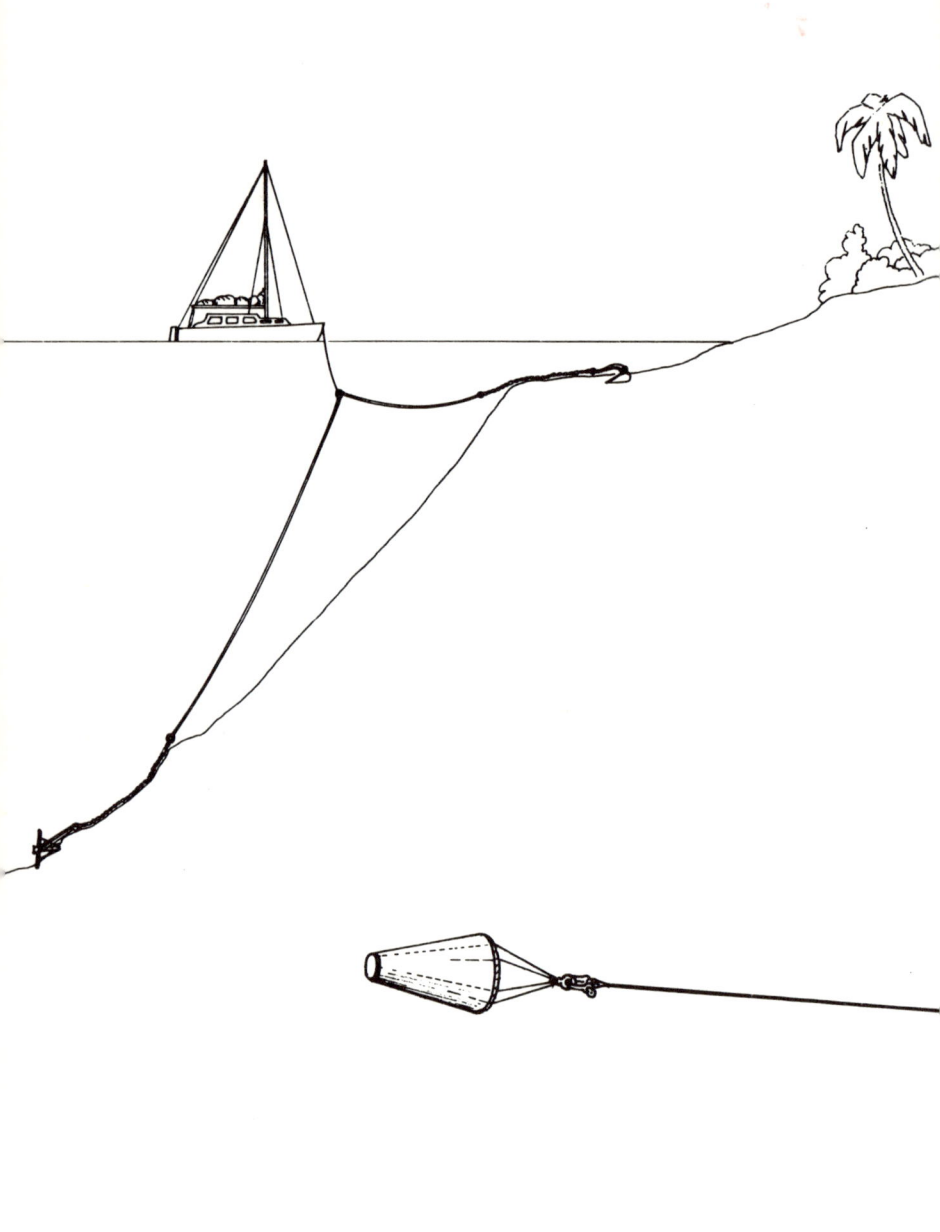

*auflandig war. Bei einer gewissen Konstellation – etwa wenn der Ankergrund 30-
bis 40grädig abfiel – und ich sehr knapp am Ufer ankern mußte, fuhr ich nach
einer vorherigen Erkundung langsam unter Maschine auf das Ufer zu, brachte
einen Anker in tiefem Wasser aus und den zweiten knapp bevor ich
Bodenberührung gehabt hätte. Daraufhin fiel ich mit* TABOO *etwas zurück,
spannte beide Trossen, verband sie durch eine kurze Leine und ließ die
Verbindungsstelle wieder so weit unter Wasser, daß sich* TABOO *oberhalb
unbehindert drehen konnte. Diese Methode bewährte sich an der Leeseite großer
Inseln, wo der ablandige Passat nicht zu spüren ist und meist leichte Land- und
Seebrisen den größten Einfluß haben.*

*Treibanker. (Zeichnung gibt nicht die richtigen Größenverhältnisse wieder, Ruder
weggelassen.) Nirosta-U-Bolzen (10 mm Durchmesser) auf beiden äußeren
Kanten mit kurzen Kettenvorläufern, die durch Klüsen geführt werden. Dann
zwei 30 m lange Trossen bis zu zwei Kettenvorläufern mit einem Wirbel, daran
60 m Trosse, dort war der Treibanker angeschäkelt. Am Wirbel hängt eine 2 m
lange Ballastkette.*

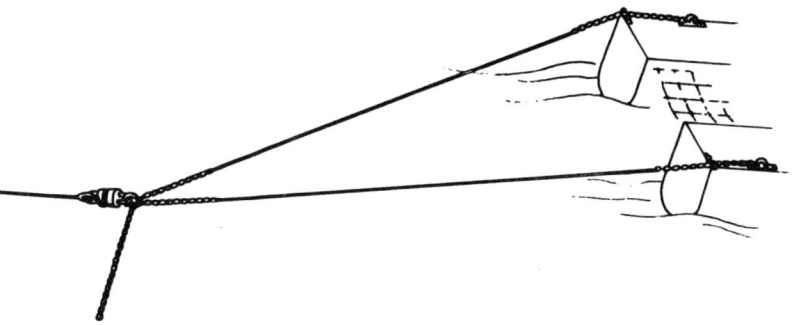

VOR- UND NACHTEILE DER TABOO

Wenn ich jetzt von den Vor- und Nachteilen der TABOO spreche, meine ich ganz konkret TABOO und keineswegs Katamarane im allgemeinen – man kann ja auch nicht alle Kielyachten in einen Topf werfen und ihnen gleiche Eigenschaften zuerkennen. Jedes Boot ist ein Kompromiß und soll einen bestimmten Zweck erfüllen. TABOO wurde gebaut für eine Weltumseglung, zwar mit den freundlichen Passatwinden, wohl aber auch mit einer Umrundung des Kaps der Guten Hoffnung, somit also auch in der Erwartung schwerster Stürme. Die Vor- und Nachteile des Boots muß man unter diesem Licht sehen. Wenn ich versuche, die Sache ein bißchen zu katalogisieren, komme ich auf vier spezielle Pluspunkte und sechs spezielle Minuspunkte der TABOO.

Pluspunkt Nr. 1: Stabilität, kein Rollen. Dadurch ist für mich die Grundlage zu einem Hochseesegeln, das auch wirklich Spaß macht, gegeben. Das lange Vor-dem-Wind-Fahren auf einer Einrumpfyacht finde ich nerventötend, zumindest bei mir drücken das Rollen und die dauernde Krängung auf die Stimmung. Auf meiner Fahrt von den Kanaren zu den Antillen habe ich zwischendurch alle Luken und Türen lackiert, habe den Cockpitboden gestrichen und jede Menge Kleinarbeit gemacht. Auf einer Einrumpfyacht wäre das kaum möglich gewesen, allein wenn ich an die herumstehenden offenen Farbtöpfe denke. Ich kam frisch und munter in Barbados an und ging am gleichen Abend zu einer Party. Es gab Mannschaften von Kielyachten, die während zweier Tage nach ihrer Landung nicht ansprechbar waren, weil die ewige Rollerei unter Passatsegeln sie fertiggemacht hat. Auch die Arbeit an Deck, etwa das Segelreffen, ist einfacher, wenn man auf einer horizontalen Ebene arbeiten kann. Oder denken Sie an das Kochen! Mein Kocher war zwar in der Kombüse verankert, aber die Töpfe hatten keine Schienen. Ich traue mir diese Vergleiche zu, obwohl ich nie eine Einrumpfyacht besessen habe, aber ich war mehrmals Mannschaft auf einer Einrumpfyacht bei australischen Off-Shore-Rennen und habe auf den westindischen Inseln eine 12-m-Yacht geskippert.

Pluspunkt Nr. 2: Größere Unterkunft, auch geteilt; größere Deckfläche; relativ trocken. Es gibt Kats, die nur je eine Kajüte in den beiden Rümpfen haben oder nur eine dazwischen. TABOO hatte einen Aufbau, der sich über den Mittelteil und beide Rümpfe erstreckte. Dadurch ergab sich ein riesiger Lebensraum, ein weiterer Vorteil waren die beiden voneinander getrennten vorderen Kajüten mit je einer Doppelkoje. Das kam bei Charterfahrten sehr zustatten, die Leute waren ungestört. Unter normalen Segelverhältnissen waren Deck und Cockpit trocken, erst ab Windstärke 5 kam Spritzwasser auf das Deck.

Pluspunkt Nr. 3: Geringer Tiefgang, leichtes Trockenfallenlassen und Slippen. Das vorgesehene Mittelschwert war ein vollkommener Versager gewesen. Bei 6 Windstärken wollte das Boot unbedingt anluven, daher wurde das Schwert sofort entfernt, und ich baute Tothölzer an. Einen Tiefgang von einem Meter halte ich für ein Katamaran dieser Länge als absolutes Minimum, um annehmbare Am-Wind-Eigenschaften erreichen zu können. Durch diesen geringen Tiefgang ist es oft möglich, in seichte Buchten zu schlüpfen, wenn keine anderen Ankerplätze vorhanden sind. Ein Beispiel aus der Praxis, von den Duff-Inseln: Der Ankerplatz vor dem Dorf war dem südöstlichen Passat ausgesetzt – damals 6 Windstärken – und an ein Ankern war gar nicht zu denken. Im Lee der Inseln fällt das Saumriff zu steil ab und der Grund ist zu tief. Aber eine enge Passage führt in eine seichte Lagune. Bei Hochwasserstand hatte ich 20 Zentimeter unter dem Kiel, schlüpfte durch die Passage und war bei Ebbe völlig im Trockenen. Während draußen der Wind unvermindert blies, saß ich hier in völliger Sicherheit. Ein Windwechsel ist bei starkem Passat nicht zu erwarten, nur mußte ich ein Auge auf die Tiden haben, sonst kann es passieren, daß man unter Umständen vier Wochen bis zur nächsten Mondphase festsitzt. Das Aufsitzen auf zwei Kielen kommt natürlich auch dann zustatten, wenn man unfreiwilligerweise trockenfällt. Günstig auch zum Reinigen des Unterwasserschiffs: Ich suchte mir einen Sandstrand, wartete auf Hochwasser, fuhr unter Maschine mit etwa 3 Knoten auf den Strand, dadurch saß das Boot sofort fest.

Pluspunkt Nr. 4: Höhere Geschwindigkeit, größere Etmale. TABOO erreichte manchmal Geschwindigkeiten von über 15 Knoten. Der bekannte englische Segler und Autor Hiscock sagt, in Passatgegenden müsse man als Einhandsegler mit einem Etmalschnitt von 100 Seemeilen zufrieden sein, ich machte durchschnittlich 140. Ich habe von keinem Einhandsegler gehört, der solche Schnitte fuhr.
Das Rekordetmal von TABOO war 196 Seemeilen und wurde viermal erreicht, einmal im Atlantik, einmal in der Karibik und zweimal im Pazifik. Diese Geschwindigkeiten wurden durchwegs bei frischen Passaten ohne besonders grobe See erreicht. Mein Ziel von 200 Seemeilen, das ich für durchaus realisierbar hielt, habe ich nie geschafft.

Minuspunkt Nr. 1: Nach Kenterung keine Aufrichtemöglichkeit. Das ist ganz logisch bei einem Katamaran dieser Größe. Man hat schon Versuche gemacht mit einer Art Fallschirm, den man steigen läßt und der unter Ausnützung des Windes das Boot aufrichten soll, aber bis jetzt ist es bei diesen nicht sehr ermutigenden Tests geblieben, in Wirklichkeit ist es noch nie passiert, daß ein gekenterter Hochseekatamaran unter Sturmbedingungen wieder aufgerichtet wurde. Das heißt nicht, daß es prinzipiell unmöglich wäre, dafür gibt es das Beispiel der GOLDEN COCKREL, eines superleichten Rennkatamarans, der schon zweimal nach Kenterung wieder aufgerichtet wurde – beide Male allerdings in relativ ruhigem Wasser und mit fremder Hilfe.

Es gibt dann noch die Nebenfrage, ob man etwas gegen die Durchkenterung machen soll (das ist eine »Rolle« des Boots um 180°, der Mast zeigt nach unten). Um diese Durchkenterung zu vermeiden, haben manche Katamarane im Masttopp einen Auftriebskörper. Dadurch hofft man zu vermeiden, daß der Skipper in einem seiner Bootsrümpfe eingeschlossen bleiben könnte. Das ist leichtsinniger Unfug, und ich will das auch erklären. Bei normaler Stellung ist der Schaumkörper, der ja eine gewisse Größe haben muß, um überhaupt seinen Zweck erfüllen zu können, relativ strömungsgünstig. Aber bei einer Schräglage von etwa 40°, wenn es für das Boot kritisch wird, ist der Luftwiderstand durch den Schaumkörper erheblich größer, das Ding unterstützt also das Kentern. Es würde sich höchstens für übertakelte Rennkats eignen, die aber nur in geschützten Gewässern segeln dürften, weil sie für extreme Situationen ohnedies nicht taugen.

Die Idee (es gibt sogar eine völlig hirnrissige Variante, nämlich die Wiederaufrichtung des Kats zu ermöglichen) ist ein klassisches Beispiel von falscher Übertragung theoretischer Prinzipien in die Praxis. Am Papier, im Windkanal oder selbst am Wasser bei Windstärke 4 läßt sich das alles wunderbar demonstrieren – aber man muß bedenken, daß ein ordentlich gebauter Katamaran vor 11 Windstärken einfach nicht kentert, und wenn du bei 11 oder mehr und den entsprechenden Sturzseen quer auf dem Wasser liegst, ist in Sekundenschnelle alles zerfetzt, der Aufbau, das Rigg und auch der lächerliche Schaumstoffkörper. Wie gesagt, er kann höchstens beim Kentern helfen, das ist alles.

Minuspunkt Nr. 2: Größere Abtrift als üblich. Klar: Je weniger Tiefgang, um so mehr Abtrift. Ein Katamaran kann keinen großen Tiefgang haben, da er leicht gebaut sein muß. Es kommt also kein Ballastkiel in Frage. Man könnte es mit Schwertern versuchen, doch die haben eine Menge Nachteile – es ist wieder eine Maschinerie mehr an Bord und es gibt höllischen Lärm, da die Schwerter in ihren Halterungen arbeiten, aber natürlich könnte man die Abtrift durch ein Schwert verkleinern. Ein Katamaran kann nicht so weit an den Wind gehen wie eine

Einrumpfyacht, bei TABOO war dieses Manko aber ausgeglichen durch die natürliche Schnelligkeit des Bootes, das gar nicht den optimalen Kurs braucht, um so schnell oder schneller als eine vergleichbare Einrumpfyacht zu sein.

Minuspunkt Nr. 3: Geringe Bodenfreiheit zwischen Wellen und Zwischendeck. Wenn die Seen gröber werden und gegen den Boden schlagen, bremsen sie natürlich das Schiff. Der Lärm ist beträchtlich im Vorschiff.

Minuspunkt Nr. 4: Keine Stehhöhe im Mittelteil. Man konnte in den Rümpfen zwar bequem gehen und stehen, im Mittelteil allerdings konnte man nur sitzen, anderenfalls wäre der Aufbau eindeutig zu hoch geworden. Dieses ursprüngliche Manko empfindet man nach einer Gewöhnungszeit aber nicht mehr als solches.

Minuspunkt Nr. 5: Beschränkte Zuladung. Man kann sich leicht täuschen lassen, wenn man Wert darauf legt, in einem Katamaran mehr Platz zu haben als in einem Einrumpfboot gleicher Länge. Es stimmt zwar, daß man mehr Platz hat, aber wenn es dran geht, diesen Platz zu nutzen, handelt man sich eine Menge Nachteile ein. Die Rümpfe sinken wesentlich tiefer, dadurch wird die Bodenfreiheit noch geringer und die lebendigen Segeleigenschaften eines Katamarans gehen verloren. Man kann den zur Verfügung stehenden großen Raum also nur mit relativ leichten Gegenständen nützen, wenn man nicht plötzlich ein Boot haben will, das die Nachteile des Einrumpfboots mit den Nachteilen eines Katamarans verbindet.

Minuspunkt Nr. 6: Die wirklich praktische Unterbringung einer Maschine – ein Knopfdruck, und man verfügt über Kraft – ist in einem Katamaran von zehn Meter Länge schwierig. Ein Dieselmotor ist zu schwer, die Kraftübertragung zur Schraube im normalen Sinn wäre nicht einfach. Ein Außenborder ist das normalerweise Übliche in dieser Größenordnung, leicht instand zu halten und leicht zu warten, da man bequem daran arbeiten kann und nicht in der Bilge beengt umherkriechen muß. Allerdings ergeben größerer Benzinverbrauch und damit die Notwendigkeit von Lagerung größerer Benzinmengen eine gewisse Gefahr. Auf TABOO hatte ich mich entsprechend abgesichert: Der Außenborder und alles Benzin waren in einem eigenen Abteil, das selbstlenzend und belüftet und nur vom Cockpit aus zugänglich war; außerdem war es mit Polyester beschichtet, so daß keine Gase ins Bootsinnere konnten. Im Fall des Leckwerdens eines Behälters konnte das Benzin höchstens ins Wasser rinnen (passierte aber nie). – Um aber auf TABOO's speziellen Nachteil zurückzukommen: Für eine echte Notsituation – zum Beispiel für den Schiffbruch – konnte ich den Motor vergessen; es dauerte viel zu lange, bis ich ihn ausgebracht und startklar gemacht hatte.

NAVIGATION

Im Lauf der Jahre traf ich immer wieder Yachtleute, die sich nie mit dem Ausarbeiten einer Standlinie angefreundet hatten und sich hauptsächlich mit Hilfe der errechneten Mittagshöhe durchschlugen. Auf diese Art und Weise wurde der Atlantik schon oft überquert – und warum auch nicht: Der Passat bläst meist stetig, die Meeresströmungen sind keine unbekannte Variable, die Sonne steht regelmäßig zur Mittagszeit zur Verfügung und außerdem besitzt Barbados einige Leuchtfeuer. Im Pazifik sieht es etwas anders aus. Es gibt Tausende von unbefeuerten Inseln und niederen Atollen, die man selbst am Tag erst aus acht Meilen Entfernung ausmachen kann, von der Nacht gar nicht zu reden. Meilenlange Riffe versperren oft den Weg, außerdem sind die Strömungen oft unberechenbar, die Winde unbeständig und die Sonne zeigt sich manchmal für Tage nicht. Sich hier nur auf die Mittagshöhe zu verlassen, wäre ein riskantes Unternehmen und nur dann möglich, wenn die Segelroute zu einem gewissen Maß auf diesen Umstand zugeschnitten wird. Das ergibt dann die Routen, auf denen nur hohe Inselgruppen oder Inseln angesteuert werden wie die Marquesas, Tahiti, Samoa, Viti Levu und so weiter. Ich traf mehr als eine Yacht, die aus diesem Grund zwar nur fünf Stops über den ganzen Pazifik machten, dafür aber monatelang in Nuka Hiva, Papeete, Pago Pago, Suva oder Port Vila hängenblieben.

Ich möchte weder den Lehrmeister spielen noch bereits Geschriebenes wiederkäuen. Über astronomische Navigation wurde schon viel zu Papier gebracht, und der Bewanderte möge die folgenden Seiten ruhig überblättern. Es handelt sich um eine nummernmäßige Reihenfolge (wie sie mir persönlich am vernünftigsten schien) mit einigen Erläuterungen zur Ausarbeitung einer Sonnenhöhe nach der heutzutage üblichen Methode unter Zuhilfenahme der Tafeln wie *H.O. 249 (A.P. 3270)* oder *H.O. 214 (H.D. 486)*. Schon Mary Blewitt – ihr Buch »Praktisches Navigieren nach Gestirnen« kann ich nur empfehlen – stellte treffenderweise fest, daß es gar nicht notwendig ist, das sphärische Dreieck zu verstehen, solange der Arbeitsvorgang stimmt. In diesem Sinn ist die gegebene Reihenfolge auch mehr eine Gedächtnisstütze für den Anfang oder für Zeiten, an denen man übernächtig oder seekrank ist und dann dreimal solang zum Ausarbeiten braucht wie unter normalen Verhältnisse.

Verwendet habe ich die *N.P. 400 Sight Forms*. Diese Doppelblätter (auch in Heften gebunden) sind überall erhältlich, wo es auch englische Seekarten zu kaufen gibt, und kosten kaum mehr als den Papierwert. Auf der einen Seite lassen sich durch entsprechende Vordrucke vier Beobachtungen ausarbeiten. Die gegenüberliegende Seite ist liniert und eignet sich gut für die Berechnungen der Mittagshöhe und für Logbucheintragungen. Die englischen Abkürzungen wirken vielleicht etwas störend auf den deutschsprechenden Leser. Für manchen wird es aber ganz praktisch sein, sich mit ihnen vertraut zu machen, denn es sind die gleichen, wie sie in den Tafeln und im englischen *Nautical Almanac* verwendet werden.

Bitte blättern Sie um.

Die *N.P. 400 Sight Forms* sind natürlich nicht nur für Sonnenhöhen, sondern auch für alle anderen wie Planeten-, Fixstern- und Mondhöhen verwendbar. Entsprechende Zeilen sind für z. B. Sternwinkel *(S.H.A.* = *Sidereal Hour Angle)* oder Horizontal-Parallaxe *(H.P.* = *Horizontal Parallax)* vorgesehen. Die Ausarbeitung ist im wesentlichen die gleiche, und der, der eine Sonnenhöhe meistert, sollte keine Schwierigkeiten haben, wenn er den ausführlichen Anleitungen von Mary Blewitt folgt. Hier kann ich empfehlen, mit den Planeten zuerst zu beginnen, sie sind ohne Schwierigkeiten anhand des Diagramms und der Anleitung im *Nautical Almanac* zu erkennen.

Field	Value		Note	Description
D.R. Position	17°30'N 43°10'W		3	man trägt die Koppel-Breite und die Koppel-Länge ein
Chosen Lat.	17°N		4	und wählt einen vollen Breitengrad (=angenommene Breite) nahe dem Koppelstandort (D.R. Position)
Body observed	Sonne, u. Rand		5	gemessener Himmelskörper (~~Sonne, unterer Rand~~)
Date and Z.T.	d h m		6	siehe Bemerkung
Zone				
Greenwich Date	27. Januar 1971		7	Greenwich Datum
D.W.T.	11ʰ 37' 21"		1	Zeit der Beobachtung in Stunden, Minuten und Sekunden
D.W.E.	– 7	slow + fast –	8	± Stand der Borduhr: zurück (slow) +, vor (fast) –
G.M.T.	11 37 14		9	ergibt die M.G.Z. (G.M.T.)
Tabulated G.H.A.	341° 39.0'		10	aus dem Nautical Almanac entnimmt man den tabellierten Greenwicher Stundenwinkel (~~G.H.A.~~) für die volle Stunde der G.M.T.
Increment	9 18.5		12	aus den gelben Schalttafeln (Increments and Corrections) sucht man den Zuwachs für die restlichen Minuten und Sekunden heraus und addiert diesen zu dem tab. G.H.A. und
v corr.ᵗ or S.H.A.				
G.H.A.	350 57.5		12a	erhält den Greenwicher Stundenwinkel (G.H.A.)
± 360° if required			15	± 360° falls nötig. (z.B. wenn die angenommene westl. Länge grösser als der G.H.A. ist)
Chosen Long.	42 57.5	W.– E.+	14	man wählt eine Länge (=angenommene Länge) nahe an dem Koppelstandort und addiert (E) oder ~~subtrahiert~~ diese
L.H.A.	308 00.0 W		16	erhält den Ortsstundenwinkel (L.H.A.)
(360°– L.H.A. if req.)	E.		17	Wenn der L.H.A. über 360° ist, sind diese abzuziehen und das ist
Tab. H.A.	308		18	der tabellierte Stundenwinkel (Tab.H.A.)
Tabulated Dec.	S 18° 33.4'	d 0.6	11	und gleichzeitig die Deklination (selbe Zeile neben G.H.A.) und d-Wert (Fuß der Spalte unter Dec.) und schreibt den letzteren vorerst neben die Tab. Dec.
d corr.ⁿ	– 0.4		13	auch in den Schalttafeln (selbe Minutenspalte) findet man neben dem d-Wert (v or d) den Korrekturwert (Corrⁿ) und addiert diesen zu der Tab. Dec. falls sie zunimmt, oder subtrahiert ihn, wenn sie abnimmt.
Dec.	33.0			
Tab. Dec.	18	same contrary	13a	nur die Grade werden hier vermerkt; same oder contrary beachten, nichtzutreffendes durchstreichen.
Dec. diff./ Dec. Inc.	33'		13b	und die restlichen Minuten werden hier eingetragen. (Zuwachs = Increment)
Tab. Alt.	28 01	Δd –32 d±	19	aus den Tafeln sucht man die tabellierte Höhe (unter Hc), die Differenz (d) und den Azimutwinkel (Z oder Fz) und trägt sie ins Rechenschema ein. Mit d geht man in die Deklinations-Schalttafeln, entnimmt den Zuwachs und, je nach Vorzeichen, addiert diesen zu oder subtrahiert ihn von der tab. Höhe und
1st Alt. diff. ±	– 18			
2nd Alt. diff. ±				
Δd± / D.S. diff. +				
Corr. Tab. Alt.	27 43	Az. 122 True Bg. 122	20	erhält die korr. tabellierte Höhe (Corr. Tab. Alt.)	21 Der Azimutwinkel wird laut Regel in den Tafeln in den Azimut (Zn oder True Bg) umgewandelt
Sextant Alt.	27 13	I.E. 2 Dip –3	2	Die Sextantablesung in Graden und Minuten	22 Indexfehler (I.E.) und Kimmtiefe (Dip) werden eingetragen und ausgerechnet und
I.E. – Dip	– 1		23	und von der Sextantablesung abgezogen oder dazu addiert und das
Apparent Alt.	27 12		24	ergibt die Sextanthöhe (Apparent Alt)
Corrections to altitude		H.P. 14.5	25	Höhenberichtigung (für unteren Sonnenrand) wird dem Nautical Almanac entnommen (Altitude Correction Tables) und dazu addiert (oberer Sonnenrand –) das
True Alt.	27 26.5		26	ist die wahre Höhe (True Alt.)
Corr. Tab. Alt.	27 43.0		27	die korr. tabellierte Höhe von oben (20) abschreiben
Intercept	16.5 to from		28	die Differenz zwischen der wahren Höhe und der korr. tabellierten Höhe ist der Höhenunterschied (Intercept) in Seemeilen. Ist die errechnete Höhe grösser, wird der Höhenunterschied von dem gemessenen Himmelskörper weg (from) eingetragen, ist sie kleiner, dann in Richtung zu (to) dem Himmelskörper. Nichtzutreffendes durchstreichen.
Run				
Obs. position				
Time				

BEMERKUNGEN

zu einigen Punkten der nummermäßigen Reihenfolge zur Ausarbeitung einer Sonnenhöhe mit N.P. 400 Sight Forms.

6 Hier könnte man die Ortszeit eintragen und diese dann in M.G.Z. verwandeln. Inwieweit diese Methode von Vorteil ist, mag man selbst beurteilen. Ich teile die Ansicht mehrerer anderer Fahrtensegler, daß es einfacher ist, die Uhr, die für Navigationszwecke verwendet wird, immer auf M.G.Z. laufen zu lassen. (Zu diesem Zweck genügt schon eine Armbanduhr, deren Stand man praktisch jederzeit mit Hilfe eines Transistorradios überprüfen kann.)

13 Liegen die angenommene Breite *(Chosen Latitude)* und die Deklination auf derselben Halbkugel, dann sind sie gleichnamig *(same)*. Wenn nicht (also nördliche Breite und südliche Deklination, oder umgekehrt), sind sie ungleichnamig *(contrary)*.

14 Die angenommene Länge muß so gewählt werden, daß die Minuten des Längengrades und des *G.H.A.* zusammen einen vollen Gradwert ergeben. Westlich *(W)* von Greenwich wird die angenommene Länge *(Chosen Longitude)* vom *G.H.A.* abgezogen, östlich *(E)* davon zum *G.H.A.* addiert.

17 Bei Verwendung mancher Tafeln kann es notwendig sein, den L.H.A. von 360° abzuziehen, um auf einen kleineren Wert zu kommen, mit dem dann erst in die Tafeln eingegangen werden kann.

19 Zum Eingang in die Tafeln braucht man
    den angenommenen Breitengrad (<u>*Chosen Lat.*</u>)   4
    die Deklination *(<u>Tab. Dec.</u>)*   13a
    und den Stundenwinkel *(<u>Tab. H.A.</u>)*   18
In die entsprechende Seite mit der Überschrift »*Declination CONTRARY* (oder <u>*SAME*</u>) *name to Latitude*« eingehen.

28 Das Azimut wird von dem angenommenen Standort – angenommener Breitengrad (4) und angenommene Länge (14) – entweder in Richtung zu *(to)* oder von dem gemessenen Himmelskörper weg *(from)* eingezeichnet, der Höhenunterschied abgetragen und die Standlinie wird an diesem Schnittpunkt rechtwinklig zum Azimut eingezeichnet.

BOBBY SCHENK ÜBER SEINE ERFAHRUNGEN MIT TABOO

Katamarane können kentern, sind schwer zu manövrieren, geben eine ganz miese Figur ab, wenn sie aufkreuzen sollen. Das sind so die gängigsten Vorurteile, die Skipper von Einrumpfbooten gerne vertreten. Segler sind ja ohnehin konservativ, und so betrachten sie alles Neue mit abgrundtiefem Mißtrauen; zumal wenn ihre Eitelkeit verletzt ist, denn einen Vorzug müssen sie den Kats wohl oder übel einräumen: Schnell sind sie.
Hunderte von Jahren sind wir mit einem Rumpf ausgekommen – also, wozu brauchen wir plötzlich zwei davon? Ich gebe es offen zu, ich war leider keine rühmliche Ausnahme unter den Yachties, auch ich rümpfte die Nase, als ich die TABOO zum ersten Mal auf ihrem malerischen Liegeplatz an der berühmten Wasserfront in Papeete sah – allerdings nur solange, bis ich mit Wolfgang ins Gespräch kam, und er nebenbei erwähnte, daß er mit seinem Eigenbau immerhin schon fast um die Erdkugel herumgesegelt ist. Wolfgang bemerkte natürlich meinen erstaunten Blick auf sein Schiffchen, das verglichen mit den riesigen Ozeanseen, die es schon erlebt haben mußte, doch recht zerbrechlich anmutete. Der Skipper der TABOO mußte meine Gedanken erraten haben: »Ich möcht morgen mal mein neues Großsegel ausprobieren; wenn du willst, kannst mit rausfahren.« Und ob ich wollte.
26. August 1972: Wolfgang hat die TABOO schon klar gemacht. Ich such mir in der geräumigen Kajüte ein Plätzchen für meine Siebensachen. »Leg die Kamera ruhig auf den Kartentisch!« Voller Zweifel sehe ich Wolfgang an. Der hat vielleicht Nerven. Auf der THALASSA muß alles peinlich weggestaut werden, bevor wir einen Hafen verlassen. Wenn der Wind die Segel füllt, legt sich ein Einrumpfboot sofort aufs Ohr. Bei dreißig Grad Lage würde alles durch die Kajüte fliegen. In schlechtem Wetter gibt es zum Beispiel auf der THALASSA nur einen günstigen Platz zum Essen, und das ist der Fußboden. Bei Wolfgang

dagegen herrscht junggesellige Unordnung. Sogar der Abwasch steht noch auf dem Ofen. Na, das wird ein Chaos geben.
Ich bin es ja gewohnt, selber Käpt'n zu spielen, aber gerade deshalb weiß ich, wie wichtig es ist, sich dem Skipper unterzuordnen. Unnötig bei Wolfgang – schließlich segelt er ja eh und je allein, und so stehe ich beim Ablegen auch recht überflüssig im Weg herum. So ein Schiff bräuchte ja eigentlich vier Mann zu seiner Bedienung und so rast Wolfgang denn auch wie ein Irrwisch an Bord umher.
Der Außenborder läuft, der Gang ist eingelegt. Vorne am Bug wirft Wolfgang die Festmacherleine los, springt über das Kajütdach zurück zur Pinne, um dem treibenden Boot den richtigen Kurs zu geben. Aufmerksam lenkt der Skipper mit den Zehenspitzen die TABOO durch das Feld der anderen Yachten. Dann wird das schmutzige Hafenwasser smaragdgrün, Korallenköpfe fliegen unter uns vorbei. Wolfgang ist inzwischen in die Saling gestiegen, um von dort oben mit Hilfe der Wasserfärbung die Riffdurchfahrt zu suchen. Aber die TABOO ist nicht führerlos. Mit einer langen Leine zur Pinne lenkt Wolfgang von seinem Hochsitz aus mit sicherer Hand sein Schiff an der tosenden Brandung vorbei nach draußen ins tiefblaue freie Wasser.
Der Skipper beherrscht sein Schiff wirklich. Eben noch dümpelten wir derart in der Dünung, daß ich zitternd in meinen Taschen nach den Seekrankheitstabletten fingerte, reißt Wolfgang schon die Segel hoch. Und nun folgt für mich altmodischen Segler ein unvergeßlicher Augenblick. Der Kat fühlt den Wind in seinen Segeln und springt förmlich nach vorne. Mit Mühe kann ich mich am Handläufer anhalten. Fast entgeistert sehe ich zum Bug vor, wo die beiden Rümpfe – zwei Messern gleich – durchs Wasser schneiden. Mindestens zehn Knoten sind das, das würde fast zum Wasserskilaufen reichen.
Die Schiffbewegungen sind fremdartig. Das ist kein Wiegen wie auf der THALASSA, das ist ein Rütteln und Rumsen wie in einem alten Autobus. Das Schiff arbeitet hart, ich erahne die ungeheuren Kräfte, die die Querverbindungen zwischen den Rümpfen belasten. Welch glückliche Hand muß Wolfgang beim Bau gehabt haben, daß dieses zerbrechlich wirkende Schiff solch ungeheure Torturen Zigtausende von Meilen am Kap der Stürme oder in der winterlichen Nordsee klaglos durchgestanden hat.
Meine Schleppangel habe ich schon eingeholt. Bei dieser Geschwindigkeit würde in Riffnähe kein Fisch beißen. Wolfgang hat die Pinne belegt. TABOO steuert sich selbst. Und das ist ein kleines Wunder. Es hat berühmte Konstrukteure gegeben, die ihr ganzes Leben lang versucht haben, einmal eine Yacht zu schaffen, die diese so wichtige Eigenschaft gehabt hätte.
Inzwischen beobachtet der Skipper aufmerksam am Horizont einen weißen Saum. Das bedeutet mehr Wind, sehr viel Wind. Aber bevor die Schaumkronen

die TABOO erreicht haben, hat Wolfgang die große Genua gegen die kleine Arbeitsfock ausgetauscht. Sieben Windstärken sind eine ganze Menge, die TABOO aber segelt und springt über die holprige See so weich, daß ich es jetzt schon ganz selbstverständlich finde, wie meine teure Kamera immer noch heil auf dem Kartentisch liegt.
Sonne, Schaumkronen und diese faszinierende Geschwindigkeit – das ist Segeln mit dem großen Löffel. Aber wird sind nicht mehr allein auf der Reede von Papeete. Im Fernglas machen wir am Horizont den schwarzen Rumpf einer Sloop aus, die rasch näher kommt. Offensichtlich möchte die andere Yacht uns ihre überlegene Geschwindigkeit demonstrieren. Jetzt muß die TABOO zeigen, was sie kann, denn die schwarze Yacht ist die PEN DUICK III, und am Ruder ist niemand anderer als Eric Tabarly, der erfolgreichste Rennsegler der Welt. Als der stämmige Franzose, der eben erst zum Ärger der Amerikaner die Langstreckenregatta Honolulu–Papeete gewonnen hatte, auf gleicher Höhe ist, gehen wir auf Parallelkurs. Tabarly winkt rüber. Sicher ist er erstaunt, daß er nicht so abziehen kann, wie er möchte. Meile um Meile liegen die Yachten auf gleicher Höhe. Der große Tabarly ändert den Kurs, geht höher an den Wind, denn er weiß, die Schwäche der Kats sind Kurse hart am Wind. Er hat natürlich recht, ganz können wir denselben Kurs nicht halten. Dafür wird aber die PEN DUICK III auch langsamer als die TABOO. Unentschieden – würde ich sagen, und das ist schon was gegen eine Rennyacht dieses Namens mit einer achtköpfigen Mannschaft.
An der Riffeinfahrt verläßt uns der Wind. Der schnarrende Außenborder beendet dieses Segelerlebnis. Ich sehe zu unserer THALASSA hinüber. Sie ist nur halb so schnell wie die TABOO. Kann aber nicht kentern. Dafür würde sie mit ihren drei Tonnen Blei im Bauch wie ein Stein auf Tiefe gehen, wenn sie mal ein Leck hätte. Na ja –, vielleicht ist mein nächstes Schiff ein Kat!

Die Route der TABOO

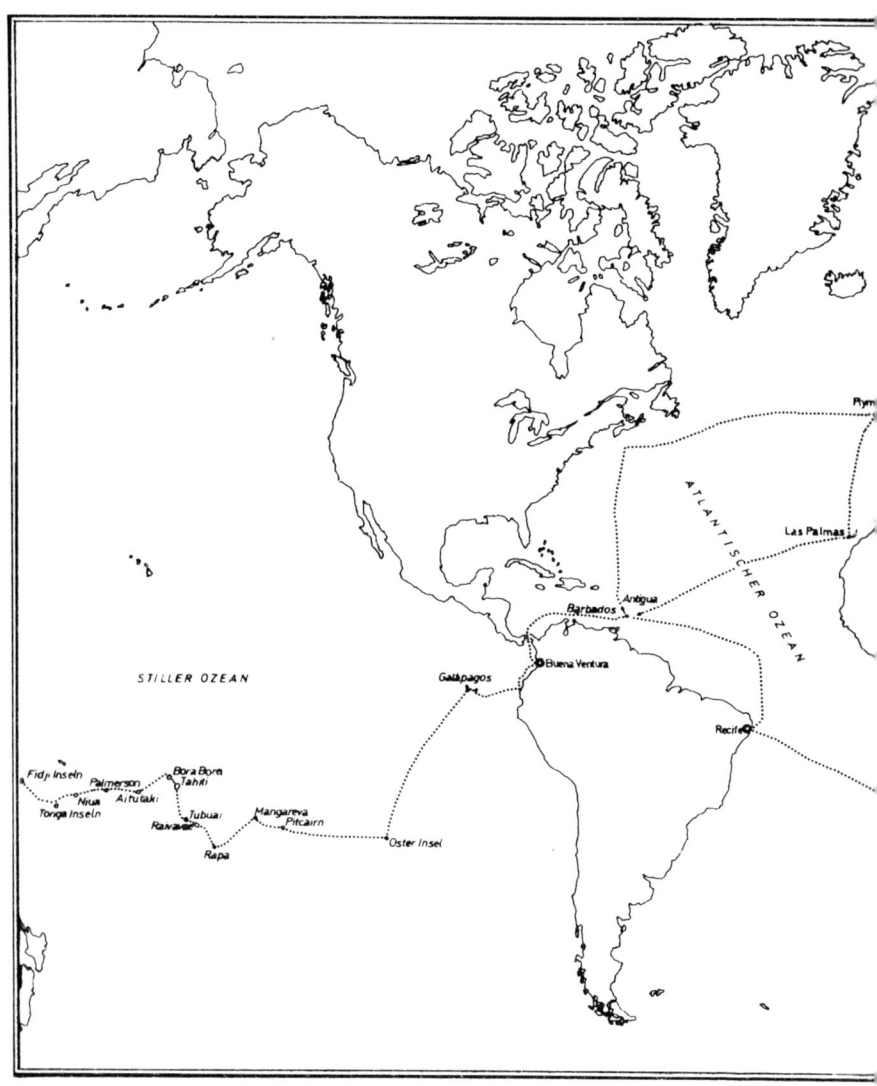

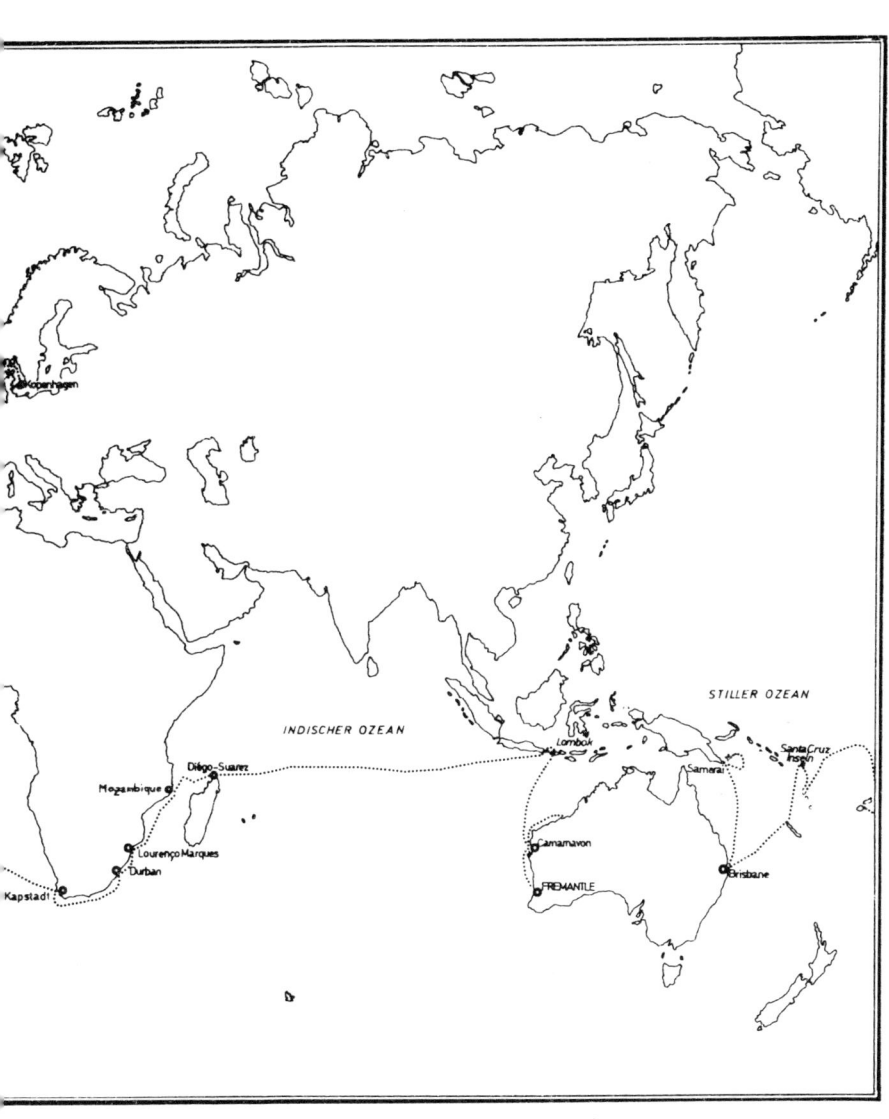

TABOO'S ROUTE

	Seemeilen	
Fremantle – Dampier – Carnarvon	2.094	28. 4.–21. 5. 1967
Carnarvon – Labuan Hadji (Lombok)	1.083	8. 7.–17. 7. 1967
Labuan Hadji – Benoa	190	
Benoa – Diégo Suarez	4.028	25. 8.–23. 9. 1967
in Madagaskar	385	
Nossi Bé – Mozambique	668	17. 11.–25. 11. 1967
Mozambique I. – Lourenco Marques	1.051	29. 11.–10. 12. 1967
Lourenco Marques – Durban	334	14. 12.–17. 12. 1967
Durban – Kapstadt	1.029	10. 2.–23. 2. 1968
Kapstadt – Recife	3.439	20. 3.–14. 4. 1968
Recife – Barbados	2.309	24. 4.–14. 5. 1968
Barbados – St-Lucia – Martinique – Antigua	530	
Antigua – Great Yarmouth	4.658	25. 7.– 4. 9. 1968
Great Yarmouth – Kristiansand	710	9. 11.–15. 11. 1968
Kristiansand – Kopenhagen	304	16. 11.–18. 11. 1968
Köge (Dänemark) – Dover	1.143	18. 11.– 1. 12. 1970
Dover – Plymouth	233	7. 12.– 8. 12. 1970
Plymouth – Las Palmas	1.640	9. 12.–26. 12. 1970
Las Palmas – Hierro	110	12. 1. 1971
Hierro – Barbados	2.640	15. 1.– 3. 2. 1971
Barbados – St. Vincent – Grenada	210	
Grenada – Cristóbal (Panama)	1.140	12. 5.–21. 5. 1971
Cristóbal – Balboa	52	26. 5. 1971
im Golf von Panama	282	

Panama – San Telmo – Buenaventura (Kolumbien)	392	
Buenaventura – Gorgona	86	28. 7.–29. 7. 1971
Gorgona – Manta (Ekuador)	499	7. 8.–10. 8. 1971
Manta – La Plata – Salinas	120	
Salinas – Espanola (Galápagos)	545	10. 9.–14. 9. 1971
in den Galápagos	1.193	
Galápagos – Osterinsel	2.091	6. 3.–25. 3. 1972
Osterinsel – Pitcairn – Manga Reva	1.585	8. 4.–27. 4. 1972
Manga Reva – Rapa	677	8. 5.–15. 5. 1972
Rapa – Raivavae – Tubuai – Tahiti	986	
in den Gesellschaftsinseln	270	
Bora Bora – Aitutaki	516	28. 9.– 3. 10. 1972
Aitutaki – Palmerston	233	9. 10.–11. 10. 1972
Palmerston – Niue	401	13. 10.–17. 10. 1972
Niue – Neiafa (Vava'u)	250	18. 10.–21. 10. 1972
in den Tonga Inseln	74	
Haano – Ongea Levu (Fidji)	263	14. 11.–16. 11. 1972
Ongea Levu – Ngau – Lau-Gruppe – Suva (Fidji)	678	
Suva – Avea – Loma Loma – Avea	259	
Avea – Niulakita (Ellice Inseln)	432	29. 4.– 3. 5. 1973
in den Ellice Inseln	253	
Nukufetau – Anuta (östliche äußere Santa-Cruz-Inseln)	600	22. 5.–30. 5. 1973
Anuta – Tikopia – Santo (Neue Hebriden)	311	
in den Neuen Hebriden und bis Vanikoro (Santa Cruz)	344	
in den Santa-Cruz-Inseln	579	
Santa Cruz – Bélep (Neu-Kaledonien)	670	7. 8.–13. 8. 1973
Bélep – Yandé Passage – Brisbane	717	17. 8.–27. 8. 1973
Brisbane – Samarai – Losuia (Trobriands)	1.337	27. 4.–10. 5. 1974
in den Trobriands, D'Entrecasteaux, Marshall-Bennett-Inseln und im Lousiade-Archipel	3.465	10. 5.–10. 11. 1974
Schiffbruch 25 Seemeilen östlich von Sanaroa (D'Entrecasteaux)		10. 11. 1974
	50.088	

2. *Anhang*

SCHNECKEN UND MUSCHELN
von Werner Katzmann
Zeichnungen: Helmut Katzmann

Die wissenschaftliche Beschäftigung mit den Weichtieren

Das wissenschaftliche Interesse an den Weichtieren (=Mollusca), zu denen man auch die Schnecken und Muscheln zählt, geht über das Interesse des Sammlers – ob kommerziell oder Liebhaber – weit hinaus. Ist für den Sammler in erster Linie die »Schönheit« einer Muschel, ihr Seltenheitswert, interessant, so ist der Wissenschafter nicht nur an den »Skeletteilen«, sondern auch an den anatomischen Gegebenheiten des Weichkörpers, der Fußausbildung, der Zungenform und anderen Details interessiert, die ihm oft mehr als die polierte Schale (Hauptziel des Sammlers) helfen, verwandtschaftliche Beziehungen der Weichtiere untereinander aufzudecken. Erst danach ist er imstande, zu klassifizieren, ein- und zuzuordnen und der großen Hierarchie näherzukommen, die uns die Entwicklungsgeschichte der Natur durchschauen läßt.

Da vor allem die Schnecken in den reizvollsten Formen und Farben und mit den schönsten Zeichnungen der Schale auftreten, waren diese auch schon früh Untersuchungsobjekte der wissenschaftlichen Forschung. Um aber dem Ziel, die Verwandtschaftsbeziehungen der Weichtiere untereinander zu verstehen, näherzukommen, genügte es bald nicht mehr, sich nur mit den harten Skeletteilen der Mollusken auseinanderzusetzen.

Schon Aristoteles, dessen Klassifikation der Tierwelt bis ins späte Mittelalter ausschließlich anerkannt war, bezeichnete die Schnecken und Muscheln nach ihrer auffälligsten Eigenart als »Schaltiere«, denen man zunächst die »Weichtiere« (Tintenfische und unbeschalte Schnecken) gegenüberstellte. Erst vor 200 Jahren wurde durch Cuvier – einen der bedeutendsten Naturforscher überhaupt – die wesentlichen anatomischen Übereinstimmungen dieser beiden Tiergruppen entdeckt und beide zu einem Tierstamm, den Weichtieren, zusammengefaßt.

oben: Wolkenbruch und Wasserhose (dünner schiefer Strich links von der Mitte).
unten: aufkommender Sturm, etwa 8 Windstärken.

Verwüstungen des Hurrikans Bebe auf Funafuti (Ellice-Inseln). – Rechte Seite: Bobby und Karla Schenk und deren THALASSA, bereit zum Abwettern des Hurrikans Bebe auf Viti Levu. Unten: Schattierungen eines Korallengewässers, Blick von Bora Bora. Die beiden Schiffe sind TABOO und THALASSA. – Folgende Seite: Dieser Teufelsrochen hatte sich in der Ankertrosse der THALASSA verfangen.

Das Tauchen nach besonders schönen oder seltenen Schnecken und Muscheln ist für mich eine Ersatzhandlung fürs Schatzsuchen geworden. Planmäßig wertvolle Muscheln zu suchen ist Schatzsuche mit System.

Stimmung auf Pakea, der Insel des Halbbluts Jimmy Jones (im Bereich der Neuen Hebriden).

Links: Festmahl auf Anuta. Ein unauffälliges Anbringen der Kamera (mit Selbstauslöser) war natürlich nicht möglich gewesen.

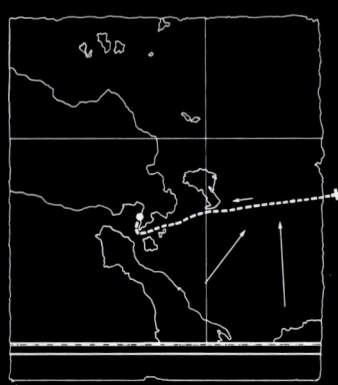

Jenes Stück Seekarte, das ich nach dem Schiffbruch abriß und mit auf das Dinghy nahm. Die Stelle des Schiffbruchs liegt knapp außerhalb des Kartenbereichs. Die strichlierte Linie zeigt meine Ruderstrecke, die beiden Pfeile geben die Windrichtung an (zuerst aus Süd, dann aus Südwest).

Die Beschäftigung mit den Weichtieren fand als eigener Wissenschaftszweig, als Malakologie (Malakos [griechisch] = weich), Eingang in die Wissenschaften. Einen eigenen Bereich wiederum innerhalb der Malakologie nimmt die Conchyliologie (concha [griechisch] = Muschelschale) für sich in Anspruch, die sich vor allem mit den Schalen der Muscheln und Schnecken beschäftigt. Sie ist also das dem Sammler am nächsten stehende Wissensgebiet.
Sicher waren es schon vor der wissenschaftlichen Erforschung der Weichtiere besonders die vielgestaltigen Formen, Farben und Zeichnungen, die ein allgemeines Interesse an den Weichtieren weckten, und bestimmt hatte die wissenschaftliche Beschäftigung damit zunächst mehr ästhetische Gründe. Dies erklärt auch, daß schon vor über hundert Jahren große Schneckensammlungen (sowohl Land- als auch Meeresschneckensammlungen) angelegt wurden und auch schon frühzeitig ausführliche und ausgezeichnete Beschreibungen dieses Tierstammes vorlagen.

Die Benennung der Schnecken

Die sogenannte binäre Nomenklatur schließlich, von Carl Ritter von Linné vor über 200 Jahren »erfunden«, gab der modernen Wissenschaft das Instrumentarium in die Hand, Verwandtschaftsverhältnisse mit Namen darzustellen. Ebenso wie wir mittels Vornamen und Familiennamen Einzelpersonen benennen können, geht dieses System im wesentlichen von zwei Namen – binär – aus, dem Gattungsnamen als groß geschriebenem Vornamen und dem Artnamen als klein geschriebenem Nachnamen. Ein Beispiel soll dies näher erläutern: Ein im Indopazifik vorkommender *Conus* (Kegelschnecke), den auch Wolfgang Hausner häufig sammelt, heißt *Conus marmoreus* Linné, 1758. Er wurde zuerst von Linné im Jahre 1758 beschrieben, deshalb wird in der wissenschaftlichen Schreibweise hinter dem Artnamen der Autor der Beschreibung und das Erscheinungsjahr der Publikation, worin die Erstbeschreibung veröffentlicht wurde, angegeben. *Marmoreus* ist also der Artname des Tieres und die Gattung *Conus*. Die Gattung *Conus* wiederum gehört zur nächsthöheren Kategorie der Familie *Conidae* (= Kegelschnecken oder Toxoglossa, was übersetzt soviel wie Giftzüngler bedeutet; so benannt nach den zu Giftpfeilen umgeformten Zungenzähnen) aus der Ordnung *Monotocardia* (also mit einer Herzkammer versehene Schnecken) und schließlich der Klasse Gastropoda (= Schnecken) aus dem Stamm der Mollusca.
Selbstverständlich lassen sich dabei noch Unterfamilien, Überfamilien, Unterklassen usf. abgrenzen, was in der Praxis der besseren Übersicht und Zuordnung wegen, auch immer getan wird. Wie schon das Beispiel des *Conus marmoreus*

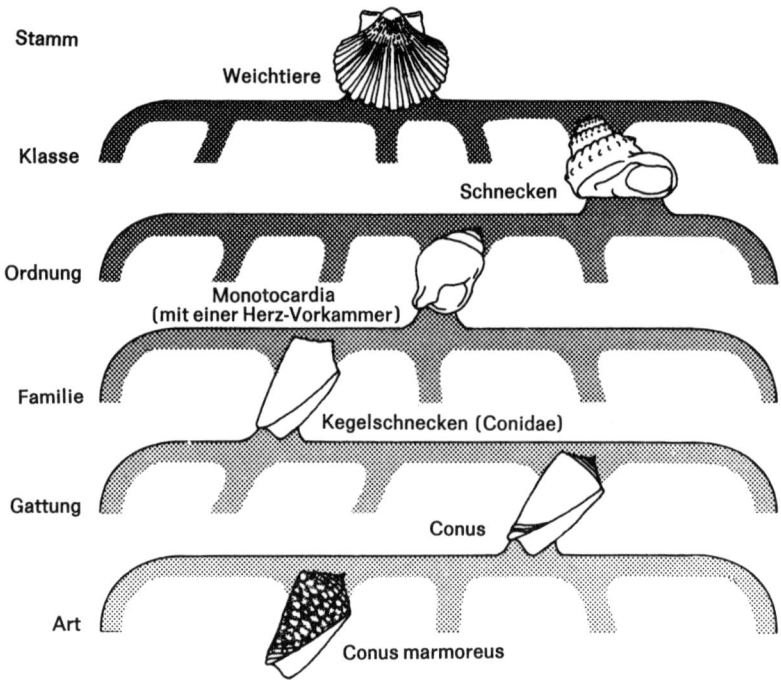

zeigt, bezieht sich seine Einordnung in ein immer höheres System nach anatomischen, also inneren Merkmalen und nicht nach seinem Außenskelett. Es war der schwedische Naturforscher Linné, der mit seinem »Systema naturae« die Grundlage schuf, die Vielfalt in der Natur zu ordnen. Er hat sich damit selbst ein unvergängliches Denkmal gesetzt und ist zum Wegbereiter der modernen Wissenschaft geworden. Diese bemüht sich immer mehr die natürlichen Verwandtschaftsverhältnisse und Abstammungsfragen aufzuklären.

Wie jedes System ist auch dieses System von der Subjektivität des einzelnen Forschers abhängig, da die Gewichtung der für die systematische Einordnung verwendeten Merkmale und Merkmalskomplexe unterschiedlich beurteilt wird. Auch führen neue anatomische Befunde des Weichkörpers (vor allem der Nerven und Mundwerkzeuge) immer wieder zu Umstellungen in der Systematik. Trotzdem läßt sich sagen, daß vieles schon außer Streit gestellt wurde, auch wenn heute immer noch zahlreiche neue Arten – viel seltener auch Unterfamilien oder gar Gattungen – aufgefunden werden.

Das System der Weichtiere

Die Organisation des Weichtierkörpers ist ziemlich gleichförmig. Sie sind zweiseitig symmetrisch, doch ist diese Symmetrie im Laufe der stammesgeschichtlichen Entwicklung teilweise abgewandelt worden. So kann z. B. eine Kieme – der üblicherweise zwei vorhandenen – rückgebildet sein. Ein Vorderende mit Augen und Fühlern hat eine Mundöffnung, die mit einer Reibplatte (Radula) versehen ist. Die Reibplatte dient dazu, die aufgenommene Nahrung zu raspeln und einzuspeicheln. Das »Gehirn« liegt ebenfalls im Vorderende. Ein voluminöser Fuß, der an das Vorderende anschließt, enthält zwei Nervenstränge und dient der Fortbewegung. Er trägt aufgesetzt einen unförmigen Eingeweidesack, der bei den Schnecken spiralig aufgewunden ist. Er enthält alle wesentlichen inneren Organe wie Nieren, Magen und Mitteldarmdrüse, Gonaden, Herz- und Blutgefäße und ist vom sogenannten Mantel bedeckt. Anstelle einer Schale haben die Kopffüßer eine Schulpe, die dieser aber in ihrem Aufbau entspricht. Solche Schulpen finden sich oft angespült am Meeresstrand. Sie werden auch zu unseren Kanarienvögeln in das Vogelhaus gehängt, um eventuellem Kalkmangel vorzubeugen.

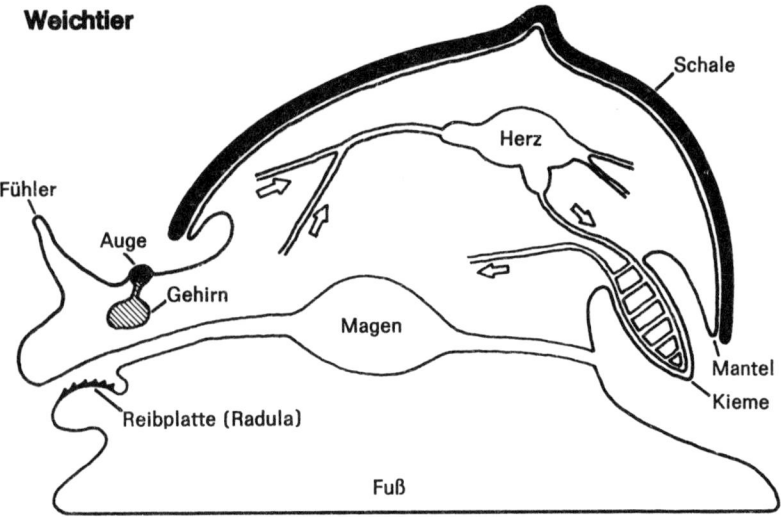

Dieser in der knappsten Weise skizzierte Bauplan ist je nach Klasse und Ordnungen innerhalb des Systems der Weichtiere abgewandelt und modifiziert. Dies erklärt sich aus den Umweltbeziehungen der jeweiligen Organismen. Eine schwimmende Lebensweise verlangt eine andere Organisation als eine am Sand kriechende.
Der Stamm der Weichtiere teilt sich in folgende große Gruppen auf:

I. Unterstamm Aculifera (oder Stachel-Weichtiere)

Ausschließlich Meeresweichtiere mit ausgeprägt zweiseitig symmetrischem, meist wurmförmigem Körperbau, denen Augen, Fühler und Gleichgewichtsorgane fehlen. Ihren Namen haben sie durch längliche, zugespitzte Kalkplättchen, die in der Oberhaut eingebettet sind. Die meisten Formen der Aculifera sind nur wenige Millimeter bis Zentimeter lang. Insgesamt sind von diesem Unterstamm nur ca. 1500 Arten bekannt und auf drei Klassen verteilt. Die bekannteste davon ist die Klasse der Käferschnecken. Bei ihnen bedecken 8 Schilder den Rücken. Kommen die beiden anderen Klassen fast nur auf tieferen Schlammböden vor, so finden sich die Käferschnecken zumeist im seichten Felsküstenbereich, wo sie von jedem Urlauber leicht gefunden werden können.

II. Unterstamm Conchifera (oder Schalen-Weichtiere)

Bei den Schalenweichtieren finden sich die meisten Weichtierarten vereinigt. Dabei besitzen die Schnecken mit über 100.000 (!) bekannten Arten ein großes Übergewicht. Hauptsächlichstes Merkmal ist die Schale. Die Klassen sind mehr oder weniger allgemein bekannt. Neben den Schnecken (Gastropoda) gibt es noch die Muscheln (Bivalvia), die Kopffüßer (Cephalopoda), die Kahnfüßer (Scaphopoda) und die Monoplacophora (mit Rückenplatte ausgestattete urtümliche Formen).
Die Schalenweichtiere haben fast alle Lebensräume erobert. Von der tiefsten Meerestiefe (11.000 m) bis in die Alpenregionen, ja sogar in Thermalgewässern sind sie anzutreffen. Während die größten Schnecken (die Walzenschnecken) bis 80 cm lange Vertreter aufweisen, bringen es gewisse in der freien Tiefsee lebende Kopffüßer (Kraken) auf eine Gesamtlänge von 18 Metern!

Die Schalen und Gehäuse

Da die Schalen und Gehäuse das wesentlichste Merkmal der Conchifera darstellen, sollen sie im folgenden etwas eingehender besprochen werden. Die

Schale, deren wahrscheinlich wesentlichste Funktion der Schutz des Weichkörpers ist, ist letztlich ein Ausscheidungsprodukt der Oberfläche des Hautrückens. Sie ist prinzipiell aus mehreren Schichten aufgebaut, wobei die oberste Schichte (= das Periostrakum) mehrere kalkige Schichten überdeckt, die von einer Perlmuttschichte an der Innenseite abgeschlossen werden. Am Aufbau der Schale ist im wesentlichen Kalk in verschiedener kristalliner Struktur beteiligt. Er hat zumeist einen Anteil von über 90 Prozent des Schalengewichts. Da das Wachstum der Schale schubweise erfolgt, ergeben sich meist charakteristische Zuwachsstreifen, bei den Muscheln beispielsweise in Streifenform und bei den Schnecken in Spiralform.

Die Schale entsteht in besonderen Bildungszonen des Mantels, am Mantelrand. Zugleich mit dem Schalenwachstum werden in die sich bildende Schale Farbpigmente von besonderen Drüsenfeldern abgeschieden. Dies kann kontinuierlich oder auch schubweise erfolgen und bewirkt schließlich Musterung und charakteristische Färbung. Welche biologische Funktion die Farbe und Musterung hat, ist nicht ganz klar. In vielen Fällen ist es eine Schutzfunktion, die das Tier in seinem Lebensraum zur Tarnung benötigt.

Neben dem Schutz kann die Schale auch der Fortbewegung dienen. Im Fall der Pilger- und Feilenmuscheln wird die Muschel durch rasches Öffnen und Schließen der Schalen aus der Nähe ihrer Feinde »katapultiert«. Die berüchtigten Bohr»würmer«, eine andere Muschelgattung, nutzen die Schalen als Holzbohrer. Diese Muscheln – z. B. Teredo – haben unzählige Schiffe buchstäblich in Grund und Boden gebohrt. Manche Muscheln bringen es sogar fertig, mit Hilfe ihrer Schalen in Kalkgestein zu bohren. Andere können sich in das Kalkgestein mit Hilfe freigesetzter Kohlensäure einbohren.

Bei einigen Kopffüßern dient die Schale (durch Abgabe von Gas in die Schalenkammern) als Auftriebskörper und sie können dadurch trotz relativ hohem Schalengewicht im freien Wasser schwimmen, ähnlich wie es manche Fische mit ihrer Schwimmblase tun. Die bizarren Anhänge, die wir an manchen Schneckenschalen so bewundern, verleihen dem Tier in seinem Lebensraum Stabilität, so daß es, wenn es über den Sandboden dahinkriecht, nicht durch Wellen umhergerollt werden kann. Auf diese Weise haben die Vertreter der Stachelschnecken die schönsten Anhänge ausgebildet.

Evolution und Anpassung an den Lebensraum

Der Stamm der Weichtiere ist mehrere hundert Millionen Jahre alt. Ein allgemeines Merkmal der Weichtiere ist der ungegliederte Körper. Sie stehen damit dem größten Stamm der Tiere – den Gliederfüßlern – gegenüber. Deshalb war es in wissenschaftlichen Kreisen eine Sensation, als vor 23 Jahren am Grunde der Tiefsee mehrere Exemplare einer Schnecke gefunden wurden, die ein Bindeglied zwischen Gliederfüßlern und Weichtieren darzustellen schien. Sie ist sozusagen ein lebendes Fossil. Die gefundene neue Klasse zeigte neben der wohlbekannten Weichtieranatomie die Reste einer ursprünglichen Körpersegmentierung. Unter anderem war eine Serie von Kiemen entwickelt. Die Begeisterung, das »missing link« zwischen Weichtieren und Gliederfüßlern gefunden zu haben, kannte zunächst keine Grenzen. Heute stehen wir diesem Fund wieder etwas skeptischer gegenüber, obwohl der Fund der *Neopilina*, so heißt die Gattung, sehr bedeutend geblieben ist.

Da sich ein großer Teil der Schnecken und Muscheln von Kleinorganismen ernährt, die sie abweiden oder abfiltern, ist es verständlich, daß sich die meisten Arten im biologisch produktivsten Küstenbereich finden, also in der Reichweite von Flut und Wellen bis in ca. 20 m Wassertiefe. Hier leben 80 Prozent aller Schnecken und Muschelarten.

Die reich gegliederten Lebensräume der Korallenriffe in den warmen Meeren und die Felsküsten bieten viele spezielle Anpassungsmöglichkeiten und gestatten damit auch eine reiche Entfaltung an Formen. Aber auch der scheinbar so einförmige Sandboden bietet einer Fülle von bohrenden Muscheln und zahlreichen räuberischen Schnecken Schutz und Jagdrevier.

Da jede Muschel und Schnecke an einen bestimmten Lebensraum angepaßt ist und von diesem in ihrer Verbreitung und ihrem Vorkommen limitiert wird, ist es nur zu verständlich, daß manche Schnecken häufig, andere selten gefunden werden. Meist kennen wir jedoch nur den entsprechenden Lebensraum ungenügend. Was bei vielen Sammlern als große Rarität gilt, stellt sich später oft als weiter verbreitet und häufiger als zunächst vermutet heraus. Trotzdem sollte in diesem Zusammenhang eine Warnung ausgesprochen werden. Da es sich bei allen irdischen Lebensräumen um komplexe und komplizierte Strukturen und Organismenbeziehungen handelt, kann durch übermäßiges Sammeln einzelner Schnecken und Muscheln das Gleichgewicht der Arten aus der Balance geraten und schwerwiegende Folgen für die übrige Organismengemeinschaft nach sich ziehen. Es gibt meines Erachtens nur wenige Schnecken, die wirklich selten sind. Wenn der Lebensraum, an den die Schnecke oder Muschel angepaßt ist, räumlich von geringer Ausdehnung ist – bei manchen Inselformen ist dies der Fall – besteht auch durch Sammler die Möglichkeit einer Ausrottung, wobei nicht das Sammeln, wie es von Wolfgang Hausner betrieben wird, für die Meeresorganismengemeinschaften eine Gefahr darstellt, wohl aber das Sammeln im Gefolge des touristischen Rummels, der heute über viele Inseln und Küsten hinweggeht.

Die Schnecken und Muscheln als Sammelobjekte

Anders als dem Binnenländer sind den Bewohnern der Küsten und Inseln die Weichtiere immer vertraut gewesen. Sie dienten kultischen Zwecken, als Schmuck, Zahlungsmittel, Haushaltsgerät, lieferten Farbstoff und waren ein wichtiges Nahrungsmittel. Sie waren damit dem Küstenbewohner seit Jahrtausenden unentbehrlich. Man stellte aus den Schalen Töpfe, Becher, Löffel, Knöpfe, Schmuck, Angelhaken und Kunstgegenstände her. In neuerer Zeit hat, mit dem Anschwellen des Tourismus, das Sammelinteresse stark zugenommen.
Waren es zunächst kunstgewerbliche Gegenstände, bei denen Muscheln und Schnecken in Verbindung mit edlen Metallen verarbeitet wurden, so wurden diese vor allem durch den Jugendstil in den Binnenländern stark verbreitet. Aber erst nach und mit dem Zweiten Weltkrieg kam es zu einem regelrechten Sammelboom an Gehäusen und Schalen.
Heute werden conchiologische Spezialbörsen veranstaltet, es gibt eigene Kataloge (der bekannteste ist der »Van Nonstrad«), eigene Spezialgeschäfte und eigene Zeitschriften (z. B.: Conchilia). Deshalb ist es heute für jeden, der eine eigene Sammlung beginnen will, unerläßlich, sich Fachkataloge schicken zu lassen (Preisvergleich!), Fachbücher durchzublättern, in Museen die Schausammlungen anzusehen oder einem conchyliologischen Klub beizutreten.
Nachstehend seien die für den Sammler interessantesten Schnecken- und Muschelfamilien aufgezählt:

SCHNECKEN

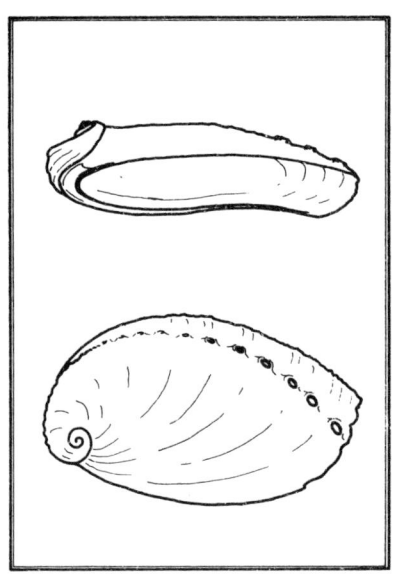

Die *Meerohren* (Haliotidae) sind Schnecken, die schalenartig geformt sind und die mit einem kräftigen Saugfuß an den Steinen haften. Vor allem die südafrikanischen Formen sind fast tellergroß. Wegen des schmackhaften Fleisches werden sie in Japan und Amerika bereits gezüchtet.

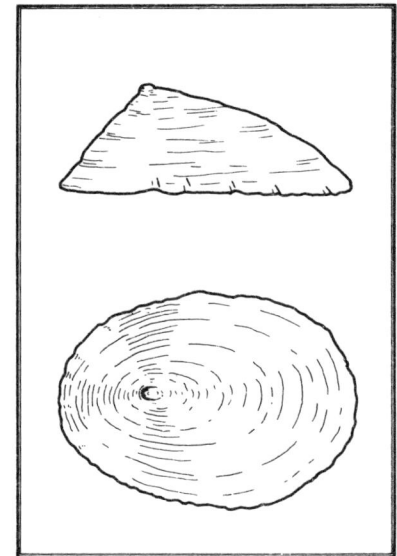

Die *Napfschnecken* (Patellidae) sind hütchenförmige Schnecken, die an jeder Felsküste im Gezeitenbereich anzutreffen sind.

Die *Kreiselschnecken* (Trochidae), die oft eine wunderschöne Zeichnung aufweisen.

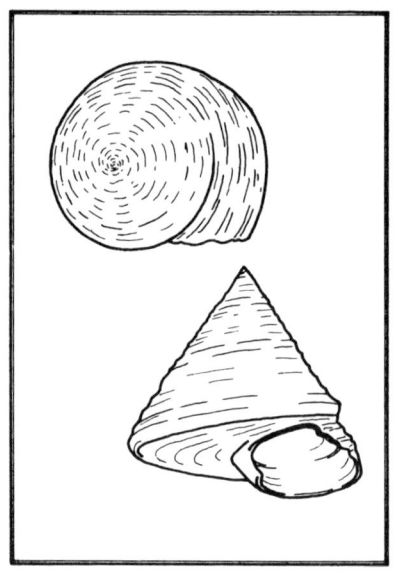

Die *Spitzkreiselschnecken* (Turbinidae) sind vor allem deshalb interessant, weil ihr am Fuß aufsitzender Gehäusedeckel als Meerauge bezeichnet wird und gerne zu Schmuck verarbeitet wird. Sie werden vor allem an der Adria gegessen.

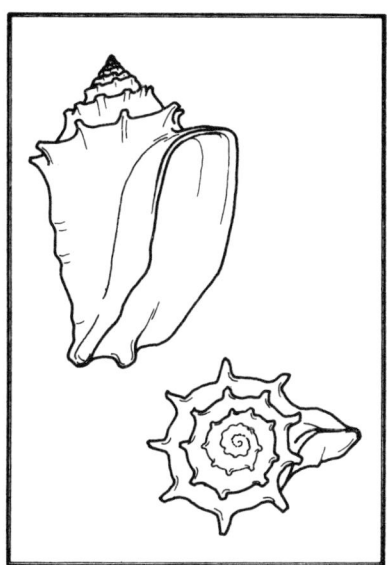

Die *Flügelschnecken* (Strombidae). Die für den Sammler wesentlichsten Formen gehören den Gattungen Strombus und Lambis an. Große, schöne - vor allem im Gehäuserand - gefärbte Formen.

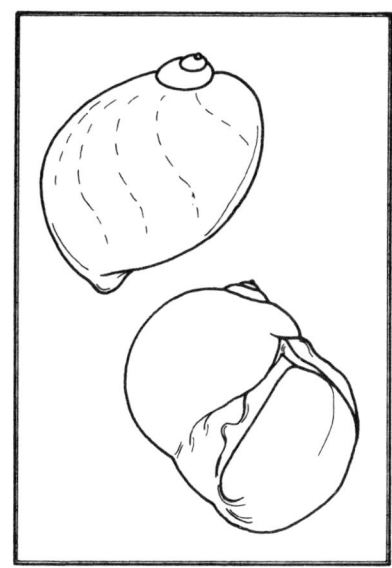

Die *Nabelschnecken* (Naticidae). Bei Sammlern wegen ihrer reizvollen Schalenzeichnungen beliebt.

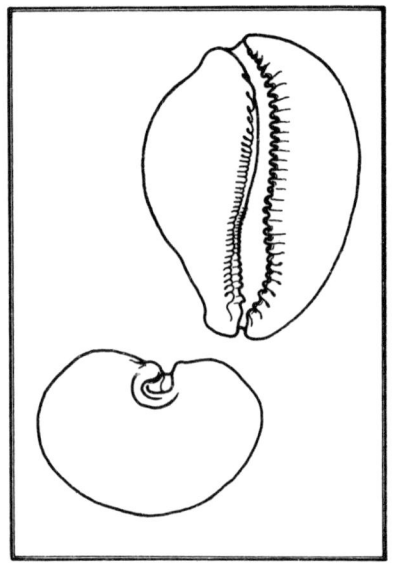

Die *Porzellanschnecken* (Cypraeidea), wohl die bei den Sammlern beliebtesten Schnecken überhaupt. Die meisten Vertreter kommen im Indo-Pazifik vor. Es sind über 400 Arten bekannt. Sie kommen in allen Farben und Mustern vor. Dienten weit verbreitet als Schmuck und Zahlungsmittel. Ihren Namen sollen sie nach der Insel der Aphrodite (Zypern) erhalten haben. Da die Schalenmündung gewisse Ähnlichkeiten mit den weiblichen (menschlichen) Geschlechtsteilen aufweist, wurde die Muschel schon früh als Fruchtbarkeitssymbol angesehen und auch zur Wahrsagerei verwendet. Manche Vertreter sind recht »selten« und erzielen hohe Preise.

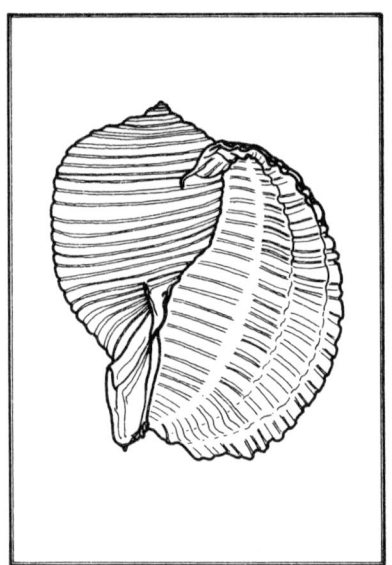

Die *Tonnenschnecken* (Tonnidae) besitzen relativ große Gehäuse, die schön strukturiert sind. Sie sind räuberisch und können aus ihrer Speicheldrüse Säuren absondern, mit deren Hilfe die Opfer (meist Seeigel) angeätzt und aufgebrochen werden.

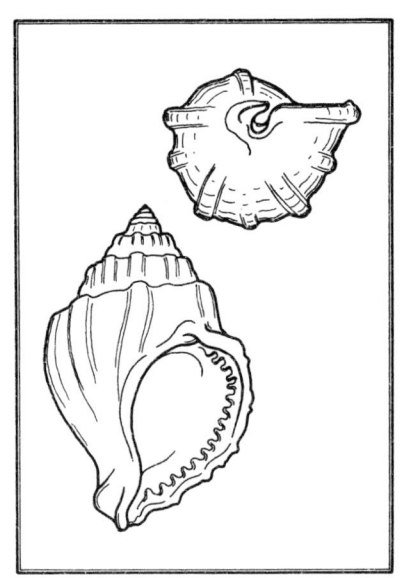

Die *Tritonshörner* (Cymatiidae) sind große spitz auslaufende Formen, die auch gerne gesammelt werden. Sie werden auch heute noch als Jagdhörner verwendet. Im Mittelmeer durch zu viele Sammeltätigkeit schon recht selten geworden.

Die *Stachelschnecken* (Muricidae) sind in allen Meeren verbreitet, in der Hauptsache aber in wärmeren Meeren. Die Stachelschnecken waren schon im Altertum sehr gefragt, da sie aus einer Drüse ein Sekret ausscheiden, das später – unter Sonnenbestrahlung – eine tiefviolette Farbe annimmt. Der Farbstoff diente zum Färben der Gewänder bei Aristokratie und hohen Geistlichen. Auf Grund der schön ausgebildeten Dornen auf ihren Gehäusen werden manche Vertreter dieser Familie gerne gesammelt.

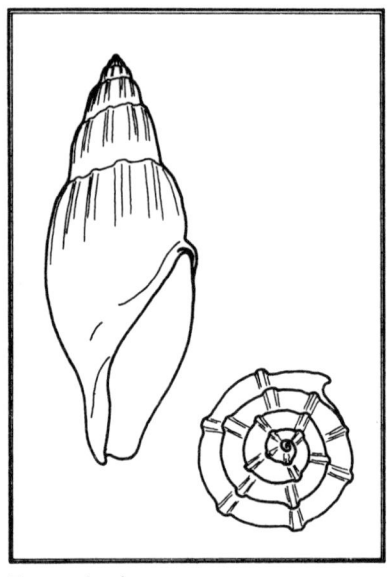

Die *Walzenschnecken* (Volutidae) sind bei Sammlern besonders durch ihre Körperzeichnung beliebt und hoch geschätzt. Von einigen sind erst wenige Exemplare gefunden worden.

Die *Treppenschnecken* (Melongenidae). Zu dieser Familie zählt die größte Schnecke der Welt, der bis 80 cm große Syrinx aruanus.

Die *Olivenschnecken* (Olividae). Sind unter Sammlern sehr beliebte, weil schön gefärbte und gezeichnete Schnecken.

Treppenschnecke

Walzenschnecke
Olivenschnecke

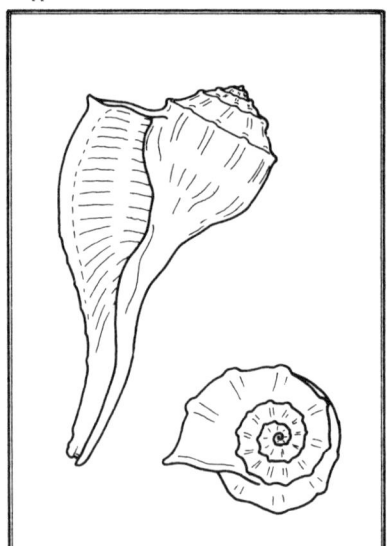

Die *Kegelschnecken* (Conidae). Diese bemerkenswerten, sehr hoch entwickelten Schnecken zählen zu den beliebtesten Sammelobjekten überhaupt. Einige Arten sind so giftig, daß ihr Stich auch für den Menschen gefährlich werden kann. Die Familie besitzt durchwegs einen langen Rüssel mit zu Giftpfeilen umgebauten Radulazähnen, die innen hohl sind und von einer Giftdrüse versorgt werden. »Abgeschossene« Giftzähne werden ersetzt. Die mit Widerhaken versehenen Giftpfeile dienen zur Lähmung der Beute.

Die *Nacktschnecken* (Opisthobranchia). Diese Schnecken seien nur deshalb erwähnt, weil sie zu den schönsten Meeresorganismen überhaupt zählen. Die Schale ist meist stark rückgebildet.

Die *Giftwalzen* (Mitridae). Sehr gern gesammelte Schnecken, kegelförmig spitz und oft sehr auffallend rötlich gefleckt. Unter allen Schnecken jene mit den meisten Gehäusewindungen.

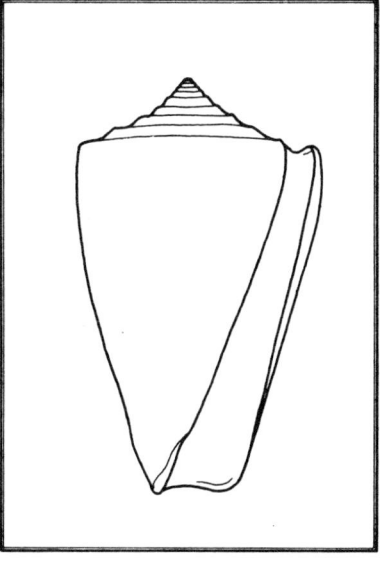

Kegelschnecke

Giftwalze

Nacktschnecke

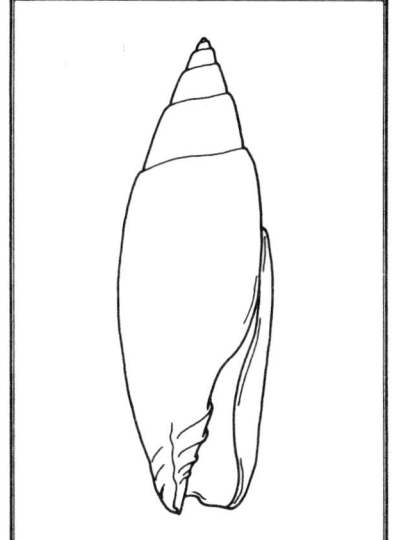

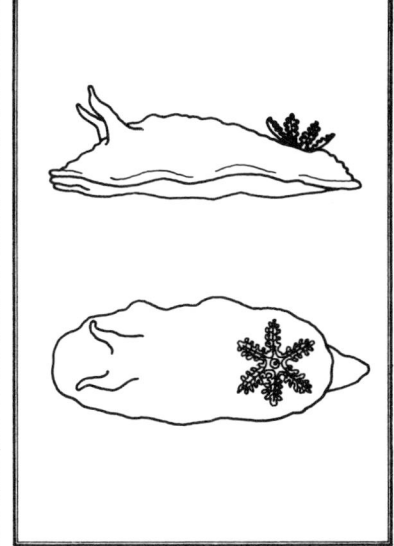

MUSCHELN

Die *Steckmuscheln* (Pinnidae). Große bis fast einen Meter lange Muscheln, mit schmackhaftem Schließmuskel. Stecken aufrecht im Sandboden.

Die *Perlmuscheln* (Pteriidae). Die Vertreter dieser Familie zeichnen sich durch starke Perlmuttbildung aus, werden gerne gesammelt. Als Aschenbecher oder kunsthandwerklich genutzt.

Die *Kammuscheln* (Pectinidae). Diese Muscheln haben ungleiche Schalen. Mit zahlreichen Arten, die besonders schön gefärbt und gezeichnet sein können.

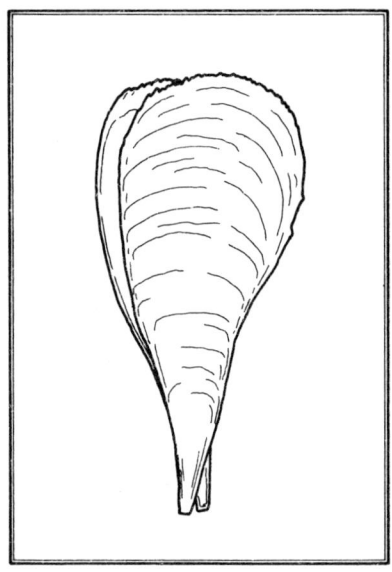

Steckmuschel

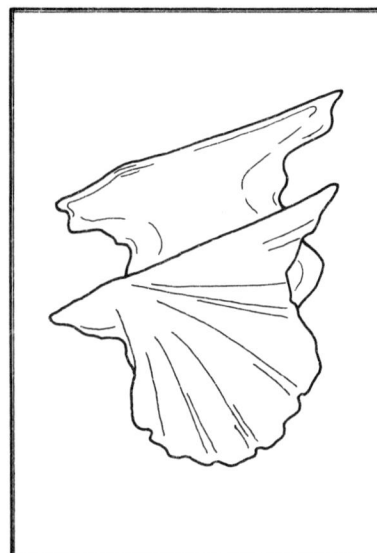

Perlmuschel

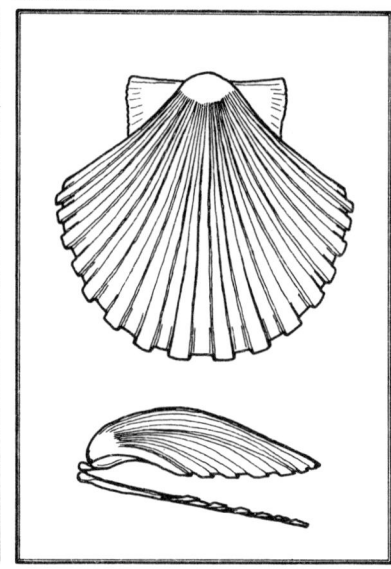

Kammuschel

Die *Austern* (Ostreidae). Ihr zartes Fleisch war schon im Altertum geschätzt.

Die *Herzmuscheln* (Cardiidae). Herzförmige, bauchige Muscheln, die sehr bunt gezeichnet sein können. Schalen meist stark gerippt.

Die *Riesenmuscheln* (Tridacnidae). Diese können ein Gewicht bis zu mehreren hundert Kilo erreichen. In den tropischen Zonen zwischen Korallen. Kleinere Stücke können sehr apart geformt und gefärbt sein.

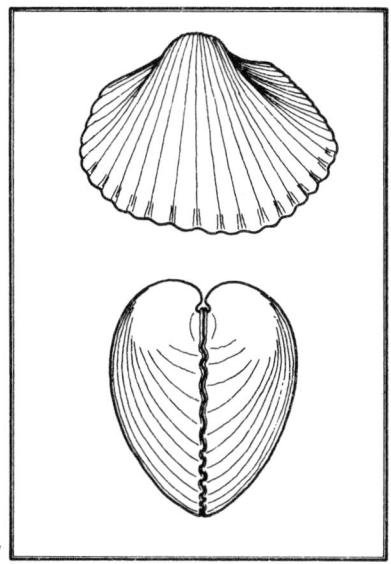

Herzmuschel

Austern

Riesenmuschel

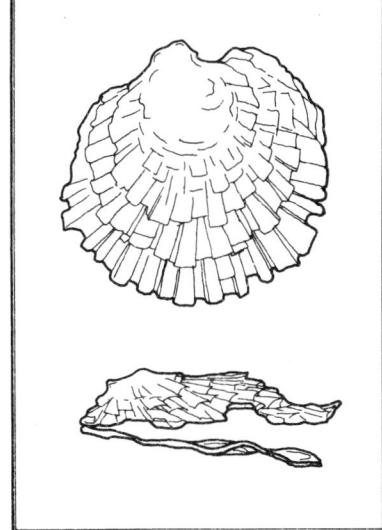

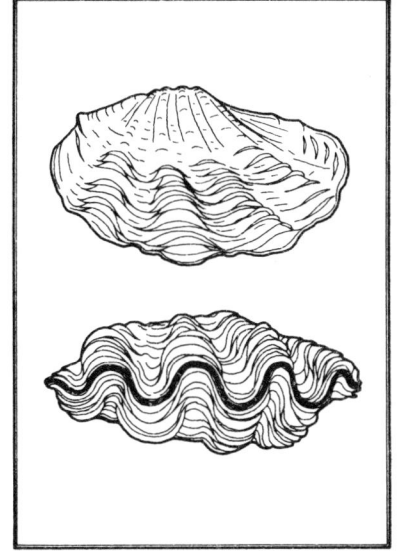

207

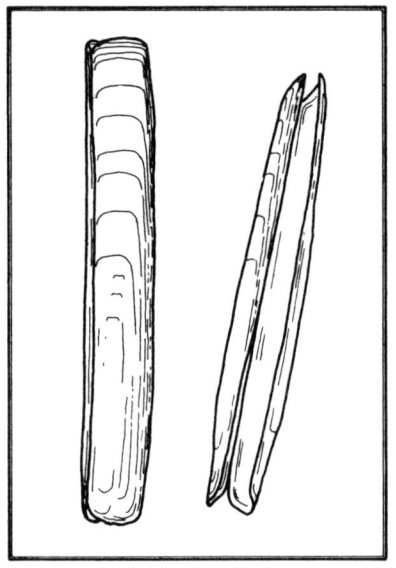

Die *Scheidenmuscheln* (Solenidae). Diese Muscheln haben interessante, an beiden Seiten stumpfe etuiförmige Schalen, werden deshalb gerne gesammelt.

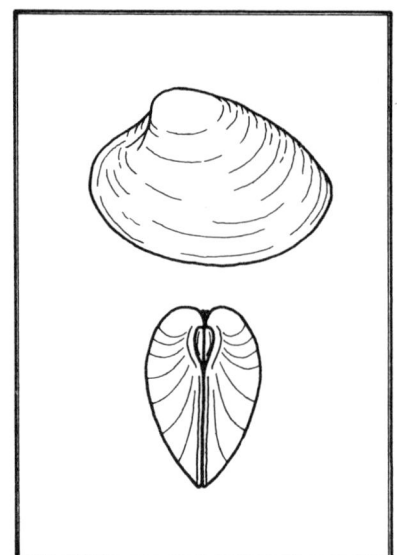

Die *Venusmuscheln* (Veneridae). Eine umfangreiche Familie mit zahlreichen schön gemusterten und gefärbten, meist kleineren Arten.
Neben den Gehäusen und Schalen der Schnecken und Muscheln haben noch die Schalen der Kahnfüßer (Scaphopoden) oder auch Elefantenzähne genannt, einen gewissen Sammelwert. Der wichtigsten Gattung Dentalium gehören alle für den Sammler interessanten Art an.
Zu den Kopffüßern (Cephalopodae), deren Gehäuse einen Sammlerwert besitzen, zählt die sehr interessante Familie der Nautilidae. Die Familie ist gewissermaßen ein uraltes Relikt, das sich über viele Jahrmillionen in die Gegenwart gerettet hat. Zu der gleichen Klasse zählt auch die Familie der Argonautidae, deren wenige Vertreter Sammlerwert besitzen. Diese zarten Gehäuse stammen von weiblichen Tieren und dienen den planktisch lebenden Tieren als Eibehälter. Sie sehen sehr apart aus, sind jedoch leicht zerbrechlich.